主　　编　孙晓勇　国家法官学院院长

　　　　　　　　　最高人民法院司法案例研究院院长

副 主 编　彭永和　最高人民法院司法案例研究院副院长

　　　　　刘　畅　最高人民法院司法案例研究院规划部主任

　　　　　黄　斌　国家法官学院科研部负责人

主编助理　边疆戈　国家法官学院科研部编辑

　　　　　赵文轩　最高人民法院司法案例研究院规划部编辑

　　　　　刘丽媛　最高人民法院司法案例研究院规划部编辑

《中国法院年度案例》编辑人员（按姓氏笔画）

刘　畅　朱建伟　朱　琳　李晓果　杨小利

罗胜华　胡　岩　赵文轩　唐世银　袁登明

曹海荣　梁　欣　程　瑛

本书编审人员　朱建伟

中国法院

2021年度案例

国家法官学院
最高人民法院司法案例研究院◎编

刑事案例四

（妨害社会管理秩序罪、贪污贿赂罪、渎职罪）

中国法制出版社
CHINA LEGAL PUBLISHING HOUSE

《中国法院年度案例》通讯编辑名单

凌　巍　北京市高级人民法院
刘晓虹　北京市高级人民法院
董　扬　天津市高级人民法院
王　佳　河北省高级人民法院
刘　泳　山西省高级人民法院
杨智勇　内蒙古自治区高级人民法院
周文政　辽宁省高级人民法院
张功岩　吉林省高级人民法院
孙学诗　黑龙江省高级人民法院
牛晨光　上海市高级人民法院
戴鲁霖　江苏省高级人民法院
张晓娟　江苏省高级人民法院
符东杰　江苏省南通市中级人民法院
周耀明　江苏省无锡市中级人民法院
杨　治　浙江省高级人民法院
蒋　莹　浙江省高级人民法院
吴　婧　安徽省高级人民法院
林文君　福建省高级人民法院
章光园　江西省高级人民法院
陈希国　山东省高级人民法院
郭宇凌　河南省高级人民法院
宋淼军　湖北省高级人民法院
杨晓彤　湖北省宜昌市中级人民法院
唐　竞　湖南省高级人民法院
文靖之　广东省高级人民法院
邹尚忠　广西壮族自治区高级人民法院
韦丹萍　广西壮族自治区高级人民法院
李周伟　海南省高级人民法院
游中川　重庆市高级人民法院
杜玉兰　四川省高级人民法院
孙　熹　云南省高级人民法院
石　瑾　云南省昆明市中级人民法院
龙　媛　贵州省高级人民法院
施辉法　贵州省贵阳市中级人民法院
王丽萍　西藏自治区高级人民法院
杨新斌　陕西省高级人民法院
张文强　甘肃省高级人民法院
汪嘉煜　青海省高级人民法院
谢亚楠　宁夏回族自治区高级人民法院
马小菊　新疆维吾尔自治区高级人民法院
何　青　新疆维吾尔自治区高级人民法院
王　琼　新疆维吾尔自治区高级人民法院生产建设兵团分院

序

党的十八大以来，以习近平同志为核心的党中央高度重视法治在推进国家治理体系和治理能力现代化中的重要作用，中央全面依法治国工作会议更是明确习近平法治思想在全面依法治国中的指导地位，为全面依法治国提供了根本遵循和行动指南。近年来，人民法院始终将加强司法案例研究作为推进全面依法治国的重要途径，通过发布具有普遍指导意义的典型案例，统一法律适用、提高审判质量，不断推进人民法院严格公正司法。《中国法院年度案例》丛书，旨在完善中国特色案例指导制度，总结提炼典型案例的裁判规则和裁判方法，发挥司法规范、指导、评价、引领的重要作用，大力弘扬社会主义核心价值观，增强全民法治意识和法治素养，展现新时代我国法治建设新成就。

《中国法院年度案例》丛书自2012年编辑出版以来，已连续出版9套，受到读者广泛好评。近年来，为更加全面地反映我国司法审判执行工作的发展进程，顺应审判执行实践需要，响应读者需求，丛书2014年度新增金融纠纷、行政纠纷、刑事案例3个分册，2015年度将刑事案例调整为刑法总则案例、刑法分则案例2个分册，2016年度新增知识产权纠纷分册，2017年度新增执行案例分册，2018年度将刑事案例扩充为4个分册。自2020年起，丛书由国家法官学院与最高人民法院司法案例研究院共同编辑，每年年初定期出版。在全国各级人民法院的大力支持下，丛书编委会现编辑出版《中国法院2021年度案例》系列丛书，共23册。

《中国法院年度案例》丛书以开放务实的态度、简洁明快的风格，在编辑中坚持以下方法，努力把案例书籍变得“好读有用”：一是高度提炼案例内容，控制案例篇幅，每个案例基本在3000字以内；二是突出争议焦点，剔除无效信息，尽可能在有限的篇幅内为读者提供有效、有益的信息；三是注重对裁判文书的再加工，大多数案例由案件的主审法官撰写“法官后语”，高度提炼、总结案例的指导价值，力求引发读者思考，为司法工作提供借鉴，为法学研究提供启迪。

《中国法院年度案例》丛书编辑工作坚持以下原则：一是广泛选编案例。国家法官学院和最高人民法院司法案例研究院每年通过各高级人民法院从全国各地法院汇集上一年度审结的典型案例近万件，使该丛书有广泛的精选基础，优中选优，可提供给读者新近发生的全国各地多种类型的典型性案例。二是方便读者检索。为体现以读者为本，丛书分卷细化，每卷下还将案例主要根据案由分类编排，每个案例用一句话概括裁判规则、裁判思路或焦点问题作为主标题，让读者一目了然，迅速找到目标案例。

中国法制出版社始终全力支持《中国法院年度案例》丛书的出版，给了作者和编辑们巨大的鼓励。2021年，丛书将继续提供数据库增值服务。购买本书，扫描前勒口二维码，即可在本年度免费查阅往年同类案例数据库。我们在此谨表谢忱，并希望通过共同努力，逐步完善，做得更好，真正探索出一条编辑案例书籍、挖掘案例价值的新路，更好地服务社会主义法治国家建设、服务法治社会建设、服务学习研究法律的读者。

《中国法院年度案例》丛书既是法官、检察官、律师等法律工作者的办案参考和司法人员培训的实用教材，也是社会大众学法用法的经典案例读本，同时是教学科研机构案例研究的良好系列素材。当然，案例作者和编辑在编写过程中也难以一步到位实现最初的编写愿望，客观上会存在各种不足甚至错误，欢迎读者批评指正。我们愿听取各方建议，不断扩宽深化司法案例研究领域，实现中国特色案例研究事业的新发展。

国家法官学院

最高人民法院司法案例研究院

2021年2月22日

目　录

Contents

一、妨害社会管理秩序罪

（一）扰乱公共秩序罪

（二）妨害司法罪

（三）妨害国（边）境管理罪

三、渎职罪

一、妨害社会管理秩序罪

（一）扰乱公共秩序罪

1

暴力妨碍疫情防控工作的行为性质认定

——黄某尧妨害公务案

【案件基本信息】

1. 裁判书字号

浙江省瑞安市人民法院（2020）浙0381刑初148号刑事判决书

2. 案由：妨害公务罪

【基本案情】

2020年2月4日，根据浙江省瑞安市新型冠状病毒感染肺炎疫情防控工作领导小组办公室的要求，瑞安市锦湖街道工作人员李某作为锦湖街道牛伏岭村的驻村干部，与村居干部等人一起在牛伏岭村村口设置防疫卡点，负责查验进出人员的出入证件并进行人员信息登记、体温测量等工作。

当日14时许，中源公司送气工黄某尧没有携带出入证件，驾驶二轮电动车运送煤气罐至上述防疫卡点处时，被李某等人拦停并要求出示出入证及测量体温。被告人黄某尧不配合，反而以被故意刁难为由下车殴打李某头部一拳，后在李某报警时用手掐住李某的脖子并扯断其脖子上的工作牌，致使李某脖子及手背受伤。之后，被告人黄某尧未经体温测量即进入该村运送煤气罐，出村时看到出警到场的公安民警，又上前强行扯下李某佩戴的口罩并大声质问，遂被公安民警当场控制并将其传唤到案。经鉴定，李某主要损伤为颈部、左手软组织擦挫伤，其中颈部挫伤累计面积大于2平方厘米，其损伤程度构成轻微伤。

案发后，李某出具谅解书表示谅解被告人的行为，要求对其从轻处罚。

【案件焦点】

1. 疫情防控期间，涉疫妨害公务行为对象的范围；2. 疫情防控期间，公务行为的特殊性。

【法院裁判要旨】

浙江省瑞安市人民法院经审理认为：被告人黄某尧以暴力方法阻碍国家机关工作人员依法履行为防治突发传染病疫情等灾害而采取的防疫、检疫等预防、控制措施，其行为已触犯刑律，构成妨害公务罪。公诉机关指控的罪名成立。在新型冠状病毒感染肺炎疫情暴发期间，被告人黄某尧暴力殴打依法开展分散隔离、落实卫生防控措施等应急处理工作的国家机关工作人员，严重妨害防疫工作秩序，应予严惩。鉴于本案系在运送村民生活必需品过程中发生，且被告人黄某尧归案后能如实供述自己的罪行、自愿认罪认罚，并取得李某的谅解，可对其予以从轻处罚。对于辩护人提出上述相关从轻处罚的辩护意见，予以采纳；公诉机关的量刑建议恰当，应予采纳。

浙江省瑞安市人民法院依照《中华人民共和国刑法》第二百七十七条第一款、第六十七条第三款及《最高人民法院、最高人民检察院关于办理妨害预防、控制突发传染病疫情等灾害的刑事案件具体应用法律若干问题的解释》第八条之规定，作出如下判决：

被告人黄某尧犯妨害公务罪，判处拘役四个月。

【法官后语】

本案的审理重点主要在于疫情期间对“公务人员”“公务行为”范围的界定。

2003年5月14日，最高人民法院、最高人民检察院发布的《关于办理妨害预防、控制突发传染病疫情等灾害的刑事案件具体应用法律若干问题的解释》明确了国家机关工作人员、红十字会工作人员依法因防控疫情所需采取的防疫、检疫、强制隔离、隔离治疗等预防、控制措施，系公务行为。该解释第八条规定，若以暴力、威胁方法阻碍上述行为的，以妨害公务罪定罪处罚。

此外，2020年2月6日，最高人民法院、最高人民检察院、公安部、司法部为依法惩治妨害新型冠状病毒感染肺炎疫情防控违法犯罪行为，印发的《关于依法惩治妨害新型冠状病毒感染肺炎疫情防控违法犯罪的意见》中，明确指出“国家机关工作人员”的范围包含以下三类人员：（1）在依照法律、法规规定行使国家有关疫情防控行政管理职权的组织中从事公务的人员；（2）在受国家机关委托代表国家机关行使疫情防控职权的组织中从事公务的人员；（3）虽未列入国家机关人员编制但在国家机关中从事疫情防控公务的人员。

具体到本案，瑞安市锦湖街道工作人员李某根据瑞安市新型冠状病毒感染肺炎疫情防控工作领导小组办公室的要求，与锦湖街道牛伏岭村村居干部一起在牛伏岭村村口设置防疫卡点，负责查验进出人员的出入证件并进行人员信息登记、体温测量等工作。法院认为，本案中的李某系属上述第一类国家机关工作人员。根据《中华人民共和国地方各级人民代表大会和地方各级人民政府组织法》第六十八条之规定，街道办事处系市人民政府的派出机关。在疫情防控期间，街道办事处如果依照法律、法规规定行使从事有关疫情防控行政管理的职权，那么街道办事处内从事有关疫情防控公务的人员，自然属于妨害公务罪的行为对象范围。

本案中，街道工作人员李某在执行防疫工作期间，要求被告人黄某尧出示出入证并测量其体温时，被告人黄某尧拒不配合，同时殴打李某头部，用手掐李某的脖子，致使李某受伤。被告人黄某尧以暴力的方式阻碍国家机关工作人员依法履行为防控疫情而采取的防疫、检疫等措施，构成妨害公务罪。

在疫情防控期间，对妨害公务罪的适用，需要把握：一是关于妨害公务行为对象的范围。因疫情具有突发性、广泛性，为最大限度地防控疫情，各级政府需要组织动员居（村）委会、社区工作人员等落实防控职责，实施管控措施。因此，对于符合“两高两部”意见规定的三类人员的，均属于妨害公务行为的对象。二是在疫情防控期间公务行为具有一定的特殊性。对于妨害公务人员实施与防疫、检疫、强制隔离、隔离治疗等措施密切相关行为的，应认定为妨害公务行为。

编写人：浙江省瑞安市人民法院　郑婷婷　苏其训

2

刑罚适用中的人文关怀

——俞某仙妨害公务案

【案件基本信息】

1. 裁判书字号

云南省安宁市人民法院（2019）云0181刑初81号刑事判决书

2. 案由：妨害公务罪

【基本案情】

2018年5月7日9时40分许，被告人俞某仙至云南省安宁市金方街道办事处小普河村科普宣传室外路口，持刀恐吓金方街道办事处工作人员蔡某波，后又至科普宣传室内使用烧水壶砸伤金方街道办事处工作人员张某萍，导致金方街道办事处工作人员无法正常开展小普河村征地拆迁工作。另查明，2018年9月18日，云南鼎丰司法鉴定中心出具法医精神病学鉴定意见书，结论：1. 被告人俞某仙患适应障碍，伴有长期抑郁反应。2. 被告人俞某仙作案时由于受适应障碍的影响，控制能力受到削弱，有限制刑事责任能力。

被告人俞某仙对公诉机关指控的事实无异议，但认为，自己的房子被拆了，没有得到补偿，对方先骂我，还用脚踢了我，因自己生病，之前喝了一纸杯药酒，认为自己不应构成妨害公务罪。

被告人俞某仙的指定辩护人对公诉机关的指控无异议，但认为，被告人俞某仙控制能力削弱，属于尚未完全丧失控制能力的精神病人犯罪，且家庭经济困难，尚有一个孩子在上大学，本案也未造成严重后果，被告人也能如实供述案件基本事实，望法庭考虑上述情节，从轻判处。

【案件焦点】

对被告人俞某仙应如何判处刑罚。

【法院裁判要旨】

云南省安宁市人民法院经审理认为：被告人俞某仙以暴力方法阻碍国家机关工作人员依法执行公务，其行为已触犯国家刑律，构成妨害公务罪，应依法处罚。被告人俞某仙控制能力削弱，有限制刑事责任能力，属于尚未完全丧失控制能力的精神病人犯罪，依法可以从轻或者减轻处罚。被告人俞某仙到案后，能如实供述案件基本事实，依法可以从轻处罚。同时，结合本案被告人俞某仙的精神状态、实施犯罪的情节、犯罪行为所造成的危害后果，可以认定为犯罪情节轻微，依法可以免予刑事处罚。公诉机关指控的犯罪事实清楚，证据确实、充分，罪名成立，所提量刑建议，以及被告人的辩解意见，辩护人的辩护意见，法院均予以注意。

云南省安宁市人民法院根据本案的事实、情节及对社会的危害程度，依照《中华人民共和国刑法》第二百七十七条、第十八条第三款、第六十七条第三款、第三十七条、第六十一条、第六十四条之规定，作出如下判决：

一、被告人俞某仙犯妨害公务罪，免予刑事处罚；

二、公安机关随案移送涉案工具菜刀一把，依法予以没收。

宣判后，公诉机关未抗诉，被告人未上诉，判决已发生法律效力。

【法官后语】

1. 免予刑事处罚非刑罚性处置措施与缓刑的相关法律规定

《中华人民共和国刑法》第三十七条规定："对于犯罪情节轻微不需要判处刑罚的，可以免予刑事处罚，但是可以根据案件的不同情况，予以训诫或者责令具结悔过、赔礼道歉、赔偿损失，或者由主管部门予以行政处罚或者行政处分。"

《中华人民共和国刑法》第七十二条第一款规定："对于被判处拘役、三年以下有期徒刑的犯罪分子，同时符合下列条件的，可以宣告缓刑，对其中不满十八周岁的人、怀孕的妇女和已满七十五周岁的人，应当宣告缓刑：（一）犯罪情节较轻；（二）有悔罪表现；（三）没有再犯罪的危险；（四）宣告缓刑对所居住社区没有重大不良影响。"

《中华人民共和国刑法》第七十五条规定："被宣告缓刑的犯罪分子，应当遵守下列规定：（一）遵守法律、行政法规，服从监督；（二）按照考察机关的规定报告自己的活动情况；（三）遵守考察机关关于会客的规定；（四）离开所居住的市、县或者迁居，应当报经考察机关批准。"

2. 免予刑事处罚与缓刑的适用条件

免予刑事处罚是法院对被告人作出有罪判决，但根据案件的实际情况，认为不需要判处刑罚而宣告免予刑事处罚，即只定罪不判刑。被宣告免予刑事处罚的犯罪分子，不存在曾经被判过刑和仍有执行刑罚的可能性问题。而缓刑则是法院对被告人不仅作出有罪判决，而且判处以一定的刑罚，虽然宣告暂不执行原判刑罚，但是保留执行的可能性，即使缓刑考验期满不再执行原判刑罚，也不意味着没有被判过刑。

可以免予刑事处罚的条件是：犯罪情节轻微不需要判处刑罚。

缓刑的条件是：对于被判处拘役、三年以下有期徒刑的犯罪分子，同时符合犯罪情节较轻，有悔罪表现，没有再犯罪的危险，宣告缓刑对所居住社区没有重大不良影响。

3. 本案中的刑罚适用问题

本案系被告人与政府征地拆迁工作人员，在征地拆迁宣传工作过程中引发的犯罪，同时，根据司法鉴定中心法医精神病学鉴定意见书的结论：被告人俞某仙患适应障碍，有长期抑郁反应；被告人俞某仙作案时由于受适应障碍的影响，控制能力受到削弱，有限定刑事责任能力。

综合上述情况，合议庭根据《中华人民共和国刑法》第六十一条之规定，结合被告人妨害公务犯罪的事实、犯罪的性质、情节、对于社会的危害程度，以及被告人患适应障碍，长期抑郁反应；作案时由于受情感障碍的影响，控制能力受到削弱，有限制刑事责任能力的身体状况、文化程度、家庭状况等因素，依照《中华人民共和国刑法》第三十七条的有关规定，对被告人判处免予刑事处罚。

随着我国社会主义核心价值观的不断践行和弘扬，物质文明、精神文明和制度文明的全面发展，人文关怀，这一道法律领域中的风景一定会越来越靓丽，越来越深入人心。在推进人文关怀时，要注意以下几点：一是在推进人文关怀时，要确保司法公正，要警惕执法的“人性化”泛化成“人情化”，警惕执法对象钻人文关怀的空子，给司法公正带来危害。二是要防止将人文关怀简单化，要持之以恒地使之制度化、规范化。另外，还要注意对被告人给予人文关怀的同时，也要充分考虑被害人及其他利害关系人的利益和感受，要充分维护他们的合法权益，引导他们接受人性化的执法理念。三是要“以人为本”，对不符合人文关怀的现象，都要在实际工作中加以革新，凡是符合诉讼规律，符合社会主义核心价值观价值判断标准的，我们要积极践行和弘扬。

该判决的刑罚适用结果，在一定程度上彰显了法律的人文关怀和社会效果。

编写人：云南省安宁市人民法院 李永兴

3

妨害公务案中主从犯的认定

——潘某辉等妨害公务案

【案件基本信息】

1. 裁判书字号

广西壮族自治区龙胜各族自治县人民法院（2019）桂 0328 刑初 62 号刑事判决书

2. 案由：妨害公务罪

【基本案情】

龙胜各族自治县龙脊镇其中六村二、三、四、五组与一组存在山场及补偿款纠纷，经二、三、四、五组村民开会商议，决定在国庆“黄金周”到大循环路通过堵塞交通的方式，引起政府部门的重视从而帮助解决纠纷。2018 年 10 月 1 日 10 时许，被告人潘某林驾驶农用车，将部分村民送到龙脊镇中六村大循环路“朴脊塘”（地名）路段，潘某辉、潘某荣、潘甲贵、潘乙贵、潘丙贵、潘某雄、潘某林、潘某祥、潘某妹也来到此路段，到达后，村民及部分被告人将石块丢弃在公路路面阻塞交通，致使车辆无法通行。龙胜各族自治县公安局接到报警后，派出民警及反恐处突队员驾驶警车、身着警服、携带警械等前往处置。出警人员抵达现场后，表明身份，对在场村民进行劝解，要求村民撤离现场，恢复交通。但村民不听劝解，当公安民警欲处置领头堵路人员潘某均时，部分村民情绪激动，对出警人员进行谩骂，继而朝其投掷石块。其间，被告人潘某辉、潘某荣、潘甲贵、潘乙贵、潘丙贵、潘某雄、潘某林、潘某祥、潘某妹也参与其中，有的朝出警人员砸石块、有的推搡、殴打出警人员，造成多名出警人员受伤。经桂林市华源鉴定所鉴定，7名出警人员人体损伤程度为轻微伤。案发后，于2018年12月18日，被告人潘某辉、潘某荣、潘甲贵、潘乙贵、潘丙贵、潘某雄、潘某林、潘某祥、潘某妹到龙胜各族自治县公安局投案，并如实供述自己的犯罪事实。

【案件焦点】

在妨害公务案中，被告人潘某妹的辩护人提出潘某妹在共同犯罪中属罪责相对较轻的主犯，在本案共同犯罪中，如何区分主从犯。

【法院裁判要旨】

广西壮族自治区龙胜各族自治县人民法院经审理认为：对于被告人潘某妹的辩护人提出潘某妹在共同犯罪中属罪责相对较轻的主犯，建议对其从轻处罚的辩护意见，经查，在案证据能够证实被告人潘某妹在公安民警执行公务时，与其他被告人使用暴力袭击公安民警，致使7名民警受轻微伤，社会影响恶劣。在共同犯罪中，由于是临时起意，9名被告人的作用相当，本案不宜区分主从犯，均是主犯，应按其参与的全部犯罪处罚。但被告人潘某妹罪责相对较轻，酌情从轻处罚。辩护人的上述辩护意见，法院予以采纳。

广西壮族自治区龙胜各族自治县人民法院依照《中华人民共和国刑法》第二百七十七条第一款、第五款，第六十七条第一款，第六十一条；《中华人民共和国刑事诉讼法》第二百零一条之规定，作出如下判决：

一、被告人潘某辉犯妨害公务罪，判处有期徒刑一年三个月；

二、被告人潘某荣犯妨害公务罪，判处有期徒刑一年三个月；

三、被告人潘甲贵犯妨害公务罪，判处有期徒刑一年三个月；

四、被告人潘乙贵犯妨害公务罪，判处有期徒刑一年三个月；

五、被告人潘丙贵犯妨害公务罪，判处有期徒刑一年三个月；

六、被告人潘某雄犯妨害公务罪，判处有期徒刑一年三个月；

七、被告人潘某林犯妨害公务罪，判处有期徒刑一年三个月；

八、被告人潘某祥犯妨害公务罪，判处有期徒刑一年三个月；

九、被告人潘某妹犯妨害公务罪，判处有期徒刑一年一个月。

【法官后语】

共同犯罪理论并不解决各犯罪人的定罪问题，因为行为人构成什么犯罪取决于犯罪要件、各自实施的行为及其责任内容，而共同犯罪是为了解决共犯人对共犯行为导致的结果都要负责的问题，即只要是共犯行为导致的结果，所有参与共犯行为的行为人都应对其承担责任。《中华人民共和国刑法》规定，在共同犯罪中起主要作用的，是主犯；在共同犯罪中起次要或者辅助作用的，是从犯。

具体到本案，9 名被告人在警察执行职务时，与其他村民一起朝出警人员砸石块，推搡、殴打出警人员，造成多名出警人员受伤。经桂林市华源鉴定所鉴定，7 名出警人员人体损伤程度为轻微伤。本案是群体性事件，由于是临时起意，9 名被告人的作用相当，均在此次犯罪中起主要作用，均是主犯，都应按其参与的全部犯罪处罚。最终 9 名被告人分别被判处有期徒刑一年一个月至一年三个月不等的刑期。

本案发生在龙胜各族自治县的一个山村，发案原因值得探讨。脊镇中六村位于龙胜县的高山上，远离公路和城镇，是其祖祖辈辈居住的地方，发展相对落后。村民靠着家里几亩田地维持生计，生活困难。受教育有限，村民文化水平普遍不高，有些妇人甚至一辈子都没有走出过村子。村民淳朴团结，但是法律意识淡薄。对于日出而作日落而息的村民来说，土地是他们的命根子，土地权属问题关乎其切身利益，当土地发生争议时，中六村的村民没有选择合法途径表达诉求，而是采取过激的非法手段，对正在执行公务的人民警察施以暴力，践踏法律。表面上看这是冲动的魔鬼在作怪，但其实是由于多重因素造成的，最终付出惨痛代价。本案的发生给社会敲响了警钟。当前的普法工作需要进一步加强，特别是农村地区，需要通过多元化途径将法律知识宣传到群众中去，让群众更加了解法律、相信法律，遵守法律，树立依法维权意识，学会用法律武器维护自己合法权益，杜绝此类极端案件的发生。同时各单位、各部门要坚持以人民为中心，妥善处理人民之间的矛盾，明确工作职责，落实主体责任，将矛盾化解在基层，共同维护社会和谐稳定，共同建设社会主义法治社会。

编写人：广西壮族自治区龙胜各族自治县人民法院　杨芝

4

招摇撞骗罪与诈骗罪的关系

——门某富招摇撞骗案

【案件基本信息】

1. 裁判书字号

北京市昌平区人民法院（2019）京 0114 刑初 926 号刑事判决书

2. 案由：招摇撞骗罪

【基本案情】

2015 年 11 月至 2017 年 4 月，被告人门某富通过婚恋网站结识路某，其使用虚假姓名“张某”及谎称是国家发改委工作人员骗取路某的信任后与路某确立男女朋友关系并同居，被告人门某富以开公司需资金周转、住院需要钱等理由，骗取路某 362300 元并予以挥霍。2017 年 4 月左右，路某联系不上“张某”后报警，经民警调查，路某才得知“张某”的真实身份。

【案件焦点】

本案定招摇撞骗罪还是定诈骗罪更为合适。

【法院裁判要旨】

北京市昌平区人民法院经审理认为：被告人门某富冒充国家机关工作人员招摇撞骗，情节严重，其行为已经构成招摇撞骗罪，依法应予惩处。北京市昌平区人民检察院指控被告人门某富犯招摇撞骗罪的事实清楚，证据确实、充分，罪名成立。被告人门某富曾因犯诈骗罪被判处有期徒刑，刑满释放后五年内再犯应当判处有期徒刑之罪，系累犯，依法予以从重处罚。鉴于被告人门某富系在判决宣告后，刑罚执行完毕以前发现漏罪，应与前罪所判刑罚数罪并罚。在案的被害人路某的陈述、被告人门某富的供述、证人刘某等人的证言以及银行卡交易明细、租房合同、刑事判决书等证据相互印证，足以认定被告人门某富虚构国家发改委工作人员的身份，骗取路某的信任与其同居并在交往过程中多次骗取路某钱款36万余元的事实，故被告人门某富的辩解意见，法院均不予采纳。被告人门某富到案后始终供述称钱款系路某主动给付，否认其骗取路某钱款的事实，当庭供述称已经向路某坦白自己的真实身份且没有以起诉书指控的名义向路某主动索要过金钱，其始终没有如实供述犯罪事实亦没有认罪悔罪态度，故指定辩护人的相关意见，法院均不予采纳。

北京市昌平区人民法院依照《中华人民共和国刑法》第二百七十九条第一款、第六十五条第一款、第六十九条、第七十条、第六十一条、第六十四条之规定，作出如下判决：

一、被告人门某富犯招摇撞骗罪，判处有期徒刑六年，与前罪判处的有期徒刑四年，罚金4000元并罚，决定执行有期徒刑九年六个月，罚金4000元；

二、责令被告人门某富退赔路某经济损失36.23万元。

宣判后，被告人门某富未上诉，检察院未抗诉，现判决已发生法律效力。

【法官后语】

本案争议的焦点在于招摇撞骗罪与诈骗罪关系的判断：究竟是两个对立排斥的罪名，还是存在竞合的罪名？如果构成竞合，究竟是法条竞合还是想象竞合？首先，我们认为，招摇撞骗罪与诈骗罪不属于法条竞合犯。法条竞合是法条设置造成的竞合，是永恒存在的竞合，与案件事实无关，即无论案件事实如何，一个犯罪行为都能触犯属于法条竞合的罪名。若本案中，门某富冒充国家机关工作人员并未骗取被害人钱财，而只是骗色，则无法评价为诈骗罪。因此，不能将二罪按照法条竞合犯处理。其次，想象竞合犯属于法理上的竞合，即通过“三段论”推理，某一犯罪行为同时符合多个罪名规定，但因为只有一个行为，只能定一罪。招摇撞骗罪与诈骗罪在虚构事实、骗取他人财物的情节上存在交叉竞合，故根据案件事实的不同可能构成想象竞合犯。2011年发布的《最高人民法院、最高人民检察院关于办理诈骗刑事案件具体应用法律若干问题的解释》第八条规定：“冒充国家机关工作人员进行诈骗，同时构成诈骗罪和招摇撞骗罪的，依照处罚较重的规定定罪处罚。”从司法解释的规定来看，将二罪的竞合按择一重罪处理的主要原因是当犯罪数额特别巨大的时候，招摇撞骗罪与诈骗罪的法定刑不符合比例。招摇撞骗罪的最高刑期只有十年，而诈骗罪最高可以判处无期徒刑，如果对于骗取财物数额特别巨大的被告人按照招摇撞骗罪论处，则显然不合适，会给犯罪者钻法律漏洞留下空间。结合本案案情，被告人门某富通过冒充国家发改委工作人员的方法，骗取被害人路某的信任后，与路某交往并骗取钱财36万余元，其行为无论按照诈骗罪还是按照招摇撞骗罪，都应当判处三年以上七年以下的法定刑，无法做出轻罪和重罪的判断。故根据本案的案情，不宜按照想象竞合犯的处理方法择一重罪定罪处罚。又由于根据本案被害人所述，其同意与门某富交往并给予钱财，正是出于对国家公务员身份的信赖。门某富谎称自己是国家公务员，以伪造的身份实施骗财骗色的行为，不仅侵害了被害人的财产，更严重损害了公众对国家机关工作人员的信赖。因此，当案件事实不属于招摇撞骗罪与诈骗罪想象竞合时，对犯罪行为以招摇撞骗罪评价，能够更加全面地保护法益。

综上所述，本案中，对被告人门某富进冒充国家工作人员实施诈骗的行为，不符合成立诈骗罪与招摇撞骗罪想象竞合犯的事实条件，宜以招摇撞骗罪定罪论处。

编写人：北京市昌平区人民法院　王莹　张智渊

5

伪造临时行驶车号牌是否构成伪造、买卖国家机关证件罪

——米某林伪造、买卖国家机关证据案

【案件基本信息】

1. 裁判书字号

四川省遂宁市中级人民法院（2019）川09刑终122号刑事裁定书

2. 案由：伪造、买卖国家机关证据罪

【基本案情】

被告人米某林作为祥林公司的法定代表人，为谋取利益，从“杜哥”（未查实）处购入大量虚假的空白临时车牌。2016年7月开始，被告人米某林在位于遂宁市船山区健坤大道的祥林公司门面内，安排销售人员以套打驾驶人信息、车辆信息及有效期等方式伪造临时车牌，并以每套150元至200元不等的价格出售给他人

使用。2018 年 6 月 29 日 10 时许，公安机关对该公司进行搜查，扣押了 99 张盖有四川省成都市公安交通警察支队印章的空白临时行驶车号牌，经认定上述临时车牌系伪造的牌证。另查明，案侦中，被告人米某林的家属代其退缴违法所得 2 万元，并由公安机关扣押。

【案件焦点】

本案被告人伪造临时行驶车号牌的行为是否构成伪造、买卖国家机关证件罪。

【法院裁判要旨】

四川省遂宁市船山区人民法院经审理认为：被告人米某林为获取非法利益，明知是伪造的临时行驶车号牌而进行买售，其行为已构成伪造、买卖国家机关证件罪。被告人米某林主动投案后，虽对其行为性质进行辩解，但如实供述了其犯罪行为，系自首，可以从轻或减轻处罚。被告人主动退缴部分违法所得，可以酌情从轻处罚。综合被告人的犯罪事实、性质、情节、社会危害后果及悔罪态度，依照《中华人民共和国刑法》第二百八十条第一款、第六十七条第一款、第五十二条、第五十三条第一款、第六十四条的规定，作出如下判决：

一、被告人米某林犯伪造、买卖国家机关证件罪，判处有期徒刑二年，并处罚金 2 万元；

二、对被告人米某林的其余违法所得 320226 元依法予以追缴，对扣押的临时号牌依法予以没收。

该案判决后，被告人米某林提出上诉，认为临时行驶车号牌与机动车号牌都是识别标志，并且临时行驶车号牌也不具有物权性质，因此，不是国家机关证件，临时行驶车号牌相当于行驶证无法律明确规定，并且其作用低于正式号牌。

四川省遂宁市中级人民法院经审理认为：被告人米某林为了获取非法利益，明知是伪造的临时机动车号牌并进行买售，其行为已构成伪造、买卖国家机关证件罪。公诉机关指控的事实和罪名成立。被告人米某林及其辩护人提出其不知道购买的临时号牌是伪造的、机动车临时号牌不是国家机关证件、不构成伪造、买卖国家机关证件罪、违法所得没有 36 万元等辩解、辩护意见，经查，上述证据相互印证并形成证据锁链，能够证实被告人作为长期从事汽车销售业务的专业人员，其应当知道办理机动车临时号牌的正规流程且具有辨别真伪的能力，同时，被告人以明显高于车管部门应当收取的价格向他人出售，获取非法利益，由此可以认定其主观方面具有明知的犯罪故意，故该辩解意见缺乏事实和法律依据，不予采纳；本罪涉案证件的本质特征是该证件上伪造了具有被认为是代表国家机关意志的图案、文字、色彩、印章的外观形象，且此外观形象足以获得相关国家机关或社会公众的认可。本案查明的涉案号牌是临时机动车号牌，而不是正式号牌。正式的机动车号牌由文字、字母、数字等组成，起标志、标识作用，而临时机动车号牌不仅印有文字、字母、数字等，其背面还印有机动车所有人、住址、车辆类型、厂牌型号、车辆识别代码、发动机号码等信息栏目，并由公安机关交通管理部门盖章，因此，它不仅是车辆的标志，还具有公安机关交通管理部门的证明作用，故本案的临时机动车号牌具有国家机关证件的性质，被告人的行为应当构成伪造、买卖国家机关证件罪。

综上，原判认定事实清楚，适用法律正确，量刑适当，审判程序合法。四川省遂宁市中级人民依照《中华人民共和国刑事诉讼法》第二百三十六条第一款第一项之规定，作出如下裁定：

驳回上诉、维持原判。

【法官后语】

该案例涉及临时行驶车号牌是否等同于民用机动车号牌以及是否属于国家机关证件这一争议问题。根据公安部2012年9月12日发布施行的《机动车登记规定》第四十五条规定："机动车具有下列情形之一，需要临时上道路行驶的，机动车所有人应当向车辆管理所申领临时行驶车号牌：（一）未销售的；（二）购买、调拨、赠予等方式获得机动车后尚未注册登记的……"第四十六条第一款规定："机动车所有人申领临时行驶车号牌应当提交以下证明、凭证：（一）机动车所有人的身份证明；（二）机动车交通事故责任强制保险凭证；（三）属于本规定第四十五条第（一）项、第（四）项规定情形的，还应当提交机动车整车出厂合格证明或者进口机动车进口凭证；（四）属于本规定第四十五条第（二）项规定情形的，还应当提交机动车来历证明，以及机动车整车出厂合格证明或者进口机动车进口凭证；（五）属于本规定第四十五条第（三）项规定情形的，还应当提交书面申请和机动车安全技术检验合格证明。"

机动车号牌虽由公安机关交通管理部门统一制发，但是，第一，民用机动车号牌不具有权威性。从制作程序看，民用机动车号牌虽由公安机关统一制作、但可由机动车所有人参与选号制作，具有一定的个性化特征，缺乏国家机关证件唯一性、权威性的特点。从内容上看，民用机动车号牌只是中英文和数字的组合，并不加盖主管机关的印章，仅起到机动车上路行驶有效识别载体的作用，不具有国家机关证件通常具备的特征；第二，民用机动车号牌不足以使公众对其产生合理信赖。在处理交通事务中，体现机动车身份信息的证件是机动车行驶证，而机动车号牌既不是机动车行驶证的必要组成部分，更不能替代行驶证的证明效力，即使是普通民众，也不会仅凭车辆号码就能确认机动车的具体信息，行为人持有车辆号牌也不足以证明其与机动车的关联性。

而临时行驶车号牌是根据公安部规定制作并具有普遍证明力的证件，从功能上，具有权威性并且能体现机动车的具体信息，能体现持有人与机动车的关联性；从形式上，具有国家机关印章。1998 年 5 月 8 日《最高人民法院、最高人民检察院、公安部、国家工商行政管理局关于依法查处盗窃、抢劫机动车案件的规定》第七条规定："伪造、变造、买卖机动车牌证及机动车入户、过户、验证的有关证明文件的，依照《刑法》第二百八十条第一款的规定处罚。"

从本案扣押的 99 张空白临时行驶车号牌及证人证实等，米某林伪造、买卖的临时行驶车号牌有车主姓名、车架号、有效期、签发人、成都市公安局交通警察车辆管理所及其印章，米某林伪造、买卖的临时行驶车号牌具备国家机关证件的特征。米某林的行为侵害的法益是国家机关公文、证件、印章的公共信用，并且其行为具有较大的社会危害性，应受到刑事处罚。综上，米某林的行为构成伪造、买卖国家机关证件罪。本案对于办理类似性质的案件，具有一定的参考意义。

编写人：四川省遂宁市中级人民法院　文晏萍　康雅情

6

明知他人破坏计算机信息系统而提供资金投放广告并发布赌博游戏发展会员获利的行为如何定性

——闫某超、田某破坏计算机信息系统、开设赌场案

【案件基本信息】

1. 裁判书字号

河南省安阳市中级人民法院（2019）豫05刑终454号刑事判决书

2. 案由：破坏计算机信息系统罪、开设赌场罪

【基本案情】

王某（另案处理）通过租用左某（另案处理）等人带有攻击软件的服务器，以攻击直播平台服务器相威胁，向"一本道""乐享""睡美人"等直播平台老板联系讹取平台广告位。被告人闫某超、田某在成为"渔乐圈"赌博游戏平台代理后，为发展游戏玩家，在明知王某是以上述方式获取广告位的情况下，仍然以每天500元到3000元不等的价格租用王某的直播平台广告位发布"渔乐圈"赌博游戏广告信息。2017年8月至10月，闫某超、田某通过支付宝转账方式向王某支付广告位租金约231000元。

自2017年1月至12月，被告人闫某超、田某、程某生利用"渔乐圈"赌博游戏平台，通过在微信朋友圈、"快手""一本道""乐享"等网络平台上发布"渔乐圈"游戏平台广告发展会员进行赌博，为各自的会员提供上分下分服务，从中谋取利润。其中，闫某超在代理"渔乐圈"赌博游戏平台期间非法获利600007.35元；田某在代理"渔乐圈"赌博游戏平台期间非法获利59783.91元；程某生在代理"渔乐圈"赌博游戏平台期间非法获利111767.92元。闫某超、田某、程某生在公安机关分别退缴违法所得10万元、59783.91元、111767.92元。

【案件焦点】

1. 对于行为人明知他人破坏计算机信息系统而向其提供资金投放广告并发布赌博游戏发展会员获利的行为，是否应当认定为破坏计算机信息系统罪的共犯；2. 其与开设赌场罪是否适用牵连犯处罚规则。

【法院裁判要旨】

河南省林州市人民法院经审理认为：闫某超、田某明知他人通过攻击取得广告位而租用，后果特别严重，二人均构成破坏计算机信息系统罪且系主犯；二人同时构成开设赌场罪，应数罪并罚，依照《中华人民共和国刑法》第二百八十六条第一款，第三百零三条第二款，第二十五条第一款，第二十六条第一款、第四款，第六十七条第一款、第三款，第六十九条，第七十二条第一款、第三款，第六十四条；《最高人民法院、最高人民检察院关于办理危害计算机信息系统安全刑事案件应用法律若干问题的解释》第九条之规定，作出如下判决：

一、被告人闫某超犯破坏计算机信息系统罪，判处有期徒刑五年；犯开设赌场罪，判处有期徒刑四年，并处罚金 4 万元，数罪并罚，决定执行有期徒刑八年六个月，并处罚金 4 万元；

二、被告人田某犯破坏计算机信息系统罪，判处有期徒刑五年；犯开设赌场罪，判处有期徒刑三年，并处罚金 3 万元，数罪并罚，决定执行有期徒刑七年六个月，并处罚金 3 万元；

三、被告人程某生犯开设赌场罪，判处有期徒刑三年，缓刑四年，并处罚金 6 万元；

四、被告人闫某超、田某、程某生退缴的违法所得予以没收，闫某超未退缴的违法所得 500007.35 元继续追缴；

五、作案工具苹果牌手机 6 部，电脑主机 6 台予以没收，其中 6 台电脑主机依法由扣押机关处理。

闫某超、田某提出上诉。

河南省安阳市中级人民法院经审理认为：同意一审法院关于定罪的裁判意见，但认为闫某超、田某在破坏计算机信息系统犯罪中，起次要作用，系从犯，应予以减轻处罚，依照《中华人民共和国刑法》第二百八十六条第一款，第三百零三条第二款，第二十五条第一款，第二十七条，第六十七条第一款、第三款，第六十九条，第七十二条第一款、第三款，第六十四条，《最高人民法院、最高人民检察院关于办理危害计算机信息系统安全刑事案件应用法律若干问题的解释》第九条和《中华人民共和国刑事诉讼法》第二百三十六第一款第二项之规定，作出如下判决：

一、维持林州市人民法院（2018）豫0581刑初658号刑事判决第一、二项关于被告人闫某超、田某犯破坏计算机信息系统罪的定罪部分及开设赌场罪的定罪和量刑部分；

二、维持林州市人民法院（2018）豫0581刑初658号刑事判决第三、四、五项；

三、撤销林州市人民法院（2018）豫0581刑初658号刑事判决第一、二项关于被告人闫某超、田某犯破坏计算机信息系统罪的量刑部分；

四、上诉人闫某超犯破坏计算机信息系统罪，判处有期徒刑三年；犯开设赌场罪，判处有期徒刑四年，并处罚金4万元，决定执行有期徒刑六年六个月，并处罚金4万元；

五、上诉人田某犯破坏计算机信息系统罪，判处有期徒刑三年；犯开设赌场罪，判处有期徒刑三年，并处罚金3万元，决定执行有期徒刑五年六个月，并处罚金3万元。

【法官后语】

1. 行为人明知他人破坏计算机信息系统而向其提供资金投放广告的行为构成破坏计算机信息系统罪的共犯

第一，破坏计算机信息系统罪主观上不要求有特定目的。对于该罪不要求其必须存在破坏计算机信息系统的特定目的而只需要认定其“明知”的故意，刑法上将该罪明确为结果犯而非目的犯，也就不存在犯罪的未完成形态，既是出于不随意扩大打击面，也是出于不致阻延计算机技术的普及或信息产业的发展的考量。无论行为人的主观目的如何，均不应影响本罪的成立。本案中有证据可证实行为人均明确知道王某是通过影响计算机信息系统功能安全和正常运行诓取的平台广告位，可认定其“明知”的主观故意。

第二，构成破坏计算机信息系统罪的共犯客观上应当造成一定的实害后果。根据《最高人民法院、最高人民检察院关于办理危害计算机信息系统安全刑事案件应用法律若干问题的解释》第九条规定，明知他人实施破坏计算机信息系统的犯罪行为，仍通过委托投放广告等方式向其提供资金5000元以上的即应当认定为共同犯罪。该司法解释明确将从危害计算机系统安全行为获得帮助并向其提供资金的行为作为共犯处理。该罪以是否造成严重后果为构罪与否的分水岭，具体到本案，可认定行为人闫某超、田某明知王某实施《刑法》第二百八十六条规定的行为，又通过委托投放广告等方式分别向其提供资金25000元以上（以5000元为标准，以该标准的五倍为后果特别严重的分水岭），均达到了"后果特别严重"，应当认定行为人在破坏计算机信息系统罪中为共同犯罪，应依照《刑法》第二百八十六条的规定定罪处罚。

第三，量刑时应当综合考量行为人在共同犯罪中所起的作用。行为人未直接参与对计算机系统功能的删除、修改、增加、干扰等行为虽不能成为否定其构罪的理由，但却是认定其在犯罪中所起作用的重要考量情节，即二人在破坏计算机信息系统罪中的作用仅为明知王某的犯罪行为而仍然予以资金投入，因而从整体而言其在"造成计算机信息系统不能正常运行""后果特别严重"的结果中所起作用相对较小，故将二人与王某共同列为本罪的主犯，显然容易造成罪责刑不相适应。二审法院充分注意到该点，改判认定行为人系从犯，予以减轻处罚，实现罚当其罪。

2. 行为人开设赌场与破坏计算机信息系统的两个犯罪行为不构成牵连犯，应当数罪并罚

第一，行为人的两个犯罪行为之间关联程度并不密切，不宜认定为牵连犯从一重罪论处。在判断两罪是否构成牵连犯应当坚持主客观统一说，行为人主观上具有牵连的意思，在客观上具有通常的方法或结果关系，认定牵连关系的客观标准要求数行为形式上要形成手段与目的、原因与结果的对应关系，并且该种判断应基于客观立场，要求成立手段与目的牵连关系时，手段行为应当是作为目的的犯罪行为常用的手段，当成立原因与结果牵连关系时，结果行为应当作为原因的犯罪行为的当然结果。本案中行为人两个行为触及两个罪名，但破坏计算机信息系统犯罪既非开设赌场犯罪的常用手段，也非必然手段，且前罪有明确构罪的司法解释，而无关犯罪目的，两罪相互之间在性质上区别较大，并且在观念上、生活常识上相互之间缺乏联系，其方法行为和目的行为是完全可以分割的，并非通用的、必然的行为，不符合牵连犯的客观标准，也不符合想象竞合犯的原则，因存在两个相对独立的行为和主观故意，故不宜认定为牵连犯，而应数罪并罚。

第二，两个犯罪行为相互独立应当分别予以评价，以一罪定罪不符合罪责刑相适应原则。刑罚的轻重应当与犯罪分子所犯罪行和承担的刑事责任相适应，在认定牵连犯择一重罪处断时，另一未单独定罪的犯罪行为通常作为最终定罪罪名的量刑情节。在本案中，仅以开设赌场罪定罪，则行为人在破坏计算机信息系统共同犯罪中提供资金达到“后果特别严重”的行为无法得到评价；仅以破坏计算机信息系统罪定罪，则行为人开设赌场发展会员获利的行为无法作为量刑情节。

针对同时涉及破坏计算机信息系统罪与其他罪名的情形如何定性，笔者认为，第一，如果通过破坏计算机信息系统一个行为来实施其他破坏性犯罪的，按照想象竞合从一重罪从重处罚；第二，如果实施某种犯罪是以破坏计算机信息系统为常用方法行为的，则按牵连犯择一重罪处罚；第三，如果存在明知破坏计算机信息系统的主观故意并造成严重后果，但实施目的行为不以破坏计算机信息系统为常用手段的，宜按照数罪并罚论处。对数罪的裁判根据具体案情加以区分，更为契合立法背景、时代变迁、法益保护与体系逻辑自洽性。

编写人：河南省安阳市中级人民法院　刘丽杰　申江波

7

盗用他人账户登录系统违法审批从中牟利，构成非法获取计算机信息系统数据罪、破坏计算机信息系统罪还是非法控制计算机信息系统罪

——陈某政等非法控制计算机信息系统案

【案件基本信息】

1. 裁判书字号

广东省广州市越秀区人民法院（2019）粤0104刑初1091号刑事判决书

2. 案由：非法控制计算机信息系统罪

【基本案情】

被告单位德易公司设立于2002年10月，主要经营计算机及相关电力设备的技术支持和批发零售等业务。2018年7月至10月，德易公司的法定代表人兼总经理被告人陈某政为使其公司的产品及其代理的产品在南方电网电子商城顺利上架销售，伙同被告人李某田采用盗用他人账户和密码的方法，侵入南方电网电子商城的计算机信息系统，非法审核上架南方电网电子商城计算机信息系统中的商品。

经司法会计鉴定，被告人陈某政、李某田非法审批上架商品总额21334064.99元，德易公司非法获利2081193.50元。

2019年5月30日，被告人陈某政被公安人员抓获归案；同日，被告人李某田在南方电网有限责任公司纪检监察组工作人员的陪同下，到公安机关投案自首。

【案件焦点】

盗用他人账户登录系统违法审批从中牟利，构成非法获取计算机信息系统数据罪、破坏计算机信息系统罪还是非法控制计算机信息系统罪。

【法院裁判要旨】

广东省广州市越秀区人民法院经审理认为：被告单位德易公司及其法定代表人兼总经理被告人陈某政、被告人李某田违反国家规定，侵入南方电网电子商城计算机信息系统并实施非法控制，情节特别严重，其行为均构成非法控制计算机信息系统罪。公诉机关的指控事实清楚，证据确实、充分，罪名成立，法院予以支持。唯对被告单位非法获利数额未扣除被告单位代销昀艺公司商品应支付广博公司的服务费，法院依法予以纠正。陈某政作为被告单位法定代表人兼总经理，在案发后未主动投案，故被告单位不构成自首，辩护人关于被告单位构成自首的意见不成立，法院不予采纳。关于李某田的辩护人所提李某田并未从中获利，不属于“情节特别严重”的辩护意见，经查，本案系共同犯罪，被告单位非法获利数额系李某田与陈某政共同实施犯罪行为所得，李某田是否获利只是分赃问题，不影响对全案违法所得数额属“情节特别严重”的认定，李某田应对共同犯罪行为承担相应的刑事责任，辩护人的上述意见不成立，法院不予采纳。陈某政、李某田最后一次非法审核上架商品，因意志以外的原因导致商品被下架而未能销售出去，属犯罪未遂，对该部分罪行可予从轻处罚，辩护人关于李某田该次非法审核属犯罪未遂的意见成立，法院予以采纳。陈某政归案后能如实供述自己的罪行，依法可以从轻处罚。李某田犯罪后自动投案，如实供述自己的罪行，属自首，依法可以从轻或者减轻处罚。扣押的电脑主机1部无证据证实属李某田所有，由公安机关依法处理。扣押的移动硬盘1个、小米手机1部、华为手机1部、苹果手机1部不属作案工具，由公安机关依法发还各被告人。各辩护人的其他罪轻辩护意见，法院已在量刑时予以考量。

广东省广州市越秀区人民法院依照《中华人民共和国刑法》第二百八十五条第二款、第四款，第二十五条第一款，第七十二条第一款、第三款，第七十三条第二款、第三款，第五十二条，第五十三条第一款，第六十四条；《最高人民法院、最高人民检察院关于办理危害计算机信息系统安全刑事案件应用法律若干问题的解释》第一条第二款之规定，作出如下判决：

一、被告单位德易公司犯非法控制计算机信息系统罪，判处罚金50万元；

二、被告人陈某政犯非法控制计算机信息系统罪，判处有期徒刑三年，缓刑四年，并处罚金3万元；

三、被告人李某田犯非法控制计算机信息系统罪，判处有期徒刑二年，缓刑三年，并处罚金5000元；

四、追缴被告单位德易公司违法所得1298312.30元，予以没收，上缴国库；

五、扣押的作案工具笔记本电脑1部、苹果6手机1部，由广州市公安局越秀区分局予以没收。

【法官后语】

对于本案定性，存在三种观点。观点一认为：本案被告人非法侵入线上商城计算机信息系统，获取其中审批数据，情节严重，构成非法获取计算机信息系统罪；观点二认为：本案被告人非法修改线上商城计算机信息系统内的审批数据，后果严重，构成破坏计算机信息系统罪；观点三认为：本案被告人非法侵入线上商城计算机信息系统并实施非法控制，情节特别严重，构成非法控制计算机信息系统罪。

我们赞同观点三，理由如下：

1. 三个罪名侧重惩处的行为手段不同

非法获取计算机信息系统数据罪，是指违反国家规定，侵入除国家事务、国防建设、尖端科学技术领域外的计算机信息系统或者采用其他技术手段，获取该计算机信息系统中存储、处理或者传输的数据，情节严重的；破坏计算机信息系统罪，是指违反国家规定，对计算机信息系统中存储、处理或者传输的数据和应用程序进行删除、修改、增加的操作，后果严重的；非法控制计算机信息系统罪，是指违反国家规定，侵入除国家事务、国防建设、尖端科学技术领域外的计算机信息系统或者采用其他技术手段，对该计算机信息系统实施非法控制，情节严重的。

三个罪名在行为方式上存在重叠，区别在于：(1) 非法获取计算机信息系统数据罪强调的是“获取”，行为人侵入计算机信息系统是为了窃取其中存储的数据信息以倒卖牟利，如窃取医院工作人员的账号登录医院内部系统获取处方数据倒卖给医药公司等，其目的只是为了获取系统数据，一般不会修改其中内容，也不会对计算机信息系统造成破坏；(2) 破坏计算机信息系统强调的是“破坏”，即通过删除、增加、修改数据或应用程序等手段，造成计算机信息系统失灵或者崩溃。行为人针对的是计算机信息系统本身，对其中内容进行违法操作只是一种手段，其目的在于破坏计算机信息系统，致系统不能正常运行；(3) 非法控制计算机信息系统罪强调的是“控制”，即不具有权限的行为人利用他人网上认证信息或者通过技术手段，进入计算机信息系统，非法获得控制权，从而可以对该计算机信息系统进行任意操作。

2. 被告人的行为手段属于“非法控制”，而非“获取”“破坏”

本案中，从各被告人的主观目的来看，其既不是为了单纯获取计算机信息系统中已经存储的固有数据，也不是为了破坏计算机信息系统，而是为了获得相应的权限，对计算机信息系统实施非法控制，从而实现违法审批的目的；从其客观行为来看，其既未窃取计算机信息系统中的数据，也未破坏计算机信息系统，而是盗用他人账户，在非法侵入这段时间内，形成对该计算机信息系统的非法控制，从而得以非法审核上架南方电网电子商城计算机信息系统中的商品。

3. 非法控制≠排他控制

无论是盗用他人账户还是使用技术手段，行为人在非法侵入并控制计算机信息系统时，他人仍然可能通过合法途径进入并操作计算机信息系统。例如在同一系统存在多个账户的情况下，行为人利用其中一个账户非法进入计算机信息系统，与此同时，他人仍然可以通过登录其他账户进入该计算机信息系统。因此，如果将非法控制计算机信息系统罪的“非法控制”理解为排他控制，不仅不符合生活实践，也会导致法条形同虚设、无法落地。故“非法控制”仅指行为人自身实现对计算机信息系统的控制，不要求完全排除他人的控制，即可以是片面、片刻的控制，而非全面控制。本案中，虽然被告人在侵入线上商城计算机信息系统的同时，他人也可以登录该计算机信息系统，但被告人在非法侵入期间已形成对系统的非法控制，完成了目标操作，故构成对该计算机信息系统的非法控制。

综上，本案应定性为非法控制计算机信息系统罪，公诉机关指控的罪名正确，予以支持。

编写人：广东省广州市越秀区人民法院　潘文杰

8

利用挂机辅助软件刷取游戏道具并转卖获利的定性

——周某等破坏计算机信息系统案

【案件基本信息】

1. 裁判书字号

河南省许昌市中级人民法院（2019）豫10刑终381号刑事裁定书

2. 案由：破坏计算机信息系统罪

【基本案情】

2018年4月至7月，被告人周某、周某龙在鄢陵县翠柳路“冠锦宾馆”二楼合作开办工作室，通过购买多个游戏账号，使用在淘宝网上购买的“牛牛捕鱼助手”挂机辅助软件，采用自动挂机、一机多开的方式，刷取腾讯公司“猎鱼达人3D”游戏道具，并将挂机中获取的游戏道具转卖获利17054.5元；2018年4月至9月，被告人李某宇在上述地点使用同样的手段和挂机辅助软件刷取腾讯公司“猎鱼达人3D”游戏道具转卖获利59071元。经鉴定，“牛牛捕鱼助手”修改了游戏“猎鱼达人3D”的功能，并对其游戏规则、正常操作流程和正常运行方式造成了破坏，属于破坏性程序。

案发后，被告人周某龙、李某宇自动到案，并如实供述了自己的犯罪事实。

鄢陵县公安局2018年8月16日在周某、周某龙工作室扣押被告人周某、周某龙涉案台式电脑主机1台，2018年9月6日在周某、周某龙工作室扣押被告人周某、周某龙涉案电脑主机12台，在李某宇工作室扣押被告人李某宇案涉电脑主机20台。

【案件焦点】

1. 案涉程序“牛牛捕鱼助手”挂机辅助软件是否属于非法互联网出版物，被告人周某等人的行为是否构成非法经营罪；2. 如不构成非法经营罪，被告人周某等人的行为是否构成破坏计算机信息系统罪。

【法院裁判要旨】

河南省许昌市鄢陵县人民法院经审理认为：被告人周某、周某龙、李某宇违反国家规定，利用案涉程序，对计算机信息系统中存储、处理或者传输的数据和应用程序进行删除、修改、增加的操作，其犯罪行为在客观上破坏了游戏“猎鱼达人3D”的游戏规则、正常操作流程和正常运行方式，本质上属于修改网络游戏运行数据，干扰网络游戏服务端计算机信息系统功能，危害计算机信息系统安全的行为。被告人周某、周某龙违法所得17054.5元，后果严重，被告人李某宇违法所得59071元，后果特别严重，其行为均已构成破坏计算机信息系统罪。公诉机关的指控成立，法院予以支持。被告人周某与被告人周某龙合伙开办游戏工作室，积极参与破坏计算机信息系统的活动，在共同犯罪中均起主要作用，系主犯，应当按照其所参与的全部犯罪处罚。3名被告人违法所得数额系根据李某宇记账记录，按照收购价格最低价计算得出，故被告人李某宇对犯罪数额有异议的辩称不成立。3名被告人对公诉机关指控的事实供认不讳，其辩解系对行为性质的错误理解，被告人周某仍应构成坦白，被告人周某龙、李某宇仍应构成自首，故对被告人周某、周某龙可从轻处罚，对被告人李某宇可减轻处罚。被告人周某的辩护人关于其无前科、认罪态度较好、系坦白、被害人不予追究的辩护意见符合本案事实及法律规定，法院予以采纳；其他辩护意见不符合本案事实及法律规定，法院不予采纳。被告人周某龙的辩护人关于其系自首的辩护意见符合本案事实及法律规定，法院予以采纳；其他辩护意见不符合本案事实及法律规定，法院不予采纳。被告人李某宇的辩护人关于被告人李某宇系自首的辩护意见符合本案事实及法律规定，法院予以采纳；其他辩护意见不符合本案事实及法律规定，法院不予采纳。被告人周某、周某龙违法所得17054.5元，被告人李某宇违法所得59071元，应当予以追缴。鄢陵县公安局扣押的被告人周某与被告人周某龙电脑主机13台、被告人李某宇电脑主机20台系作案工具，应当予以没收，由扣押单位鄢陵县公安局上缴国库。

河南省许昌市鄢陵县人民法院依照《中华人民共和国刑法》第二百八十六条第一款、第二款，第二十五条第一款，第二十六条第一第、第四款，第六十七条第一款、第三款，第六十四条以及《最高人民法院、最高人民检察院关于办理危害计算机信息系统安全刑事案件应用法律若干问题的解释》第四条第一款第三项、第二款第一项之规定，作出如下判决：

一、被告人周某犯破坏计算机信息系统罪，判处有期徒刑一年零三个月；

二、被告人周某龙犯破坏计算机信息系统罪，判处有期徒刑一年；

三、被告人李某宇犯破坏计算机信息系统罪，判处有期徒刑二年；

四、继续追缴被告人周某、被告人周某龙违法所得17054.5元，被告人李某宇违法所得59071元，依法上缴国库；

五、侦查机关扣押的作案工具被告人周某与被告人周某龙电脑主机13台、被告人李某宇电脑主机20台（未随案移送）予以没收，由扣押单位鄢陵县公安局上缴国库。

周某、周某龙、李某宇持无罪辩解提起上诉。

河南省许昌市中级人民法院经审理认为：周某、周某龙、李某宇违反国家规定，利用案涉程序，对计算机信息系统中存储、处理或者传输的数据和应用程序进行删除、修改、增加的操作，其中周某、周某龙违法所得17054.5元，后果严重，李某宇违法所得59071元，后果特别严重，其行为均已构成破坏计算机信息系统罪。原判认定事实清楚，证据确实充分，定性准确，量刑适当，审判程序合法，周某、周某龙、李某宇的上诉理由以及三上诉人辩护人的辩护意见均不成立，法院不予采纳。

河南省许昌市中级人民法院依照《中华人民共和国刑事诉讼法》第二百三十六条第一款第一项之规定，作出如下裁定：

驳回上诉，维持原判。

【法官后语】

本案在审理过程中，主要形成了三种意见：

第一种意见认为：被告人周某等人以牟利为目的，违反国家规定，未经国家主管部门批准，未获得腾讯公司许可和授权，购买明知是破坏了他人享有著作权的互联网游戏作品技术保护措施并修改了他人游戏作品数据的非法互联网出版物“牛牛捕鱼助手”外挂软件使用到腾讯公司享有著作权的游戏程序上，进行经营活动，牟取非法利益，违法所得数额在1万元以上，情节严重，侵害了市场管理和公平竞争秩序，构成非法经营罪。

第二种意见认为：被告人周某等人违反国家规定，利用涉案程序“牛牛捕鱼助手”，对计算机信息系统中存储、处理或者传输的数据和应用程序进行删除、修改、增加的操作，其犯罪行为客观上破坏了游戏“猎鱼达人3D”的游戏规则、正常操作流程和正常运行方式，本质上属于修改网络游戏运行数据，干扰网络游戏服务端计算机信息系统功能，危害计算机信息系统安全的行为。被告人周某等人的行为均已构成破坏计算机信息系统罪。

第三种意见认为：被告人周某等人使用的“牛牛捕鱼助手”外挂软件不影响游戏的正常使用，对计算机信息系统没有造成影响。被告人周某等人的行为不构成犯罪。

笔者同意第二种意见。2003年12月23日新闻出版总署、信息产业部、国家工商行政管理总局、国家版权局、全国扫黄打非工作小组办公室在《关于开展对“私服”“外挂”专项治理的通知》中指出：“私服”“外挂”违法行为是指未经许可或授权，破坏非法出版、他人享有著作权的互联网游戏作品的技术保护措施、修改作品数据、私自架设服务器、制作游戏充值卡（点卡），运营或挂接运营合法出版、他人享有著作权的互联网游戏作品，从而谋取利益、侵害他人利益。“私服”“外挂”违法行为属于非法互联网出版活动，应依法予以严厉打击。2011年《最高人民法院关于准确理解和适用刑法中“国家规定”的有关问题的通知》要求，各级人民法院审理非法经营犯罪案件，要严格把握《中华人民共和国刑法》第二百二十五条第四项规定的“其他严重扰乱市场秩序的非法经营行为”，有关司法解释未作明确规定的，应当作为法律适用问题，逐级向最高人民法院请示。结合本案，依据《最高人民法院关于审理非法出版物刑事案件具体应用法律若干问题的解释》的相关规定，被告人周某等人从淘宝购物网站购买“牛牛捕鱼助手”挂机辅助软件的行为不属于出版、复制、发行等任意一种，被告人周某等人仅是该挂机辅助软件的使用者，而并非制作者、销售者，且在购买该软件后并未将软件进行大范围的传播。因此笔者认为对被告人周某等人不应以非法经营罪定罪处罚。

根据《最高人民法院、最高人民检察院关于办理危害计算机信息系统安全刑事案件应用法律若干问题的解释》及《中华人民共和国计算机信息系统安全保护条例》的相关规定，数据和应用程序处理功能、对信息进行采集、加工等处理，是刑法界定计算机信息系统的核心要件。破坏计算机信息系统罪主观方面必须出于故意，所侵害的客体是计算机信息系统的安全，对象为各种计算机信息系统功能及计算机系统中存储、处理和传输的数据和应用程序。在本案中，经相关专业机构鉴定，案涉程序“牛牛捕鱼助手”通过设置，可以为游戏“猎鱼达人3D”的玩家提供“账号多开”“自动登录账号”“自动更换账号”“自动捕鱼”“自动过滤鱼的种类”“自动换房间”“自动赠送”和“自动修改游戏时间领取救济金”等自动操作功能。而用户正常运行“猎鱼达人3D”游戏时，只能实现1个账号进行游戏，且通过手动操作才能实现“登录账号”“更换账号”“捕鱼”“换房间”“赠送”和“领取救济金”。此外，用户在正常运行“猎鱼达人3D”游戏时，无法实现“过滤鱼的种类”和“修改游戏时间领取救济金”。案涉程序“牛牛捕鱼助手”修改了游戏“猎鱼达人3D”的功能，并对其游戏规则、正常操作流程和正常运行方式造成了破坏，属于破坏性程序。被告人周某等人的犯罪行为客观上破坏了游戏“猎鱼达人3D”的游戏规则、正常操作流程和正常运行方式，本质上属于修改网络游戏运行数据，干扰网络游戏服务端计算机信息系统功能，危害计算机信息系统安全的行为。综上，被告人周某、周某龙、李某宇等人的行为构成破坏计算机信息系统罪。

编写人：河南省许昌市鄢陵县人民法院　王艺菲

9

帮助信息网络犯罪活动罪的量刑标准

——王某洋等帮助信息网络犯罪活动案

【案件基本信息】

1. 裁判书字号

山东省济南市历城区人民法院（2019）鲁0112刑初856号刑事判决书

2. 案由：帮助信息网络犯罪活动罪

【基本案情】

被告人王某洋经营的十全十美公司主营业务是为上游客户提供网络支付结算服务，即为需要网络支付结算的网站提供支付接口，被害人通过接口支付的钱款先进入该公司指定的企业支付宝账户上，公司扣除一定比例的利润后，将剩余钱款打入上游客户指定的银行卡内。

被告人王某洋、郭某、黄某豪、林某生（在逃）、刘某波、李某、吕某萱、孟某斤、宋某伟（另案处理）在明知上游客户可能从事电信诈骗、网络赌博等犯罪活动的情况下，由被告人郭某、黄某豪、林某生联系需要支付结算服务的上游客户，被告人王某洋安排刘某波带领孟某斤、宋某伟注册营业执照和办理企业支付宝账号及银行卡等，被告人李某、吕某萱负责程序开发和运营，上游客户的犯罪资金首先进入被告人孟某斤、宋某伟的数个企业支付宝账户内，各方扣除利润后，由被告人刘某波等人根据郭某等人提供的银行卡号，将剩余资金向下流转。

2019年4月17日和4月19日，被害人刘某兰在位于济南市历城区桑园路将军花园的家中，被人以网络炒股的名义骗取399948.33元。2019年4月23日至5月10日，被害人房某芝在位于山东省荣成市港湾街道黄海南路的家中，被人以网络炒股的名义骗取2779999.81元，经查，被害人刘某兰的全部被骗资金以及被害人房某芝被骗资金中的20万元均通过上述支付接口进入被告人孟某斤、宋某伟办理的企业支付宝账户内，后又转账至下游的批量银行卡中。自2019年4月16日至5月12日，被告人孟某斤、宋某伟的其中5个企业支付宝账户收款总金额为17479575.6元。

2019年6月中旬，被告人郭某等人与王某洋预谋在福建省福清市继续为上游客户提供资金支付结算服务。被告人郭某、黄某豪、林某生负责租用办公地点、办理营业执照、对公支付宝账号和联系上游客户等，被告人王某洋安排被告人刘某波、李某、吕某萱提供技术服务和维护。自2019年7月4日起至7月10日止，上述被告人使用的其中9个企业支付宝账户收款总金额为6134045.67元。

2019年7月11日、15日、29日、31日、8月2日、10月1日，被告人王某洋、黄某豪、吕某萱、李某、郭某、孟某斤先后被公安机关抓获归案，2019年8月16日，被告人刘某波自动投案。案发后，被告人王某洋、刘某波的亲属分别代其二人各赔偿被害人刘某兰经济损失11万元，被害人刘某兰对被告人王某洋、刘某波表示谅解。

另查明，本案审理期间，被告人王某洋退缴违法所得10万元，被告人郭某退缴违法所得6万元，被告人黄某豪退缴违法所得2万元，被告人刘某波退缴违法所得6万元，被告人李某退缴违法所得5.5万元，被告人吕某萱退缴违法所得4万元，被告人孟某斤退缴违法所得1.2万元。扣押于济南市公安局历城区分局的被告人王某洋名下雷克萨斯牌白色汽车一辆，根据被告人王某洋的辩护人提交的银行转账回单，证实该车辆的购车款系王某洋之妻单某伟支付。

7名被告人辩护人均对指控事实及罪名无异议，且均做罪轻辩护。

【案件焦点】

帮助信息网络犯罪活动罪的量刑标准及适用条件。

【法院裁判要旨】

山东省济南市历城区人民法院经审理认为：被告人王某洋、郭某、黄某豪、刘某波、李某、吕某萱、孟某斤明知他人利用信息网络实施犯罪，为犯罪提供资金支付结算等帮助，情节严重，其行为均已构成帮助信息网络犯罪活动罪。被告人王某洋、郭某、黄某豪、刘某波在共同犯罪中，均起主要作用，均系主犯，依法应从重处罚；被告人李某、吕某萱、孟某斤在共同犯罪中，均起次要作用，均系从犯，可依法从轻处罚。被告人孟某斤有犯罪前科，依法应从重处罚；被告人刘某波自动投案，归案后能如实供述其犯罪事实，系自首，可依法对其从轻处罚。被告人王某洋、刘某波案发后积极赔偿被害人刘某兰的经济损失，并取得被害人的谅解，可酌情从轻处罚。被告人王某洋、郭某、黄某豪、刘某波、李某、吕某萱、孟某斤均签字具结认罪认罚，主动退缴违法所得并缴纳罚金，可依法从轻处罚。关于被告人王某洋、郭某、黄某豪、刘某波的辩护人提出的对被告人适用缓刑的辩护意见，经查，本案各被告人在共同犯罪过程中组织严密，分工细致，与上游犯罪共同组成了一个完整的“黑色”产业链，被告人的行为社会危害性较大、影响范围较广，根据4名被告人的犯罪情节，均不宜适用缓刑。故对辩护人提出的适用缓刑的意见，法院均不予采纳。综上，根据各被告人在共同犯罪中所起的作用、犯罪情节、性质、社会危害程度及认罪、悔罪表现，依照《中华人民共和国刑法》第二百八十七条之二，第二十五条第一款，第二十七条，第五十二条，第五十三条第一款，第六十四条，第六十七条第一款，第七十二条第一款，第七十三条第二款、第三款之规定，作出如下判决：

一、被告人王某洋犯帮助信息网络犯罪活动罪，判处有期徒刑一年三个月，并处罚金2万元；（刑期从判决执行之日起计算。判决执行以前先行羁押的，羁押一日折抵刑期一日，即自2019年7月11日起至2020年10月10日止。罚金已缴纳。）

二、被告人郭某犯帮助信息网络犯罪活动罪，判处有期徒刑一年三个月，并处罚金2万元；（刑期从判决执行之日起计算。判决执行以前先行羁押的，羁押一日折抵刑期一日，即自2019年8月2日起至2020年11月1日止。罚金已缴纳。）

三、被告人黄某豪犯帮助信息网络犯罪活动罪，判处有期徒刑一年，并处罚金1万元；（刑期从判决执行之日起计算，判决执行以前先行羁押的，羁押一日折抵刑期一日，即自2019年7月15日起至2020年7月14日止。罚金已缴纳。）

四、被告人刘某波犯帮助信息网络犯罪活动罪，判处有期徒刑十个月，并处罚金1万元；（刑期从判决执行之日起计算，判决执行以前先行羁押的，羁押一日折抵刑期一日，即自2019年8月16日起至2020年6月15日止。罚金已缴纳。）

五、被告人李某犯帮助信息网络犯罪活动罪，判处有期徒刑八个月，缓刑一年，并处罚金8000元；（缓刑考验期限从判决确定之日起计算。罚金已缴纳。）

六、被告人吕某萱犯帮助信息网络犯罪活动罪，判处有期徒刑八个月，缓刑一年，并处罚金8000元；（缓刑考验期限从判决确定之日起计算。罚金已缴纳。）

七、被告人孟某斤犯帮助信息网络犯罪活动罪，判处有期徒刑六个月，并处罚金5000元；（刑期从判决执行之日起计算，判决执行以前先行羁押的，羁押一日折抵刑期一日，即自2019年10月1日起至2020年3月31日止。罚金已缴纳。）

八、被告人王某洋退缴违法所得10万元，被告人郭某退缴违法所得6万元，被告人黄某豪退缴违法所得2万元，被告人刘某波退缴违法所得6万元，被告人李某退缴违法所得5.5万元，被告人吕某萱退缴违法所得4万元，被告人孟某斤退缴违法所得1.2万元，依法上缴国库；

九、扣押于济南市公安局历城区分局案涉雷克萨斯牌白色汽车一辆，发还被告人王某洋；扣押于公安机关的手机、银行卡等作案工具依法予以没收。

当事人未上诉，检察院未抗诉，现判决已发生法律效力。

【法官后语】

被告人为他人实施信息网络犯罪提供支付结算帮助，情节严重，构成帮助信息网络犯罪活动罪。在审理过程中，7名被告人虽然退缴部分违法所得，赔偿被害人部分损失，且对犯罪实施供认不讳，但犯罪数额巨大，产业链完整，对社会的危害性及影响较大，对辩护人适用缓刑的意见不予采纳。

帮助信息网络犯罪活动罪，是《中华人民共和国刑法修正案（九）》新增设的一种新型犯罪活动，针对明知他人利用信息网络事实犯罪，为其犯罪提供互联网接入、服务器托管、网络存储、通信传输等技术支持，或者提供广告推广、支付结算等帮助的行为。

近年来，传统犯罪逐渐向网络犯罪方向迁移，网络犯罪活动呈现上升趋势，严重影响了国家安全和社会秩序，损害了人民群众的合法权益。且与传统犯罪不同，网络帮助犯往往是为众多对象提供帮助，其帮助行为“累计”的社会危害性更为严重。《中华人民共和国刑法修正案（九）》将帮助信息网络犯罪活动罪独立入罪，将帮助犯正犯化，在一定程度上认可了帮助信息网络犯罪活动罪的独立地位，认可了在一些情况下即使不能确认被帮助对象实施的行为已经达到犯罪的程度，也能追究帮助者的刑事责任。

帮助信息网络犯罪活动罪是为应对网络犯罪合作新形态而设立的，弥补了在打击网络犯罪上传统共犯理论的不足，承认帮助行为自身累积的危害使其具备了刑事处罚的正当性，以确保相关刑事责任的追究依法、妥当、合理，确保网络服务业的健康、有序发展。

编写人：山东省济南市历城区人民法院 丁磊

10

投放虚假危险物质罪与投放危险物质罪的区分

——王某峰投放虚假危险物质案

【案件基本信息】

1. 裁判书字号

福建省厦门市中级人民法院（2019）闽02刑终394号刑事裁定书

2. 案由：投放虚假危险物质罪

【基本案情】

2018年10月，被告人王某峰在诚毅学院附近经营的“爱上啵啵鱼”鸡公煲店，因道路施工封路，生意受影响。被告人王某峰产生用假爆炸物相威胁，让政府相关部门在其经营的餐饮店斜对面诚毅学院的围墙上开门，以解决生意受损问题的想法。2018年11月2日1时许，被告人王某峰携带一个由玻璃罐、烟花筒、爆炮、钢珠、木炭等制作的疑似爆炸物和一封恐吓信，到本市集美区侨英街道孙厝居委会，将疑似爆炸物和恐吓信挂在孙厝居委会一楼走廊尽头的房间铁门门把上。被告人王某峰在恐吓信中威胁政府相关职能部门20日内在其经营的“爱上啵啵鱼”鸡公煲店斜对面诚毅学院的围墙上开门，否则将在学校（诚毅学院）内搞破坏。当日9时许，群众发现该疑似爆炸物后报警，公安机关迅速启动应急处置方案，出动大量警力，紧急疏散孙厝居委会周边人群，实行现场管制，并组织特警支队专业排爆人员到场处置，排除爆炸险情。

经厦门市公安局物证鉴定所鉴定，该疑似爆炸物检出钾离子、硝酸根离子、氯酸根离子、高氯酸根离子、硫磺等成分。经福建省涉案爆炸物应用性试验漳州点应用性试验结果，该疑似爆炸物属爆炸危险品。经国家民用爆破器材质量监督检验中心鉴定，疑似爆炸物的引火线不能将药剂全部引燃，按委托方笔录提供的装药方式和引燃方式不能构成爆炸装置。

2018年11月6日，被告人王某峰被公安机关抓获。归案后，被告人王某峰在侦查阶段即如实供述了上述犯罪事实。

【案件焦点】

投放虚假危险物质罪与投放危险物质罪的区分。

【法院裁判要旨】

福建省厦门市集美区人民法院经审理认为：被告人王某峰在公共场所投放虚假的爆炸性物质，严重扰乱社会秩序，其行为已构成投放虚假危险物质罪。公诉机关指控的罪名成立。被告人王某峰归案后能如实供述自己的罪行，对其依法可以从轻处罚。辩护人提出的建议对被告人王某峰适用缓刑的辩护意见，法院认为，该案社会影响较大，不具备适用缓刑的条件，故该辩护意见理由不充分，不予采纳。辩护人的其他辩护意见，理由充分，予以采纳。据此，依照《中华人民共和国刑法》第二百九十一条之一第一款、第六十四条、第六十七条第三款之规定，作出如下判决：

一、被告人王某峰犯投放虚假危险物质罪，判处有期徒刑八个月；（刑期从判决执行之日起计算。判决执行以前先行羁押的，羁押一日折抵刑期一日，即自2018年11月7日起至2019年7月6日止。）

二、暂扣于公安机关的作案工具透明胶带1个、镊子3把、双面刀片6片、白色手套1副、胶水（空瓶）1瓶、剪刀1把（红黄色刀柄）、喜鹏牌纸箱1个、淡黄色粉末2504.2克、爱玛牌黑色电瓶车1部、烟花爆竹1箱（未拆封）、鞭炮2串（红色包装，标有“大吉大利”）、信封190个、纸张2张予以没收。蓝色雨衣1件、蓝色折叠伞2把、手机3部（Fashion牌黑色手机、三星牌银色手机、OPPO牌金色手机）予以发还被告人王某峰。

宣判后，原审被告人王某峰不服，以量刑过重为由提出上诉。

福建省厦门市中级人民法院经审理认为：原判认定上诉人王某峰投放虚假危险物质犯罪的事实清楚，证据确实、充分，定罪准确，量刑适当，审判程序合法。上诉人王某峰在二审审理期间申请撤回上诉，符合法律规定。依照《最高人民法院关于适用〈中华人民共和国刑事诉讼法〉的解释》① 第三百零五条第一款、第三百零八条之规定，作出如下裁定：

准许上诉人王某峰撤回上诉。

【法官后语】

在本案中，被告人王某峰供述他在制作这枚“炸弹”时只是将烟花爆竹等材料拆解后投入玻璃瓶中，引线并未接上，他确信不会爆炸，只是一个假的“炸弹”，且经过司法鉴定该“炸弹”确实不是爆炸装置。如果被告人王某峰最初投放的是真实的爆炸性、毒害性、放射性、传染病病原体等物质，则危害了公共安全，可能会被以投放危险物质罪定罪处罚。投放虚假危险物质罪和投放危险物质罪此二罪的区别主要表现在以下几个方面：

1. 主体不同

二罪的主体都是一般主体，不包括单位，但按照《中华人民共和国刑法》第十七条的规定，已满十四周岁不满十六周岁的人，犯故意杀人、故意伤害致人重伤或者死亡、强奸、抢劫、贩卖毒品、放火、爆炸、投放危险物质罪的，应当负刑事责任。年满十四周岁不满十六周岁的自然人可以成为投放危险物质罪的犯罪主体；而投放虚假危险物质罪的主体则必须年满十六周岁具有完全刑事责任能力。

2. 客体不同

投放虚假危险物质罪侵犯的是社会管理秩序，投放危险物质罪侵犯的是社会公共安全，即不特定人或者单位的生命、财产安全。

3. 客观要件不同

前罪在客观方面表现为投放虚假的爆炸性、毒害性、放射性、传染病原体等物质，严重扰乱社会秩序的行为。这里的投放，是指放置、丢弃在公共场所、交通工具或者其他位置，或者向有关单位或者个人邮寄。投放的危险物质通常是虚假的，不具有现实危险性。

而后罪在客观方面表现了实施了投放毒害性、放射性、传染病原体等物质危害

---

① 本司法解释于《最高人民法院关于适用〈中华人民共和国刑事诉讼法〉的解释》（法释〔2021〕1号）施行之日起废止。

公共安全的行为。投放的物质通常具有真实的危险性。

4. 既遂标准不同

投放虚假危险物质罪是结果犯，该行为必须达到造成社会公众的心理恐慌，严重扰乱正常的生产、生活、工作和教学、科研、医疗等社会秩序的程度，方可成立此罪。

投放危险物质罪则是危险犯，只要行为人实施了投放危险物质的行为足以危害公共安全，也就是对不特定多数人的人身和财产安全产生威胁，即可构罪，并不一定需要造成实际损害后果。

5. 主观认知变化

此二罪的主观方面都是故意，但是行为人的认知情况有可能导致行为性质变化。[①] 如果行为人投放的是虚假的危险物质，但由于自身认识错误，认为自己投放的是真正的危险物质，则应认定为投放危险物质罪，但属于工具不能犯的未遂。但如果相反，行为人投放的是真正的危险物质，但自认为是虚假的，主观上没有积极追求或者放任危害公共安全的意图，则应认定为投放虚假危险物质罪。

本案中，被告人王某峰明知其投放的“炸弹”是假的，不可能爆炸，但从表面上看足以使一般人信以为真，投放在居委会后，严重扰乱了居委会正常工作秩序，造成紧急疏散群众，出动专业排爆人员的后果，更在一定程度上引起了周边群众的恐慌情绪，具有社会危害性，应当以投放虚假危险物质罪定罪处罚。

编写人：福建省厦门市集美区人民法院　俞琳

---

① 王春丽：《浅议投放虚假危险物质罪的司法认定》，载《法制与社会》2010年第33期。肖中华：《论合同诈骗罪认定中的若干问题》，载《政法论丛》2010年第32期。

11

同案行为人未达刑事责任年龄的聚众斗殴罪认定

——叶某龙聚众斗殴案

【案件基本信息】

1. 裁判书字号

福建省宁德市寿宁县人民法院（2019）闽0924刑初19号刑事判决书

2. 案由：聚众斗殴罪

【基本案情】

2018年7月21日22时，被害人温某豪在寿宁职高门口见其前女友“叶子”与被告人叶某龙及吴某烽、李某波、胡某明、吴某倩一起骑车玩耍，遂骑车尾随叶某龙等人至寿宁县环城路消防大队附近，叫停“叶子”说话，一时言语不和，温某豪用拳头砸向“叶子”的电动车。叶某龙等人见状，骑车返回询问情况，与温某豪发生口角，双方约定找人打架解决。温某豪随即纠集龚某炜、李某超、吴某辉等人到场，叶某龙一方也电话联系李某平等人到场。经李某平等人劝说后，双方离开现场。次日凌晨，吴某烽、李某波、胡某明三人骑车在职高广场附近碰到李某超、龚某炜一行人，双方再次发生口角，吴某烽遂将此事告知叶某龙、吴某倩，吴某倩即电话联系吴某强问明情况，在通话过程中，叶某龙、李某超各自拿走吴某倩、吴某强的电话，两人在电话中辱骂对方并约定在职高广场打架，随后双方各自寻找打架械具。其间，詹某兴偶遇叶某龙等人，得知双方约架之事，便随叶某龙一同前往。2时23分，叶某龙、吴其烽、胡某明、李某波、詹某兴来到职高广场的主席台，问温某豪等人“你们想干吗”，温某豪等人从主席台冲向叶某龙等人，继而双方发生互殴，其间，叶某龙手持棒球棍殴打温某豪头部致温某豪当场晕倒。经寿宁县公安局物证鉴定室的鉴定：温某豪左侧额部硬膜外血肿，属轻伤一级；额骨左侧凹陷性骨折，属轻伤一级；目前损伤属轻伤一级。

2018年11月14日，叶某龙向寿宁县公安局投案。2019年3月28日，经法院主持调解，叶某龙与温某豪达成协议，叶某龙一次性赔偿温某豪4万元，温某豪对叶某龙的行为表示谅解，请求从宽追究叶某龙的刑事责任。

另经审前社会调查，叶某龙悔罪表现较好，愿意服从社区矫正的监管教育；所在村居表示若适用缓刑，同意配合监管；村干部、邻居、朋友、监护人均愿意协助做好社区矫正的日常管理工作。

【案件焦点】

聚众斗殴罪不要求参与者都具有刑事责任能力，行为人在共同认识的支配下作出成帮结伙聚结斗殴的共同事实行为，损害了刑法所要保护的法益，虽可能不构成聚众斗殴罪的共同犯罪，但仍可以聚众斗殴罪追究相关行为人的刑事责任。

【法院裁判要旨】

福建省宁德市寿宁县人民法院经审理认为：被告人叶某龙因口角纠纷，纠集多人，持械聚众斗殴，其行为已构成聚众斗殴罪，公诉机关指控的罪名成立。被告人叶某龙聚众斗殴造成一人轻伤，酌情从重处罚；因犯罪时未满十八周岁，系未成年人，且犯罪后自动投案，如实供述主要犯罪事实，具有自首情节，已赔偿被害人经济损失并获得谅解，结合审前社会调查的情况，依法减轻处罚并适用缓刑。辩护人所提叶某龙系未成年人犯罪且有自首等相关量刑情节，可减轻处罚并适用缓刑的意见，予以采纳。

福建省宁德市寿宁县人民法院依照《中华人民共和国刑法》第二百九十二条第一款第四项，第十七条第一款、第三款，第六十七条第一款，第七十二条第一款，第七十三条第二款、第三款之规定，作出如下判决：

被告人叶某龙犯聚众斗殴罪，判处有期徒刑一年，缓刑一年。

【法官后语】

聚众斗殴罪，是指为了报复他人、争霸一方或者其他不正当目的，纠集众人成帮结伙地互相进行殴斗（通俗来说就是打群架），破坏公共秩序的行为。对于聚众斗殴罪，惩处的是首要分子和其他积极参加者。另外，刑法上还有关于刑事责任能力的规定，即已满十六周岁的人犯罪，应当负刑事责任；已满十四周岁不满十六周岁的人，犯故意杀人、故意伤害致人重伤或者死亡、强奸、抢劫、贩卖毒品、放火、爆炸、投毒罪的，应当负刑事责任。对照上述规定，在聚众斗殴中，如未达到故意杀人、故意伤害致人重伤或者死亡的程度，刑事责任年龄为十六周岁。而对于已达刑事责任年龄之人，聚结其他年龄不满十六周岁之人打群架，是否构成聚众斗殴罪。

对此，我们应当对该罪作更加深入的理解。聚众斗殴来源于流氓罪，因此在认定本罪的时候，当考虑构成本罪须具备流氓动机，主体具有群体性，通常表现为大规模地打群架，牵涉面广，社会危害性大，其中的群体性，也就是聚众行为，一般指参与实施斗殴的主体一方人数达到三人以上。对于“三人以上”，是否都要达到刑事责任年龄，并没有相关的明确规定。此时，我们应当分析论证的是客观发生的事实及社会危害性，即行为人或出于私仇宿怨，或为争霸一方逞强耍横，或出于其他非法动机，而作出了成帮结伙聚结斗殴的共同事实行为。行为人对自己的所为是有共同认识的，并在共同认识的支配下实施了打群架的行为，损害了刑法所要保护的法益，对于其中的首要分子和其他积极参加者，如达到刑事责任年龄、有刑事责任能力，就应当受到刑事追究。回到本案，虽然叶某龙一方其他人胡某明、李某波等都未满十六周岁，不构成聚众斗殴罪的共同犯罪，但不能因此否认聚众斗殴行为的存在，因而仍应以聚众斗殴罪追究叶某龙的刑事责任。

编写人：福建省宁德市寿宁县人民法院　周黎晖

12

寻衅滋事罪与聚众斗殴罪的区分标准

——李某霆、王某寻衅滋事案

【案件基本信息】

1. 裁判书字号

新疆生产建设兵团莫索湾垦区人民法院（2019）兵0802刑初32号刑事判决书

2. 案由：寻衅滋事罪

【基本案情】

2017年11月10日1时许，在第八师一五团“美好时光”KTV内，被告人李某霆酒后误入张某、张某陈、张某杰、刘某所在的“美好时光”KTV豪1包厢内，与刘某等人发生口角后，被告人李某霆离开豪1包厢。约20分钟后，被告人李某霆手持菜刀再次进入刘某等4人包厢内发泄情绪，在KTV大厅的王某、李某涛、赵某平也跟随李某霆进入刘某等4人的豪1包厢内。被告人李某霆进入该包厢后，先与刘某相互争吵、撕扯，被告人王某见状后，积极参与冲突，并手持啤酒瓶击打被害人张某陈的头部，继而引发双方相互殴打。在互殴过程中致被害人刘某受伤。经鉴定，被害人刘某鼻骨粉碎性骨折的损伤构成轻伤二级、右侧眼眶顶壁骨骨折的损伤构成轻伤二级。

【案件焦点】

本案被告人李某霆、王某的犯罪行为应定性为聚众斗殴罪还是寻衅滋事罪。

【法院裁判要旨】

新疆生产建设兵团莫索湾垦区人民法院经审理认为：对于公诉机关指控的被告人李某霆、王某构成聚众斗殴罪，公诉机关出示相关证据，被告人李某霆供述其叫人是来唱歌的，被告人王某也供述来KTV是唱歌的。其他参与者的证言也未直接证实是被告人李某霆召集他们来参与斗殴的，虽有通话记录，但也无法证实被告人李某霆聚众斗殴的事实。公诉机关指控李某霆、王某犯聚众斗殴罪的证据不足，对公诉机关指控的被告人李某霆、王某犯聚众斗殴罪不予支持。被告人李某霆、王某因日常生活中偶发矛盾纠纷，借故生非，随意殴打他人，致一人轻伤，二被告人的行为已经触犯了《中华人民共和国刑法》第二百九十三条第一款第一项，构成寻衅滋事罪，犯罪事实清楚，证据确实、充分，应当以寻衅滋事罪追究二被告人的刑事责任。在实施犯罪过程中，二被告人作用相当，不宜区分主从犯，应当对全部犯罪活动承担责任。综上，依照《中华人民共和国刑法》第二百九十三条第一款第一项、第六十七条第三款，《最高人民法院、最高人民检察院关于办理寻衅滋事刑事案件适用法律若干问题的解释》第一条第二项、第二条第一项之规定，作出如下判决：

一、被告人李某霆犯寻衅滋事罪，判处有期徒刑一年零六个月；

二、被告人王某犯寻衅滋事罪，判处有期徒刑一年零五个月。

【法官后语】

聚众斗殴罪，是指为报复他人，争霸一方或者其他不正当目的，纠集众人成帮结伙地互相进行殴斗，破坏公共秩序的行为，其行为必须由聚众和斗殴两部分构成，其报复打击对象是特定明确的人，其特征通常表现为通过纠集、相约来恐吓、制服对方，为取得优势，通常会事先组织、策划、分工，并准备器械用于斗殴。寻衅滋事罪，是指在公共场所无事生非，起哄闹事，随意殴打、追逐、拦截、辱骂、恐吓他人，强拿硬要，任意毁损、占用财物，破坏公共秩序，客观方面表现肆意挑衅，无事生非，无理取闹，横行霸道，破坏公共秩序，情节恶劣，或者造成公共场所秩序严重混乱的行为，寻衅滋事行为多表现为临时起意，一时兴起，在其特征上，寻衅滋事动机在于发泄或者满足不良情绪，其特点表现为殴打他人的起因、殴打对象、殴打手段上均具有相当的随意性。

本案中，被告人李某霆因走错房间，与对方发生口角，因其心里不服气，随后拿菜刀，与他人一起冲进他人房间，继而发生相互殴打的行为。被告人李某霆、王某的行为是偶发矛盾纠纷，借故生非。《最高人民法院、最高人民检察院关于办理寻衅滋事刑事案件适用法律若干问题的解释》第一条第一款规定："行为人为寻求刺激、发泄情绪、逞强耍横等，无事生非，实施刑法第二百九十三条规定的行为的，应当认定为'寻衅滋事'。"第二款规定："行为人因日常生活中的偶发矛盾纠纷，借故生非，实施刑法第二百九十三条规定的行为的，应当认定为'寻衅滋事'，但矛盾系由被害人故意引发或者被害人对矛盾激化负有主要责任的除外。"二被告人的行为符合该条款的规定。

编写人：新疆生产建设兵团莫索湾垦区人民法院　周国强

13

纠集他人多次实施寻衅滋事行为，严重破坏社会秩序的，应当在五年以上十年以下判处刑罚

——苏某寻衅滋事案

【案件基本信息】

1. 裁判书字号

重庆市璧山区人民法院（2019）渝0120刑初89号刑事判决书

2. 案由：寻衅滋事罪

【基本案情】

2016年至2018年，苏某经常邀约徐某春、饶某、王某、付某勇、李某、刘某东一起吃喝玩乐，苏某结账，徐某春、饶某、王某等人听命于苏某。为帮别人收“管理费”以谋取利益，或为发泄情绪、逞强耍横、无事生非，苏某经常纠集徐某春、饶某、李某、刘某东等人在璧山区多次寻衅滋事，欺压百姓，扰乱社会经济、生活秩序，形成恶势力。具体犯罪事实如下：

1.2016年2月2日，苏某与徐某春、饶某、付某勇喝完酒后在重庆市璧山区彩虹桥附近招停一辆出租车，曹某坐在副驾驶位置，司机见苏某一行是4人遂拒载，苏某叫曹某下车遭拒绝。苏某先用手上的脉动瓶子打曹某头部，后叫饶某、付某勇、徐某春将曹某拉下车，徐某春、饶某、付某勇等人将曹某强行拉下车后共同对曹某进行殴打，致曹某全身多处软组织受伤。经公安机关调解，苏某等人一次性赔偿曹某2000元，曹某对苏某等人表示谅解。

2.2016年7月21日1时左右，被告人苏某邀约徐某春、饶某、李某喝酒后路过重庆市璧山区远林二街4号附2号麻将馆时，见杨某在打麻将，苏某叫杨某让位给他打两把，杨某让开上厕所，苏某坐上桌子打了两把。杨某回来后苏某让位，苏某以帮杨某打麻将赢了钱为由找杨某拿“跳水钱”但遭杨某拒绝，两人发生争吵，

苏某打了杨某一耳光，徐某春、饶某、李某随之围殴杨某，苏某拿出一把匕首捅了杨某的大腿两刀，造成杨某的左大腿被刺伤，全身多处皮肤挫伤。后苏某因刺伤杨某被行政拘留十四日，并处罚款500元。

3.2016年8、9月，苏某在鲁某全位于璧山区红宇大道龙湖鸭肠王背后开的一家“聚友茶楼”打牌时向徐某耀借钱，后苏某陆续偿还部分欠款。2016年11月30日下午，徐某耀向伍某华汇报账目情况，伍某华获悉苏某没有还清欠账，也没有继续在鲁某全经营的麻将馆内打牌，决定去找苏某麻烦。伍某华纠集潘某拓、凌某、徐某耀等人，电话邀约被告人苏某，苏某纠集徐某春、饶某、王某等人来到璧山红宇大道恒大建筑3单元2楼一私人麻将馆内找到伍某华。伍某华打了苏某头部一拳和一掌，后喊“打”并推了苏某，徐某春用屋内桌上玻璃啤酒扎杯殴打苏某，王某用自己的皮带殴打苏某，徐某耀、饶某等人对苏某拳打脚踢，致苏某头部多处软组织挫伤。后经朋友调解，伍某华免除了苏某3万余元的债务并赔偿了苏某3000元。

4.2017年1月，被告人苏某受人委托去收担保人甘某的10万元债务，并约定收到钱后可获得百分之三十的提成。苏某遂安排徐某春、饶某、王某、李某、刘某东去甘某的麻将馆收账，未果。第二天，徐某春、饶某、刘某东、李某继续去找甘某收账，未果。后徐某春、饶某、刘某东、李某排班，每班两人去麻将馆内守着要钱，守了三四天后，甘某仍然没有还钱，苏某打电话让徐某春去买一些晦气的东西摆在甘某麻将馆门口，徐某春、饶某、刘某东、李某买了几个花圈摆放在麻将馆门口，经他人报警后民警将徐某春、饶某、刘某东、李某带离现场。

5.2018年3月21日22时，陈某驾驶渝CAM××9轿车在重庆市璧山区璧温泉路口从后方撞上庞某松驾驶的渝AQC××8轿车，庞某松要求陈某陪几百元，陈某不愿意。因陈某闻到庞某松身上有酒气要报警，庞某松打电话给苏某来解决此事。被告人苏某到现场后对陈某拳打脚踢，并打电话叫刘某东将鱼竿刀拿到现场来。刘某东到现场将鱼竿刀交给苏某后，苏某将刀柄和刀刃拉开组装成一把长刀，并持刀朝陈某比划，被庞某松、刘某东拉开后持刀离开现场。经协商，苏某赔偿了陈某1950元。

6.2018年3月21日23时，被告人苏某持刀离开陈某等人交通事故现场后来到名门会KTV前台找KTV老板，前台人员张某志说老板不在，苏某用鱼竿刀砍了前台电脑显示屏，苏某质问张某志是谁将李某工作弄没了，张其志说不知道，然后苏某用鱼竿刀背砍张某志腰部，刀刃掉在了地上时，张某志趁苏某捡刀的时候朝二楼跑去，苏某捡起刀刃追砍张某志，并在二楼楼梯间处被KTV保安拦住。苏某又叫刘某东将另一把刀拿出来继续与KTV保安对峙，其间有KTV保安来劝说苏某，苏某用鱼竿刀在楼梯扶手上砍了两刀。苏某、刘某东到KTV一楼后，苏某继续持刀在大厅乱舞，随后又到222房间内持刀乱舞，恐吓包房内的顾客，被KTV工作人员劝离。

7.2018年3月25日23时，被告人苏某和徐某春、李某、刘某东等人到重庆市璧山区CBD欧西纳酒吧喝酒，其间，苏某跳上舞台强行抱住一名女性演艺人员跳舞，酒吧保安杜某上前招呼苏某，苏某打了杜某一耳光，并叫杜某滚开。酒吧的其他工作人员上来劝开苏某后，苏某对刘某东说杜某好像在骂他，刘某东走到杜某面前用手卡住杜某的脖子，并打了杜某一耳光，徐某春、李某等人上前殴打杜某并与杜某发生推搡，随即被酒吧内的其他工作人员劝开。苏某等人离开时扬言要回去拿枪。之后苏某等人又到欧西纳酒吧旁边的谜屿KTV唱歌，因嫌开房等待时间过长，打了工作人员张某一耳光。因刘某东在打斗中受伤，苏某找欧西纳酒吧赔偿了刘某东2000元。

2018年9月28日，民警将被告人苏某抓获，其到案后均如实供述了上述犯罪事实。

【案件焦点】

1. 苏某的行为是否可认定为行为恶劣；2. 公诉机关未认定加重处罚情节，法院能否根据指控事实直接审判，如法院加重处罚，是否属于超指控范围审判。

【法院裁判要旨】

重庆市璧山区人民法院经审理认为：被告人苏某纠集他人，多次随意殴打他人，还多次持凶器随意殴打他人，严重破坏社会秩序，其行为已构成寻衅滋事罪。鉴于其到案后如实供述自己的罪行，依法可从轻处罚。公诉机关在指控被告人苏某的犯罪事实中，被告人苏某纠集他人，多次持凶器随意殴打他人，严重破坏社会秩序，应当在五年以上十年以下有期徒刑的幅度内对其判处刑罚。

根据《中华人民共和国刑法》第二百九十三条、第六十七条第三款，《中华人民共和国行政处罚法》第二十八条和《最高人民法院、最高人民检察院关于办理寻衅滋事刑事案件适用法律若干问题的解释》第二条之规定，作出如下判决：

被告人苏某犯寻衅滋事罪，判处有期徒刑五年。

当事人未上诉，检察院未抗诉，现判决已发生法律效力。

【法官后语】

第一，本案的分歧在于苏某是否适用《中华人民共和国刑法》第二百九十三条第二款之规定情形。根据《最高人民法院、最高人民检察院关于办理寻衅滋事刑事案件适用法律若干问题的解释》第二条第四项之规定，持凶器随意殴打他人的，应当认定为《中华人民共和国刑法》第二百九十三条第一款第一项规定的“情节恶劣”。《中华人民共和国刑法》第二百九十三条第二款规定，纠集他人多次实施第一款规定的行为，严重破坏社会秩序的，处五年以上十年以下有期徒刑，可以并处罚金。苏某有一次持匕首捅刺杨某、一次持鱼竿刀威胁陈某、一次持鱼竿刀砍张某志的行为，已构成三次持凶器寻衅滋事的行为；退一步讲，即使认为苏某两次持鱼竿刀的行为间隔时间短，认定一次持续行为，但是两次持凶器寻衅滋事的行为均属情节恶劣，再加上苏某其他多次寻衅滋事的行为，也达到了《中华人民共和国刑法》第二百九十三条第二款规定的纠集他人多次实施寻衅滋事（情节恶劣）的行为，严重破坏社会秩序的，应处五年以上十年以下有期徒刑的规定。

第二，公诉机关对苏某的犯罪事实进行了指控，但未认定被告人的行为构成《中华人民共和国刑法》第二百九十三条第二款的加重处罚情节，法院能否根据指控事实直接审判。根据《最高人民法院关于适用〈中华人民共和国刑事诉讼法〉的解释》第二百四十一条第一款第一项之规定，起诉指控的事实清楚，证据确实、充分，依据法律认定指控被告人的罪名成立，应当作出有罪判决。在公诉机关指控了犯罪事实的情形下，对被告人的行为是否属于《中华人民共和国刑法》第二百九十三条第二款的加重处罚情节，法庭组织了控辩双方进行了辩论，依法定罪量刑，不属于超指控范围审判的情况。

编写人：重庆市璧山区人民法院　王玲玲

14

凌晨高空抛物任意损毁他人财物可构成寻衅滋事罪

——孙某寻衅滋事案

【案件基本信息】

1. 裁判书字号

北京市通州区人民法院（2019）京0112刑初1314号刑事判决书

2. 案由：寻衅滋事罪

【基本案情】

2019年9月6日3时许，被告人孙某在北京市通州区某小区602室内，为发泄个人情绪，从窗户向外抛掷吸尘器、支架、鞋等物，造成楼下停车场范某停放的一辆轿车及张某停放的一辆轿车被砸损。经鉴定，两车车损价值2600元。2019年9月10日，被告人孙某经民警电话通知自行到某派出所投案。涉案吸尘器、支架、鞋等物已起获。民事赔偿问题，当事人双方已于诉前自行协商解决。

【案件焦点】

1. 对于尚未造成严重后果的高空抛物，是否足以危害公共安全的认定；2. 高空抛物类寻衅滋事犯罪的认定；3. 高空抛物仅造成财产损害时，适用罪名的选择。

【法院裁判要旨】

北京市通州区人民法院经审理认为：被告人孙某法律意识淡薄，为发泄情绪无事生非，故意从高空抛弃物品，任意损毁他人财物，情节严重，依照《中华人民共和国刑法》第二百九十三条第一款第三项之规定，其行为构成寻衅滋事罪。被告人孙某在接电话通知后到案，能如实供述自己的罪行，系自首，且自愿认罪认罚，依法可以从轻处罚。同时，被告人孙某无犯罪记录，积极赔偿被害人的经济损失并取得谅解，依法可以酌情从轻处罚。根据被告人孙某的犯罪事实、性质、情节及对于社会的危害程度等，依照《中华人民共和国刑法》第二百九十三条第一款第三项、第六十七条第一款、第六十一条、第六十二条、第四十五条、第四十七条、第六十四条及《中华人民共和国刑事诉讼法》第十五条之规定，作出如下判决：

一、被告人孙某犯寻衅滋事罪，判处有期徒刑六个月；（刑期自判决执行之日起计算。判决执行以前先行羁押的，羁押一日折抵刑期一日，即自2019年9月10日起至2020年3月9日止）。

二、扣押在案的物品均予以没收。

【法官后语】

2019年10月21日，《最高人民法院关于依法妥善审理高空抛物、坠物案件的意见》（以下简称《意见》）出台，回应社会关切，对于审理高空抛物、坠物案件，守护好人民群众“头顶上的安全”具有十分重要的意义。本案例虽为在最高人民法院出台《意见》之前行为人实施犯罪行为的案件，按照《最高人民法院、最高人民检察院关于适用刑事司法解释时间效力问题的规定》第三条的规定，虽依照行为时的司法解释办理，但在审理思路上与《意见》并不相悖。

本案中行为人是否构罪没有争议，但对于构成何种罪名有争议。对此，审理法官从行为人的动机、抛物时间、抛物场所、抛掷物的情况以及造成的后果等因素，全面考量其高空抛物行为的公共安全危害程度，认定行为人凌晨故意从高空抛弃物品，任意损毁他人财物，情节严重，构成寻衅滋事罪，原因如下：

第一，并非所有的高空抛物都足以危害公共安全。在审理裁判时的一个主要争议焦点是：行为人未造成严重后果的高空抛物行为，是否足以危害公共安全。若给出肯定答复，则行为人应当构成以危险方法危害公共安全罪，如2019年11月29日上海市闵行区人民法院公开宣判的“上海高空抛物入刑”首案。本案审理法官认为，危害公共安全罪保护的法益是不特定或者多数人的生命、身体的安全以及公众生活的平稳与安宁。具体到本案：（1）案发时间是凌晨，且案发地点是居民小区停车场，几乎没有行人，因而排除“危害多数人”的情形。（2）案发地点为停车区，功能单一，随时扩大或者增加被害人范围的可能性较低，因而排除“危害不特定人”的情形。（3）当事人作案动机是偶发性的情绪失控，同时造成的财产损害数额较低、数量较少，因而排除“危害公众生活与平稳”的情形。综上，本案行为人的行为属于未造成严重后果不足以危害公共安全的高空抛物行为。

第二，本案行为人的行为宜以寻衅滋事罪定罪处罚。一方面，本案例中行为人高空抛物的行为符合寻衅滋事罪的犯罪构成：行为人明知自己楼下为停车场，在凌晨居民回家后会把车停到该处，却仍向窗外抛掷物品，造成他人汽车被砸损。其行为属于任意毁损公私财物且情节严重的情形，破坏了与财产有关的社会生活秩序，依法应以寻衅滋事罪定罪处罚；另一方面，根据罪刑相适应原则，以寻衅滋事罪定罪处罚合理：以危险方法危害公共安全罪起刑点为三年有期徒刑，若以此罪定，即使适用相关从轻、减轻处罚的规定，仍然不能准确地反映出行为人犯罪社会危害性的大小。

第三，该行为可能同时触犯故意毁坏财物罪情形的处理办法。任意损毁公私财物的行为，既可能构成寻衅滋事罪，也可能构成故意毁坏财物罪，但由于本案造成的车损价值为2600元，未达到5000元，不符合“数额较大或者有其他严重情节”的标准，因而不构成后罪。假设本案中造成的损失达到故意毁坏财物罪的追诉标准，那就需要考虑两个罪名之间的关系，笔者认为，对于任意损毁公私财物的行为，同时触犯这两个罪名的，应当按照想象竞合犯从一重罪处罚。

综上所述，在处理高空抛物类案件时：一方面，应突出刑事手段，充分发挥刑法的威慑作用，刑事手段的依法妥当运用，将使得高空抛物、坠物的行为成本大幅增加，从而有助于减少此类行为的发生；另一方面，需要从行为人的动机、抛物时间、抛物场所、抛掷物的情况以及造成的后果等因素，全面考量其高空抛物行为的社会危害程度，准确判断行为性质，正确适用罪名，准确裁量刑罚。

编写人：北京市通州区人民法院　李思博　张浩

15

"合法公司"外衣下"套路贷"黑社会性质组织的司法认定

——方某等组织、领导、参加黑社会性质组织案

【案件基本信息】

1. 裁判书字号

江苏省无锡市中级人民法院（2019）苏02刑终70号刑事裁定书

2. 案由：组织、领导、参加黑社会性质组织罪，非法拘禁罪，敲诈勒索罪，寻衅滋事罪，侵犯公民个人信息罪

【基本案情】

2016年2月至2017年8月，被告人方某、徐某真利用乾宏公司、海嘉公司、乾府公司、乾多多公司、乾友公司、乾富公司、万友公司7家公司结成"乾"字头公司联盟，假借民间小额贷款之名，通过"签订虚假借据收据""肆意认定违约"等方式，采用非法拘禁、敲诈勒索、寻衅滋事、纠缠、滋扰、恐吓等手段实施"套路贷"犯罪。被告人方某、方某阳、方某喜、方某东等人招揽被告人陈某红、方某明、胡某、宋某明、孙某来等安徽省颍上县十八里铺镇的老乡及社会闲散、刑满释放人员，在各"乾"字头公司内部成立"贷后部"进行非法催讨，逐步形成了以方某、徐某真为组织、领导者，以方某阳、方某喜、方某东、曹某、廖某波为积极参加者，被告人陈某红、方某明等数十人为一般参加者的黑社会性质组织。该黑社会性质组织骨干成员固定、层级结构明确，盘踞在无锡市市中心梁溪区一带，并涉足江阴、宜兴等地，人数众多、资金雄厚、势力庞大，组织成员均遵守组织领导者制定的规章、纪律，实施了非法拘禁、敲诈勒索、寻衅滋事、恐吓、威胁、强行入住、喷漆、堵门锁、滋扰、纠缠等违法犯罪活动，攫取了高额非法利益，对借款人、亲属及周围邻居造成强大的心理强制和不安影响，使得人民群众的合法利益遭受重大侵害，在持续性时间段内严重破坏了无锡、江阴、宜兴一定区域内的社会生

活秩序和经济秩序，在各地造成了恶劣的社会影响。

该组织实施的非法拘禁、敲诈勒索、寻衅滋事的事实、侵犯公民个人信息的事实在此不做讨论。

【案件焦点】

如何准确把握“合法公司”外衣下“套路贷”犯罪组织的性质。

【法院裁判要旨】

江苏省无锡市锡山区人民法院经审理认为：被告人方某、徐某真为了称霸一方，获取非法经济利益，组织、领导被告人廖某波、陈某红、单某君、陈某、方某明、李某辉、秦某春等人，有组织地实施了非法拘禁、敲诈勒索、寻衅滋事等一系列违法犯罪活动，为非作恶，欺压残害群众，逐步形成以方某、徐某真为组织、领导者，骨干成员基本固定，人数众多，有较为明确分工和组织纪律，通过违法放贷、非法催讨债务获取高额经济利益，具有一定经济实力的犯罪组织。各被告人明知该组织以实施违法犯罪为主要活动，仍参与其中，通过暴力、软暴力手段进行非法催讨而获利，应根据各自的实际行为分别构成组织、领导、参加黑社会性质组织罪。各被告人根据在犯罪组织中的地位、作用、具体的犯罪行为另分别构成非法拘禁罪、敲诈勒索罪、寻衅滋事罪、侵犯公民个人信息罪。

江苏省无锡市锡山区人民法院依照《中华人民共和国刑法》第二百九十四条第一款、第四款、第五款，第二百三十八条第一款、第三款，第二百五十三条之一，第二百七十四条，第二百九十三条第一款，第二十五条第一款，第二十六条，第二十七条，第六十七条第三款，第六十九条，第五十六条，第五十九条第一款，第六十四条及《最高人民法院关于审理黑社会性质组织犯罪的案件具体应用法律若干问题的解释》第三条第一款、第七条，《最高人民法院、最高人民检察院关于办理敲诈勒索刑事案件适用法律若干问题的解释》第一条、第二条、第四条，《最高人民法院、最高人民检察院关于办理寻衅滋事刑事案件适用法律若干问题的解释》第二条、第三条，《最高人民法院、最高人民检察院关于办理侵犯公民个人信息刑事案件适用法律若干问题的解释》第四条、第五条、第十二条之规定，作出如下判决：

一、被告人方某犯组织、领导黑社会性质组织罪，判处有期徒刑九年，剥夺政治权利二年，并处没收个人全部财产；犯非法拘禁罪，判处有期徒刑二年三个月；犯敲诈勒索罪，判处有期徒刑十一年，并处罚金10万元；犯寻衅滋事罪，判处有期徒刑三年。决定执行有期徒刑十九年，剥夺政治权利二年，并处没收个人全部财产；

二、被告人徐某真犯组织、领导黑社会性质组织罪，判处有期徒刑七年，剥夺政治权利一年，并处没收个人全部财产；犯非法拘禁罪，判处有期徒刑一年九个月；犯敲诈勒索罪，判处有期徒刑十年，并处罚金10万元；犯寻衅滋事罪，判处有期徒刑二年；犯侵犯公民个人信息罪，判处有期徒刑五年，并处罚金3万元。决定执行有期徒刑十八年，剥夺政治权利一年，并处没收个人全部财产。（其他被告人、被告单位的判决情况略）

上诉人方某、徐某真、王国启持原审辩解提起上诉。

江苏省无锡市中级人民法院经审理认为：上诉人方某、徐某真、王国启，原审被告人廖某波、陈某红、单某君、陈某、方某明、李某辉、秦某春的行为确已构成组织、领导、参加黑社会性质组织罪、非法拘禁罪、敲诈勒索罪、寻衅滋事罪、侵犯公民个人信息罪。上诉人方某、徐某真为了称霸一方，获取非法经济利益，组织、领导多人，有组织地实施了非法拘禁、敲诈勒索、寻衅滋事等一系列违法犯罪活动，为非作恶，欺压残害群众，逐步形成以方某、徐某真为组织、领导者，骨干成员基本固定，人数众多，有较为明确分工和组织纪律，通过违法放贷、非法催讨债务从而获取高额经济利益，具有一定经济实力的犯罪组织，故应当认定该组织为黑社会性质组织，上诉人方某、徐某真构成组织、领导黑社会性质组织罪。故方某、徐某真、王国启的上诉理由不能成立，应予驳回。

江苏省无锡市中级人民法院依照《中华人民共和国刑事诉讼法》第二百三十六条第一款第一项之规定，作出如下裁定：

驳回上诉，维持原判。

【法官后语】

随着社会的不断发展，黑社会性质组织也呈现出了较多新的样态。与传统黑社会性质组织不同的是，当前的黑社会性质组织呈现出表面合法化、手段隐蔽化、控制科学化等特征。本案中以方某为首的犯罪组织就是一例。该犯罪组织的行为人着眼于通过“套路贷”攫取高额经济利益，成立公司以取代传统的“帮会”，并以

“合法公司”作为外衣，以公司下设的各个部门取代“堂口”，以向组织成员发放工资取代“生活费”，甚至重视对组织成员进行专门的培训，以便逃避法律的制裁。在具体实施犯罪活动时，行为人通过让被害人出具书面材料、拍照、拍摄视频等各种方式，以掩盖行为的非法性，使得犯罪行为极具隐蔽性、欺骗性、模糊性。对于此类犯罪组织的认定，应当重点把握以下三个方面：

1. 以“公司化运作”控制组织成员

本案中，方某等人成立的公司表面上对员工的管理符合人力资源市场的一般规律，具有形式上的合法性。但从本质上看，该组织通过等级制度、工作纪律和奖惩规则对成员存在着隐秘的控制，这是该组织之所以被认定为“较稳定的犯罪组织”的主要原因。具体而言：(1) 设立严明的等级制度。该组织内设立专门负责非法催讨的贷后部，贷后部设组长，组织成员按照组长的派单，两人一组上门催讨，组长可对具体催讨行为进行安排、指挥，催讨所得钱款交给贷后部组长，由组长交给公司负责人，公司负责人根据提成规则将提成钱款交给组长，再由组长向组员分发提成。(2) 规定明确的催讨行为规则。方某、徐某真等人商议制定了专门的“贷后管理十个严禁”“保密承诺书”；要求组织成员在催讨时需拍摄喷漆、堵门锁、高音喇叭喊话的照片、视频，并发送到公司微信群中向公司负责人或组织领导者汇报工作。(3) 制定有效的奖惩措施。该组织规定，催讨利润由公司与催讨人员六四分成或五五分成，催讨数额和分成数额挂钩，以激励催讨人员穷尽各种手段尽力催讨；组织为催讨人员配备催讨所用的汽车、喷漆灌、胶水、伸缩棍，报销油费和看管人员所支出的住宿费；要求组织成员缴纳押金，对于泄露客户信息等影响公司利益的，则予以处罚。

2. 以“套路贷”犯罪攫取非法利益

方某等人主要是以公司形式实施“套路贷”涉黑犯罪。方某等人借助这些公司实际实施的主要行为却是在经营范围之外的“小额放贷”业务。方某等人的放贷模式主要是以“无抵押、零门槛”的零用贷等为诱饵，诱骗被害人签订虚高借款合同、房屋租赁合同及各项承诺书，并以“保证金”“上门费”“中介费”等名义收取各种费用；在贷款中设置苛刻的履约条件和期限，随意解释违约条款，制造违约机会，单方面肆意认定违约，并通过非法拘禁、敲诈勒索、威胁、恐吓等方式进行催讨。

以方某、徐某真等人为首的黑社会性质组织正是通过实施“套路贷”犯罪迅速敛财，从起初的一家乾宏公司不断壮大，直至在无锡市成立了7家“乾”字头公司，投入的400余万元本金在短短的一年半时间内不断获益，共非法放贷3100余万元。一方面，该组织将通过违法犯罪活动获取的经济利益主要用于开办分公司、子公司；另一方面，形成紧密的联盟，排挤其他同类竞争公司，在整个无锡地区的小额贷款公司中具有较强的影响力和话语权。

3. 以“软暴力”手段实施犯罪行为

本案中，方某等人实施催讨债务的主要违法犯罪手段以“软暴力”手段为主，往往以威胁、恐吓、滋扰、纠缠、哄闹、聚众造势等手段对他人产生心理强制或影响。结合方某等人实施犯罪的行为模式，可以看到行为人实施的“软暴力”行为主要分为以下三类：一是威胁恐吓特定的对象。方某等人采用言语威胁、24小时贴身跟随、拘禁、扬言揭发隐私等方式对被害人进行非法催讨。这些行为虽然没有直接造成被害人身体上的重大、可见性的伤害后果，但是足以使得被害人产生恐惧从而形成心理强制。二是滋扰他人的工作、生活。行为人上门催讨时采用了在大门、墙壁上喷漆，用胶水堵塞门锁，半夜砸窗玻璃，高音喇叭辱骂，张贴海报，断水断电，非法侵入他人住宅，围堵工作场所等手法，对被害人及其家属、邻居、工作单位均造成了严重的影响。三是聚众造势，扰乱社会秩序。“乾”字头联盟公司在共同催讨时，为展示所谓的组织“实力”，震慑被害人及“同行”，往往会一呼百应，迅速集结数十人到场造势、以斗殴相威胁。在已查明的具体犯罪事实中，在向被害人周某某催讨时，该组织纠集了20余名组织成员在无锡市南禅寺商业区展示实力，与其他小贷公司人员约架并在现场以武力对峙，严重扰乱了当地的社会秩序。

编写人：江苏省无锡市中级人民法院　黄辛　蒋璟

江苏省无锡市锡山区人民法院　林琳

16

赌博罪中聚众赌博的认定

——张某赌博案

【案件基本信息】

1. 裁判书字号

广西壮族自治区桂林市中级人民法院（2019）桂03刑终666号刑事裁定书

2. 案由：赌博罪

【基本案情】

被告人张某于2018年6月8日前后俄罗斯世界杯足球赛期间，在赌博网站宝马会全讯网下的子网站皇冠网站中现金网注册成会员，参与网上赌球活动。同月12日，廖某杰向被告人张某询问有无境外赌球账号，次日被告人张某利用自己的赌球账号生成1个虚拟子账号提供给廖某杰使用。同时，在廖某杰的担保下，被告人张某再生成3个虚拟子账号提供给陈某使用，陈某将其中1个账号提供给龙某峰使用。上述4个虚拟子账号只能虚拟投注，但可根据世界杯比赛实际情况计算出虚拟的输赢金额。廖某杰、陈某、龙某峰等人通过被告人张某提供的虚拟子账号下注，被告人张某接受投注后并未实际向赌博网站进行投注，而是依据赌博网站计算出的输赢情况，在网下与廖某杰进行现金结算，再由廖某杰与陈某等人结算，被告人张某支付廖某杰上述4个账号下注有效金额一定比例的好处费。2018年6月18日至7月9日，被告人张某与廖某杰、陈某、龙某峰进行赌博的赌博流水金额高达615335元，进行了4次结算。

【案件焦点】

张某利用网络赌博网站，参照赌博网站开出的赔率及计算的结果与投注人进行对赌，是否属于赌博罪中的聚众赌博。

【法院裁判要旨】

广西壮族自治区桂林市秀峰区人民法院经审理认为：被告人张某以营利为目的，聚众赌博，其行为触犯《中华人民共和国刑法》第三百零三条第一款之规定，构成赌博罪。对公诉机关指控被告人张某构成开设赌场罪的意见，法院不予支持。辩护人提出被告人张某构成赌博罪的意见与查明的事实相符，法院予以支持。辩护人还提出被告人张某归案后能如实供述犯罪事实，具有坦白情节，当庭表示认罪，希望能对其从轻处罚的意见与事实相符，法院予以支持。但其提出对被告人张某适用缓刑的意见，因被告人张某聚众赌博的性质、社会危害性均不符合缓刑条件，对辩护人的该部分意见，法院不予支持。

广西壮族自治区桂林市秀峰区人民法院依照《中华人民共和国刑法》第三百零三条第一款、第六十七条第三款、第五十二条、第五十三条，《最高人民法院、最高人民检察院关于办理赌博刑事案件具体应用法律若干问题的解释》第一条第一款第二项之规定，作出如下判决：

被告人张某犯赌博罪，判处有期徒刑一年九个月，并处罚金2万元。

上诉人张某不服判决提起上诉，后自愿申请撤诉。广西壮族自治区桂林市中级人民法院依照《最高人民法院关于适用〈中华人民共和国刑事诉讼法〉的解释》第三百零五条第一款、第三百零八条之规定，作出如下裁定：

准许上诉人（原审被告人）张某撤回上诉。

【法官后语】

本案争议的焦点在于被告人张某利用网络赌博网站，参照赌博网站开出的赔率及计算的结果与投注人进行对赌，是构成开设赌场罪还是赌博罪。

开设赌场是指开设专门用于赌博的场所的行为，侧重点是为赌博提供场所、设定赌博方式、提供赌具、筹码、资金等组织赌博的行为，行为人对其所开设的赌场具有管理和控制性，赌场具有半公开性，赌场开设的时间、地点、性质等被一定范围内的社会公众所知晓。赌博罪是指以营利为目的，聚众赌博或者以赌博为业的犯罪行为。赌博犯罪有两种行为，以营利为目的而聚众赌博的行为就是其中之一。根据《最高人民法院、最高人民检察院关于办理赌博刑事案件具体应用法律若干问题的解释》第一条的规定，而以营利为目的，组织3人以上赌博，赌资数额累计达到5万元以上的行为则又属于“聚众赌博”的情形之一。聚众赌博的行为人对赌场一般没有管理和控制权限，不是通过帮助赌场经营来使自己获利，而是通过组织他人参赌来实现自己的营利目的，具有规模较小及一定的隐蔽性的特点。

本案中，被告人张某通过其在赌博网站登记的会员账号，设置可以进行虚拟下注的子账号，该虚拟下注的子账号只能模拟投注，不能直接向网站充值、投注。拿到该虚拟子账号的人如果要在赌博网站参赌，只能将赌资交与被告人张某，由其通过主账号进行投注。被告人张某将虚拟子账号交给朋友并接受投注，但其没有将收到的赌资转给赌博网站，而是参照赌博网站开出的赔率及计算的结果与投注人进行对赌。其行为系利用赌博网站的赌博方式、利用赌博网站的信息在接受他人投注后与他人对赌的行为，不涉及对赌博场所的设立以及管理和控制。此外，被告人张某不是通过自己经营的赌场获利，而是通过自己的人际关系召集、组织并直接与他人赌博来实现自己的营利目的，也就是与他人直接进行赌博的行为。因此，被告人张某的行为不符合开设赌场罪的行为性质。本案中，被告人张某以营利为目的，组织3人以上赌博，赌资数额累计达到5万元以上，符合赌博罪中“聚众赌博”的规定，故被告人张某构成赌博罪。

编写人：广西壮族自治区桂林市秀峰区人民法院　刘伟胜　何玉婷

17

利用境外赌博网站账号组织赌客赌博同时进行资金结算的认定

——盛某新等开设赌场案

【案件基本信息】

1. 裁判书字号

江苏省南通市港闸区人民法院（2019）苏0611刑初87号刑事判决书

2. 案由：开设赌场罪

【基本案情】

2016年年初，被告人朱某琴从被告人范某处获得境外“申博”赌博网站代理账号，额度为100万元（额度用完可以临时授权增加），后被告人盛某新、朱某琴在二人位于江苏省海门市博士花园的家中使用该赌博账号接受多人投注进行赌博活动。被告人范某以赌博流水的1.18%作为返利（俗称洗码费）给被告人盛某新和朱某琴，被告人范某从上家获取0.1%的洗码费，并通过与赌客对赌“占成”牟利；被告人陆某多次驾车至位于博士花园小区的盛某新、朱某琴住处楼下和朱某琴以现金的方式结算赌博资金。2016年4月至2018年5月，被告人盛某新、朱某琴接受赌博人员累计投注金额为2463.56万元，以洗码返利形式从中非法获利29.07万元，被告人范某、陆某以洗码返利的形式从中非法获利2.46万元。

为逃避打击，被告人盛某新、朱某琴指使被告人吴某、郭某生、张某、姜某兵、黄某平等人提供银行卡用于结算赌博资金。其中，被告人吴某帮助结算赌博资金106.8万元，被告人郭某生帮助结算赌博资金770.8万元，被告人张某帮助结算赌博资金324.63万元，被告人姜某兵帮助结算赌博资金100万元，被告人黄某平帮助结算赌博资金300万元。

公安机关抓获被告人盛某新等人后，扣押案涉的台式主机、笔记本电脑、IPAD、手机、银行卡等物品。

【案件焦点】

利用境外赌博网站账号组织赌客赌博，同时进行资金结算是否构成开设赌场罪。

【法院裁判要旨】

江苏省南通市港闸区人民法院经审理认为：被告人范某将境外赌博网站账号提供给被告人盛某新、朱某琴，与被告人盛某新组织的赌客对赌，并从中获取洗码提成，被告人盛某新、朱某琴利用被告人范某提供的账号组织赌客在家中赌博，本质上是将境外的实体赌场通过网络形式搬至境内供赌客下注，并进行资金结算，赚取洗码佣金，被告人陆某将被告人朱某琴需要境外赌博网站的信息提供给被告人范某，根据被告人范某安排与被告人朱某琴结算赌资，被告人吴某、郭某生、张某、姜某兵、黄某平明知被告人盛某新、朱某琴从事赌博活动，仍为其提供资金结算帮助，均应当以开设赌场罪追究刑事责任。被告人盛某新、朱某琴、范某的辩护人关于3名被告人不构成开设赌场罪的意见于法不符，不予采纳。

本案系共同犯罪，被告人盛某新、朱某琴、范某系主犯，应当按照其参与的全部犯罪处罚；被告人陆某、吴某、郭某生、张某、姜某兵、黄某平系从犯，应当减轻处罚。被告人盛某新的辩护人、被告人范某的辩护人关于被告人盛某新、被告人范某的作用大小应予区分的意见，法院认为没有被告人范某获取赌博网站账号，或者没有被告人盛某新组织赌客赌博，本案的共同犯罪行为均不能独立完成，二者缺一不可，二人作用相当，故对该辩护意见不予采纳。关于被告人朱某琴的辩护人对被告人朱某琴系从犯的意见，法院认为被告人朱某琴从范某处获取赌博网站账号，平常主要负责账号登录、赌额分配管理，且每周与范某对账，与陆某现金结算赌资，作用略小于被告人盛某新、范某，可作为作用相对较小的主犯予以从轻处罚，故对该辩护意见不予采纳。

被告人盛某新、朱某琴、范某、陆某、吴某、郭某生、张某、姜某兵、黄某平到案后均能如实供述自己的罪行，可以从轻处罚；9名被告人均自愿认罪认罚，依法予以从宽处理。

江苏省南通市港闸区人民法院依据《中华人民共和国刑法》第三百零三条第二款，第二十五条第一款，第二十六条第一款、第四款，第二十七条，第六十七条第三款，第六十四条以及《中华人民共和国刑事诉讼法》第十五条的规定，作出如下判决：

一、被告人盛某新犯开设赌场罪，判处有期徒刑五年，并处罚金100万元；被告人朱某琴犯开设赌场罪，判处有期徒刑三年，并处罚金75万元；被告人范某犯开设赌场罪，判处有期徒刑五年，并处罚金100万元；被告人陆某犯开设赌场罪，判处有期徒刑二年六个月缓刑三年，并处罚金50万元；被告人吴某犯开设赌场罪，判处有期徒刑一年缓刑一年三个月，并处罚金10万元；被告人郭某生犯开设赌场罪，判处有期徒刑一年六个月缓刑二年，并处罚金15万元；被告人张某犯开设赌场罪，判处有期徒刑一年三个月缓刑一年九个月，并处罚金12万元；被告人姜某兵犯开设赌场罪，判处有期徒刑一年缓刑一年三个月，并处罚金10万元；被告人黄某平犯开设赌场罪，判处有期徒刑一年三个月缓刑一年九个月，并处罚金12万元；

二、追缴被告人盛某新、朱某琴非法所得29.07万元，追缴被告人范某、陆某非法所得2.46万元；

三、追缴被告人盛某新、朱某琴、范某、陆某赌资合计2463.56万元；

四、扣押在案的作案工具台式主机、笔记本电脑、苹果平板电脑、手机、银行卡等物品予以没收。

【法官后语】

随着信息技术的进步，互联网的普及应用，网络赌博案件日益增多，同时因网络的传播性、广泛性、低成本等特点，加大了网络赌博犯罪的侦查难度，更加不易侦破相关案件。本案即属于利用网络开设赌场的案件。

关于本案的定性问题，在本案审理过程中，控辩双方就案件的定性产生较大争议，公诉机关认为盛某新等人利用互联网组织赌博活动，为赌博网站担任代理并接受他人投注，吴某等明知盛某新、朱某琴从事赌博活动，仍为其提供费用结算的直接帮助，应当以开设赌场罪追究其刑事责任；辩护人认为本案应当以赌博罪定罪，盛某新、范某并非案涉赌博网站的代理或建立赌博网站，也未接受任何投注。从本案具体案情分析，盛某新等人的行为虽与4种典型的网络赌博犯罪行为存在一定的差别，但范某将境外赌博网站账号提供给盛某新、朱某琴，与盛某新组织的赌客对赌，并从中获取洗码提成，盛某新、朱某琴利用范某提供的账号组织赌客在家中赌博，本质上是将境外的实体赌场通过网络形式搬至境内供赌客下注，并进行资金结算，赚取洗码佣金，以开设赌场罪定罪处罚并无不妥，符合开设赌场罪的犯罪构成要件。

针对主从犯的问题，本案中，赌博网站的账号发挥了重要作用，如果没有赌博网站账号，就不可能通过网络将境外的实体赌场搬至境内，而在共同犯罪中，起初由朱某琴与范某沟通，后范某提供赌博网站账号，若范某未提供赌博网站账号，盛某新将不可能通过此种方式组织赌客进行赌博，遂范某提供账号的行为与盛某新组织赌客赌博的行为在本案中缺一不可，互为依存，盛某新、范某应以主犯论处。就朱某琴的犯罪地位而言，朱某琴起初向范某索要境外赌博网站账户，起到积极作用，同时，在犯罪过程中，其实施账号登录、赌额分配管理、对账等行为，在犯罪中积极主动作为，可以认定为主犯，但相较于盛某新、范某而言，其行为的主导作用略小于两人，可作为作用较小的主犯。针对陆某、吴某等人，陆某起初在朱某琴和范某的合意中起到沟通作用，同时，按照范某指使与朱某琴进行结算，而吴某等人在明知盛某新、朱某琴在进行赌博犯罪，仍为其提供资金结算，均可以认定为从犯。

编写人：江苏省南通市港闸区人民法院 范明鑫

18

聚众扰乱社会秩序罪中情节严重、严重损失的认定

——李某军等聚众扰乱社会秩序案

【案件基本信息】

1. 裁判书字号

江苏省连云港市中级人民法院（2019）苏07刑终228号刑事裁定书

2. 案由：聚众扰乱社会秩序罪

【基本案情】

2018年2月20日（正月初五）中午，被告人李某军的儿子李某龙饮酒过量，经灌云县某卫生院救治无效死亡。当日下午，被告人李某军、李某团等人欲给医院施加压力，将李某龙尸体停放在灌云县某卫生院观察室内，被告人李某司纠集庄邻、亲友等50余人至该院，并滞留在该院观察室、输液室、大厅等处。

2018年2月21日上午，被告人李某军、李某团、李某司、黄某青等人指使死者李某龙的同学用输液椅子堵住过道、拍摄视频在网络上发布。为造出更大声势和影响，被告人李某团与李某军商议弄点煤气罐、汽油等危险品至该医院，后被告人李某团携带煤气罐、汽油等危险品至该院门诊楼内。当日晚上，被告人李某军再次让被告人李某司纠集更多庄邻至该医院架势。

2018年2月22日，被告人李某军、李某团、黄某青、李某司等人采取封堵该院门诊楼大门、输液室、观察室、过道及辱骂、冲撞、投掷汽油瓶、向自己身上浇汽油欲自焚等方式，阻碍正常执行公务的民警。当日14时许，被告人李某军、李

某团、黄某青等人被公安机关民警强制带离现场，被告人李某司乘机逃离现场。

因本案致灌云县某卫生院门诊楼部分门窗、玻璃、输液座椅、监控设备等物品损坏。后灌云县某卫生院对门窗、玻璃等损坏物品进行维修，支付维修费用 18770 元；灌云县某卫生院重新购置输液座椅 25 张，支付 24830 元。

灌云县某卫生院自 2018 年 2 月 17 日起至 2018 年 2 月 20 日止（正月初二至正月初五），每日门诊营业收入分别为 12941.47 元、13819.13 元、16415.99 元、18747.15 元；自 2018 年 2 月 21 日起至 2018 年 2 月 22 日止（正月初六至正月初七），每日门诊营业收入分别为 11863.5 元、358.48 元；2018 年 2 月 23 日起至 2018 年 2 月 24 日止（正月初八至正月初九），每日门诊营业收入分别为 14461.44 元、14809.98 元。

【案件焦点】

本案被告人采取聚众围、堵、砸等方式扰乱医院工作秩序的行为，是否属于情节严重，给医院造成的损失是否达到严重损失的标准。

【法院裁判要旨】

江苏省连云港市灌云县人民法院经审理认为：被告人李某军、李某团、黄某青、李某司聚众扰乱灌云县某卫生院医疗秩序，情节严重，致使该院医疗工作无法进行，造成严重损失，其行为均已构成聚众扰乱社会秩序罪，且属共同犯罪，其中被告人李某军、李某团系首要分子，被告黄某青、李某司系积极参加者，均应依法惩处。关于被告人李某军辩护人提出“严重损失应该能用货币进行衡量，本案物品损失 49020 元，只是医院单方统计，没有相关价格鉴定等证据进行佐证，故认定造成严重的证据不足，建议宣告被告人李某军无罪”的辩护意见。法院认为，本案的严重损失，既包括因犯罪行为造成的财产损失和可得利益物损失，也包括无形的社会利益等诸多方面的严重损失。本案中，因被告人的犯罪行为，既造成医院财产和营业收入损失，同时也造成无法精确计算的其他利益损失，故该辩护意见不能成立，法院不予采纳。被告李某司主动投案，并如实供述犯罪事实，系自首，依法从轻处罚。被告人李某军、李某团归案后，如实供述犯罪事实，系坦白，依法从轻处罚。被告人黄某青当庭自愿认罪，并如实供述犯罪事实，酌情从轻处罚。

江苏省连云港市灌云县人民法院依照《中华人民共和国刑法》第二百九十条

第一款，第二十五条第一款，第六十七条第一款、第三款，第七十二条第一款，第七十三条第二款、第三款之规定，作出如下判决：

一、被告人李某军犯聚众扰乱社会秩序罪，判处有期徒刑三年；

二、被告人李某团犯聚众扰乱社会秩序罪，判处有期徒刑三年；

三、被告人黄某青犯聚众扰乱社会秩序罪，判处有期徒刑一年六个月，缓刑二年；

四、被告人李某司犯聚众扰乱社会秩序罪，判处有期徒刑一年三个月，缓刑一年六个月。

被告人李某军、李某团以原判认定灌云县某卫生院财产损失严重证据不足，量刑过重为由提起上诉。

江苏省连云港市中级人民法院同意江苏省灌云县人民法院的裁判意见，遂作出裁定：

驳回上诉，维持原判。

【法官后语】

本案审理时的焦点问题是情节严重、造成严重损失的认定。

本案4名被告人实施的上述行为是构成一般违法行为还是犯罪行为，区分的关键在于是否造成严重损失、情节是否严重。根据《最高人民法院关于依法惩处涉医违法犯罪维护正常医疗秩序的意见》，作如下具体分析。

1. 情节严重的判断标准

情节严重主要是指扰乱的时间长、纠集的人数多，致使医疗机构的工作秩序受到严重破坏，诊疗活动无法正常进行，或者堵塞交通致使车辆、行人不能通过，破坏交通秩序影响通行安全等。对此，笔者认为具体判断标准有以下几项：(1) 聚集的人数必须达到3人以上。(2) 时间具有持续性。聚众扰乱的时间一般应是达到1小时以上，短暂的几分钟一般不影响正常的工作。(3) 因聚众扰乱导致受害单位的工作、生产、营业等无法正常进行。(4) 具有打、砸、侮辱等恶劣行为。稍微过激的情绪宣泄和吵闹情形与本罪的恶劣行为应严格区分。

2. 严重损失的判断标准

何谓造成严重损失？目前虽没有明确的立法和司法解释，但根据对《最高人民法院关于依法惩处涉医违法犯罪维护正常医疗秩序的意见》的理解与适用中的表述，造成严重损失主要是指致医疗机构内的人员受到轻微伤以上伤害或者公私财物遭受严重损毁等。本罪侵害的客体是社会公共秩序，属于结果犯。从总体上看，一般可以借助一定计量手段衡定其损失大小额度，但在实践中也不能排除难以量定的无形损失。因而，应当以定性分析和定量分析相结合的手段来衡定损失大小。

认定本罪应当同时具备以上两个条件，缺一不可，否则应当按照《中华人民共和国治安管理处罚法》第二十三条第一款第一项之规定进行处罚。本案中，4名被告人的行为已经达到情节严重、造成严重损失的程度。具体理由如下：(1) 在情节是否严重方面，第一，在聚集人数上包括李某军等4人，且其还召集众多亲戚朋友到场；第二，在时间持续方面，从2018年2月20日至2月22日，实施长时间的聚众围、堵、打、砸行为；第三，4名被告人将尸体停放在医院观察室，并烧纸钱、拉横幅、堵大门、围堵楼道出入口，导致医院的医疗工作无法正常进行，病人无法得到及时治疗；第四，向医院门诊楼内运送煤气罐、汽油等危险品，打砸门诊办公室门窗等行为，冲撞、辱骂执勤民警的情形。(2) 在造成的损失是否严重方面，第一，李某军等人毁损医院门窗座椅等财物，造成医院经济损失4万余元；第二，导致医院医疗工作长时间无法正常进行，正常的门诊营业收入大幅减少；第三，在网络上发布不实信息，引发舆情，给医院的声誉造成一定的影响。综合以上情况，本案应当认定为情节严重，造成严重损失。

本案在量刑时，法院充分考虑到本案被告人聚众围、堵、打、砸等犯罪行为系因其家属患病在医院治疗期间死亡，造成情绪的激动、失控而引发，根据各被告人归案的认罪、悔罪及社会危害程度等情节，遂作出上述判处。

编写人：江苏省灌云县人民法院　孙华

19

利用微信朋友圈转发违法信息的情节严重认定

——黄某明等非法利用信息网络案

【案件基本信息】

1. 裁判书字号

江苏省盐城市滨海县人民法院（2019）苏 0922 刑初 349 号刑事判决书

2. 案由：非法利用信息网络罪

【基本案情】

2017 年 7 月至 2019 年 2 月，被告人黄某明使用其昵称为“刀剑阁”的微信，在朋友圈发布其拍摄的管制刀具图片、视频和文字信息合计 12322 条，用以销售管制刀具，并从中非法获利。

2015 年 5 月至 2019 年 3 月，被告人陶某新使用其昵称为“黑木鞋”和“大鲨鱼”的微信，在朋友圈发布从他人的微信朋友圈转载的管制刀具图片、视频和文字信息合计 6677 条，用以销售管制刀具，并从中非法获利。

2016 年 4 月至 2019 年 4 月，被告人李某样使用其昵称为“A 刀迷天地”的微信，在微信朋友圈发布从他人微信朋友圈转载的管制刀具图片、视频和文字信息合计 16540 条，用以销售管制刀具，并从中非法获利。

2015 年 4 月至 2019 年 4 月，被告人陶某使用其昵称为“刀具世家”的微信，在微信朋友圈发布从他人微信朋友圈转载的管制刀具图片、视频和文字信息合计 15210 条，用以销售管制刀具，并从中非法获利。

2016 年 12 月至 2019 年 4 月，被告人曾某杰使用其昵称为“A 磨刀的欧尼”的微信，在微信朋友圈发布从他人微信朋友圈转载的管制刀具的图片、视频和文字信息合计 5316 条，用以销售管制刀具，并从中非法获利。

2018 年 5 月至 2018 年 7 月，宋某林先后 3 次通过微信联系被告人陶某新购买管制刀具。被告人陶某新通过微信与被告人黄某明联系，将宋某林想要购买的刀具信息以及收货地址发给被告人黄某明，由被告人黄某明直接发货给宋某林，被告人陶某新收取宋某林相关费用，并与被告人黄某明谈好刀具的价格，并通过微信转账的方式转给被告人黄某明，被告人陶某新从中赚取差价。后被告人黄某明将刀具通过快递邮寄给宋某林，宋某林购得刀具后实施了故意伤害致人死亡的犯罪行为。被告人黄某明非法所得329元，被告人陶某新非法所得858元。

案发后，被告人陶某、曾某杰、李某样自动投案，并如实供述了全部犯罪事实。被告人黄某明和陶某新归案后如实供述了全部犯罪事实。

上述事实，被告人黄某明及其辩护人、陶某新及其辩护人、李某样、曾某杰、陶某在开庭审理过程中均无异议，并有证人证言，滨海县公安局制作的户籍证明、发破案经过、扣押决定书、扣押清单、微信聊天记录、电子证据情况说明、视听资料、电子数据等证据证实。

【案件焦点】

非法利用信息网络罪中，被告人的行为在没有符合法律规定的具体情形下，如何认定属于情节严重的情形。

【法院裁判要旨】

江苏省盐城市滨海县人民法院经审理认为：被告人黄某明、陶某新、李某样、曾某杰、陶某利用信息网络，发布有关制作、销售管制物品的违法犯罪信息，其行为已构成非法利用信息网络罪。公诉机关指控被告人黄某明、陶某新、李某样、曾某杰、陶某犯非法利用信息网络罪事实清楚，证据确实、充分，罪名成立，法院予以支持。被告人黄某明、陶某新归案后，如实供述自己的犯罪事实，是坦白，且认罪认罚，依法可以从轻处罚。被告人李某样、曾某杰、陶某自动投案，如实供述自己的犯罪事实，是自首，且认罪认罚，依法可以从轻处罚。

为严申国法，打击犯罪，维护社会管理秩序，依照《中华人民共和国刑法》第二百八十七条之一第一款第二项，第六十七条第一款、第三款，第七十二条，第七十三条第二款、第三款，第五十二条，第五十三条，第六十四条；《中华人民共和国刑事诉讼法》第二百零一条之规定，作出如下判决：

一、被告人黄某明犯非法利用信息网络罪，判处有期徒刑八个月，并处罚金1

万元；（刑期从判决执行之日起计算。判决执行以前先行羁押的，羁押一日折抵刑期一日，即自2019年3月6日起至2019年11月5日止。罚金已预缴。）

二、被告人陶某新犯非法利用信息网络罪，判处有期徒刑八个月，并处罚金1万元；（刑期从判决执行之日起计算。判决执行以前先行羁押的，羁押一日折抵刑期一日，即自2019年2月23日起至2019年10月22日止。罚金已预缴。）

三、被告人李某样犯非法利用信息网络罪，判处有期徒刑七个月，缓刑一年，并处罚金1万元；（缓刑考验期限，从判决确定之日起计算。罚金已预缴。）

四、被告人曾某杰犯非法利用信息网络罪，判处有期徒刑七个月，缓刑一年，并处罚金1万元；（缓刑考验期限，从判决确定之日起计算。罚金已预缴。）

五、被告人陶某犯非法利用信息网络罪，判处有期徒刑七个月，缓刑一年，并处罚金1万元；（缓刑考验期限，从判决确定之日起计算。罚金已预缴。）

六、禁止被告人李某样、曾某杰、陶某在缓刑考验期内从事网络销售及相关活动；

七、对被告人黄某明供犯罪所用的苹果6S手机一部，被告人陶某新供犯罪所用的华为COL－AL10手机一部、华为PLK－AL10手机一部，被告人曾某杰供犯罪所用的苹果6P手机一部，被告人李某样供犯罪所用的苹果5S手机一部，被告人陶某苹果6PLUS手机一部，由扣押机关予以没收，上缴国库。对被告人黄某明非法所得329元，被告人陶某新违法所得858元予以追缴，上缴国库。

当事人未上诉，检察院未抗诉，现判决已发生法律效力。

【法官后语】

该案例被最高人民法院评为“非法利用信息网络罪、帮助信息网络犯罪活动”典型案例，该案例价值在于判断一个行为是否构成非法利用信息网络罪，是否达到了“情节严重”的程度，要从信息传播的广度和深度两方面综合考量。本案虽然从表面看不符合“网络犯罪司法解释”关于“情节严重”的具体列举式规定，但从本质上说，本案中行为人的行为符合《最高人民法院、最高人民检察院关于办理非法利用信息网络、帮助信息网络犯罪活动等刑事案件适用法律若干问题的解释》关于“情节严重”的立法精神，即行为人传播网络信息的广度和深度达到了“情节严重”的程度。

该司法解释规定的“情节严重”的第一种情形与本案行为作比较为例：虽然从

技术层面看，网站和微信朋友圈有功能上的区别，但从信息传播的广度来看，这种界限又不是那么泾渭分明的了。第一，网站虽然对访问者没有限制，但需要经过推广才能具有一定的影响力。而微信朋友圈虽然在形式上是封闭的，但随着用户“好友”数的不断增加，其私密性会被逐渐淡化，社会影响力和信息传播的广度也在不断地上升。也就是说，虽然网站形式公开，而朋友圈形式相对封闭，但是从本质上来说，发微信朋友圈的社会影响力是能够达到甚至超过“网络犯罪司法解释”规定的“情节严重”的第一种情形的程度的。第二，网站搜索相关信息的用户刻意的较多，目的性较强，即用户在访问网站前已有明确或相对明确的想购买该类违禁物品的意思表示。而朋友圈信息的接收对象更多的属于被动接收。此差别在于潜在的社会危害性程度不同，针对发布违法信息而言，朋友圈较网站而言更易激活他人的犯罪意识和犯罪方法、手段，而且该违法信息更容易被无数次地转发，传播更广，更深，危害更大。

另外，笔者认为非法利用信息网络罪不仅要考虑信息传播的广度，更要考虑信息传播的深度，即信息的黏性，其中信息的黏性又分为自主黏性和被动黏性，自主黏性是因信息本身的内容或者信息的展现方式，如视频、音频对受众者的影响一般大于单纯的图片、短信等信息的影响力。被动黏性即如不断地投放广告，不断地深化人们对相关信息的认识，如本案中行为人不断地在微信朋友圈里发布有关售卖管制刀具的信息，因此针对规定中的第二类和第三类发布的用户账号数量而言，笔者以为该规定只是从空间上规定了一定的标准，即只注重了信息传播的广度，但忽视了信息传播的深度，包括信息传播的时间以及信息的载体多样化。按照法律规定，行为人一次性地向2000人发布违法信息即够罪，如果行为人持续、多次地向1000人发布违法信息则无法构成犯罪，但笔者以为后者的危险程度不低于甚至远高于前者。根据犯罪心理学的研究，犯罪心理及犯罪行为的产生，虽然有其生物性及身心缺陷方面的原因，但主要是受到不良社会因素的影响在其个性中存在或积淀从而导致严重的社会心理缺陷。因此，如果违法信息依靠微信朋友圈这种具有强大黏性的社交工具得以传播并且不断深化的话，那么这种不良的社会因素就会在个体中不断积淀从而影响个体的心理、思想。在特定情况下又可能会引起个体的犯罪意识，从而严重侵扰到现实秩序。本案中被告人积极主动地长时间在微信朋友圈中以图文并茂的形式展现其售卖的管制刀具，相较于简单的文字而言，对于潜在的买受者更具有吸引力，且该行为在时间上长达二三年之久，并且该售卖行为确实引发了后续的犯罪行为，因此综合客观行为的各方面情形，应当认定为属于“情节严重”的情形。

编写人：江苏省盐城市滨海县人民法院　栾海洋　吴堂胜

（二）妨害司法罪

20

掩饰、隐瞒犯罪所得犯罪明知的认定及量刑平衡规则

——吴某书掩饰、隐瞒犯罪所得案

【案件基本信息】

1. 裁判书字号

上海市第一中级人民法院（2019）沪01刑终1694号刑事判决书

2. 案由：掩饰、隐瞒犯罪所得罪

【基本案情】

2019年1月24日，申美公司调度员何某平利用分配车辆、安排送货路线及装载量等职务之便，指使公司司机李某武、刘某刚、李某生、殷某进将罗森超市退回的134187瓶雪碧（价值312333.66元）运至闸六路一空地销售给被告人吴某书。被告人吴某书明知上述雪碧系犯罪所得，仍以8万元的价格予以收购并加价谋利。

2019年4月1日，被告人吴某书被抓获到案，到案后未如实供述上述犯罪事实。

【案件焦点】

1. 上诉人是否明知涉案雪碧是犯罪所得而予以收购。从本案交易时间、地点、

价格等方面是否足以认定行为人的主观明知；2. 是否应依据行为时市场价认定犯罪所得金额。犯罪数额的计算一般以行为时市场价为基准，但本案赃物属于临近保质期的商品，应如何正确认定犯罪所得金额；3. 对本案量刑时是否考虑上游犯罪案件量刑。在本案量刑较轻且赃物犯罪没有其他严重情节时，对同一犯罪对象能否单纯以犯罪数额为依据认定下游犯罪情节严重。

【法院裁判要旨】

原审认定上述事实的证据有：证人缪某琦、赵某同、朱某毅、韩某杰、徐某旺等人的证言，相关的营业执照、劳动合同、职务描述、银行交易记录、抓获经过，涉案人何某平、李某武、刘某刚、李某生、殷某进等人的供述、辨认笔录以及被告人吴某书的供述等证据。

上海市浦东新区人民法院经审理认为：被告人吴某书明知是犯罪所得的赃物而仍予以收购，情节严重，其行为已构成掩饰、隐瞒犯罪所得罪。遂依照《中华人民共和国刑法》第三百一十二条第一款、第五十二条、第五十三条之规定，对被告人吴某书犯掩饰、隐瞒犯罪所得罪，判处有期徒刑三年，罚金3000元。

上诉人吴某书提出其主观上不明知案涉雪碧系赃物，其行为不构成犯罪。其辩护人提出上诉人吴某书不具有收赃的主观故意，其并非专业从事饮料行业的人员，看到案涉雪碧接近保质期才低价收购。

上海市人民检察院第一分院的出庭意见认为：原审认定事实清楚，证据确实充分，定性准确，量刑适当，且诉讼程序合法，涉案雪碧并非临期品，本案的交易方式系非正常交易，其主观上应当明知案涉雪碧系赃物，建议二审法院驳回上诉、维持原判。

上海市第一中级人民法院经审理认为：上诉人吴某书明知是犯罪所得的赃物而仍予以收购，其行为已构成掩饰、隐瞒犯罪所得罪。上诉人吴某书及其辩护人关于吴某书不构成掩饰、隐瞒犯罪所得罪的意见，与查明的事实不符，不能成立。检察机关关于原审对吴某书定罪准确，且本案诉讼程序合法的出庭意见，予以采纳。考虑到案涉雪碧系罗森超市的退货，且还有3个多月即过保质期，故原审按照正常供货给罗森超市的价格认定案涉雪碧的价值，并据此认定上诉人吴某书的行为达到情节严重，有失妥当。本罪侵犯的客体系司法机关对刑事犯罪进行追究的活动，而对司法机关正常活动的影响程度需要结合犯罪手段、犯罪数额、犯罪行为的严重程度和上游犯罪的性质等因素综合考量，且应与上游犯罪的量刑相协调。故综合本案的事实、性质、情节以及上诉人的主观明知程度、对上游犯罪追究活动的影响等，上海市第一中级人民法院认为吴某书的行为尚未达到情节严重。上诉人吴某书在二审期间能够认罪、悔罪，并退赔部分违法所得，酌情对其从轻处罚。

上海市第一中级人民法院依照《中华人民共和国刑法》第三百一十二条第一款、第五十二条、第五十三条、第六十四条，《中华人民共和国刑事诉讼法》第二百三十六条第一款第二项之规定，作出如下判决：

一、撤销上海市浦东新区人民法院（2019）沪0115刑初2940号刑事判决主文，即"被告人吴某书犯掩饰、隐瞒犯罪所得罪，判处有期徒刑三年，罚金3000元"；

二、上诉人吴某书犯掩饰、隐瞒犯罪所得罪，判处有期徒刑十个月，罚金3000元；（刑期从判决执行之日起计算。判决执行以前先行羁押的，羁押一日折抵刑期一日，即自2019年4月1日起至2020年1月31日止。）

三、违法所得予以发还被害单位。

【法官后语】

掩饰、隐瞒犯罪所得罪侵犯的主要客体是司法机关对刑事犯罪进行追究的活动。准确认定行为人主观明知、正确计算犯罪数额、合理把握上下游犯罪间的量刑平衡是办理此类案件的关键。本罪的明知既包括确定知道，也包括根据一般人的判断推定行为人应当知道的情形。当行为人辩解其不明知案涉物品为赃物时，可以根据双方的交易时间、地点、方式、职业以及行为人的供述和辩解、综合其认知能力推定其应当知道涉案物品系赃物。赃物系特殊商品的，按照其市场价格认定犯罪所得数额明显不当且无法进行价格鉴定的，应当以行为人的收赃价格、销赃价格为基础，综合其获利情况合理确定犯罪所得数额。在本犯量刑较轻且赃物犯罪没有其他严重情节时，对同一犯罪对象不应单纯以犯罪数额为依据径行认定下游犯罪情节严重。

裁判者在个案审理时应对刑法条文进行体系性的把握，准确适用法律，熨平各种解释之间的"褶皱"。在坚持量刑规范化的同时应当避免"机械化"的倾向，以更好地实现量刑均衡。在量刑时，责任刑是预防刑的上限，也是宣告刑的上限。具体而言：第一，确定罪名后根据案件的不法与责任事实确定法定刑；第二，依据影响责任刑的情节确定责任刑；第三，在责任刑的幅度以下根据预防的必要性大小确定预防刑，进而确定宣告刑。本案二审法院在确定上诉人的行为应当在三年有期徒刑以下档次量刑的前提下，结合其系初犯、偶犯，二审期间能够认罪、悔罪，并退赔部分违法所得，从而对其从轻判处刑罚。

编写人：上海市第一中级人民法院　康乐　查鸿翔

21

上游犯罪无法查清时掩饰、隐瞒犯罪所得数额的认定

——郑某犯掩饰、隐瞒犯罪所得案

【案件基本信息】

1. 裁判书字号

江苏省兴化市人民法院（2019）苏1281刑初823号刑事判决书

2. 案由：掩饰、隐瞒犯罪所得罪

【基本案情】

2019年8月，郑某明知是犯罪所得，仍按照微信名为“兰”的要求，采用戴帽子、口罩的方式伪装自己，在福建省漳州市、龙海市、莆田市等地的农商行、中国工商银行、光大银行、中国银行等银行，帮助“兰”取现并从中获得好处费1300元。其中转移的赃款包含“兰”诈骗杨某所得9200元、诈骗徐某所得1230元、诈骗吴某所得9900元、诈骗蒋某所得9200元，共计29530元。

【案件焦点】

郑某掩饰、隐瞒的钱款与上游犯罪查获的钱款数额不一致时以哪个数额对郑某定罪量刑。

【法院裁判要旨】

江苏省兴化市人民法院经审理认为：被告人郑某帮助他人转移赃款，其行为已

构成掩饰、隐瞒犯罪所得罪，依法予以惩处。案发后，被告人郑某如实供述所犯罪行，依法可以从轻处罚；其认罪认罚，依法可以从宽处罚。公诉机关起诉指控被告人郑某犯罪的部分事实清楚，证据确实、充分，罪名成立，依法予以支持，但被告人掩饰、隐瞒赃款的实际数额应当以查证属实的上游犯罪事实确定。故本案根据从诈骗被害人账户转入被告人所持5张银行卡的转账记录相互印证的数额可知，现有证据证实被告人郑某掩饰、隐瞒赃款数额为29530元。

关于其辩护人提出的被告人到案后认罪态度较好、认罪认罚、赔偿被害人损失且取得谅解、系初犯，请求对其从轻或者减轻处罚的辩护意见，经查属实，予以采信。关于其辩护人提出的被告人主观恶性较小、社会危害性较小、作用较小，请求对其从轻或者减轻处罚并适用缓刑的辩护意见。经查，被告人郑某在明知是犯罪所得的情况下，前往多地多个不同银行的ATM机帮助“兰”取款，犯罪手段多样，主观恶意明显，且至今上游罪犯仍未查获，不宜适用缓刑，故对此辩护意见，不予采信。鉴于被告人郑某自愿认罪并赔偿被害人部分损失，酌情对其从轻处罚。

江苏省兴化市人民法院依照《中华人民共和国刑法》第三百一十二条、第六十七条第三款、第六十四条，《中华人民共和国刑事诉讼法》第十五条之规定，作出如下判决：

一、被告人郑某犯掩饰、隐瞒犯罪所得罪，判处有期徒刑十一个月，并处罚金5000元；

二、未退回的违法所得1300元，继续向被告人郑某追缴，予以没收上缴国库。

宣判后，被告人未提起上诉，现该判决已发生法律效力。

【法官后语】

本案的特殊之处在于掩饰、隐瞒犯罪所得上游犯罪未被查获，公安机关通过被告人郑某所持有的上游犯罪“兰”提供的银行卡的转账记录，追查到部分受害人，且对受害人进行了取证，从而能够确定部分受害人将数额A打入“兰”的账户，“兰”将数额B打入郑某持有的银行卡，后郑某从银行卡中取出数额C，且C > A，那么对被告人郑某的掩饰、隐瞒犯罪所得数额应当以A、B、C哪个数字为准？

公诉机关认为被告人郑某明知“兰”提供的卡中的钱可能是犯罪所得，且根据被告人郑某的供述及其所持有的5张银行卡的转账记录，可知被告人郑某可能掩饰、隐瞒犯罪所得高达7万元至8万元，但因其他受害人未找到，导致本案中被告人郑某的犯罪数额远低于7万元，故而公诉机关认为掩饰、隐瞒数额应当以被告人郑某从银行卡中实际取出的数额为准，即以C为准，即使C大于A，但可以断定C超出A的部分亦属于犯罪所得。

掩饰、隐瞒犯罪所得罪的行为对象是犯罪所得，在没有证据证实被告人郑某从“兰”提供的银行卡中取出的钱的性质的情况下，无法对被告人郑某的掩饰、隐瞒行为进行定性。第一，如果C超出A的部分系合法所得。本案中“兰”经常向郑某持有的卡中汇入一元钱来检测卡有无被冻结，那么可能存在“兰”将个人合法所得与非法所得一并转入被告人郑某所持卡以达到整数转入方便取款的情形，此时被告人郑某取出的“兰”的合法所得的部分便不构成刑事犯罪；第二，如果C超出A的部分系非法所得。本案以已经查获的被害人的损失来判定被告人的掩饰、隐瞒犯罪所得行为及数额，如若将C超出A的部分认定为本案的犯罪数额，则会造成对被告人郑某其他取款行为（在找到其他被害人时）的犯罪数额认定困难，甚至可能会出现犯罪数额认定重复的情形。综上，兴化市人民法院认为被告人郑某的犯罪数额应当以A的数额认定。

编写人：江苏省兴化市人民法院　赵倩芸

22

将掩饰、隐瞒犯罪所得的银行卡中款项占为己有的行为定性

——蒋某等掩饰、隐瞒犯罪所得案

【案件基本信息】

1. 裁判书字号

福建省厦门市中级人民法院（2019）闽02刑终514号刑事裁定书

2. 案由：掩饰、隐瞒犯罪所得罪

【基本案情】

2018年7月，被告人蒋某通过他人认识被告人黄某，得知有人以高价购买银行

卡用于违法犯罪活动，便谈妥以每套银行卡（含手机卡、U盾）700元至850元不等的价格将他人办理的银行卡卖给被告人黄某，被告人黄某收购银行卡后再贩卖给不法人员从事违法犯罪活动。

2018年10月底，被告人张某明知被告人蒋某贩卖的银行卡等物品用于违法犯罪活动，仍根据被告人蒋某的指示办理一张中国农业银行卡和一张招商银行卡并交给被告人蒋某，由被告人蒋某将该二套银行卡（含手机卡、U盾）以每套700元的价格卖给被告人黄某，被告人黄某再以每套1200元卖给其上线。被告人蒋某将被告人张某的银行卡贩卖后，又指示张某将绑定银行卡的手机号码挂失重新补办，被告人蒋某将补办的手机卡（131××××××74）装入自己手机使用。

2018年11月11日，被害人曾某遭遇电信网络诈骗，其接到冒充厦门电信局工作人员、长沙市公安局民警的电话，称其银行账户涉及重大诈骗案件需配合调查。次日，祝某（另案处理）以“公安特勤人员”负责清查资金为由，将被害人曾某带至中国工商银行厦门分行镇海支行进行转账操作，将曾某在中国工商银行账户内的50万元转账至诈骗犯罪人员提供的中国农业银行账户（卡号6230××××××××0178074，户名张某）内。被告人蒋某通过补办的手机卡接收短信得知被告人张某的中国农业银行卡内转入50万元，欲将卡内资金占为己有，遂指使被告人张某将案涉账户挂失并补办新卡（卡号6230××××××××1195671），尔后将卡内截留下的15万元取现或转账至本人控制的微信账户内，并于2018年11月13日将该银行卡销户。

正在提取赃款的上游犯罪分子发现被告人张某银行卡内的钱款被截取，随即联系被告人黄某，要求其追回钱款。被告人黄某遂赶赴成都找到被告人蒋某追讨钱款。被告人蒋某假装帮助找回其中的8万元并索取“辛苦费”8000元后，将7.2万元退到被告人黄某控制的账户内。被告人黄某随后向其上线谎称自己只要回5万元，要求扣除2000元作为追讨款项的路费，并通过手机转账的方式将4.8万元转至其上线提供的银行账号内，余款被黄某挥霍殆尽。

【案件焦点】

被告人蒋某通过挂失、补卡后取现、转账的方式将转入张某银行卡中的款项占为己有的行为（俗称“黑吃黑”）应如何定性。

【法院裁判要旨】

福建省厦门市思明区人民法院经审理认为：关于被告人蒋某通过挂失、补卡后取现、转账的方式将转入张某农业银行卡中的款项占为己有的行为定性问题，被告人蒋某明知转入张某中国农业银行卡内的钱款系上游犯罪分子的犯罪所得，还采取挂失、补办新卡、转账等秘密手段将犯罪所得占为己有，系以非法占有为目的实施秘密窃取他人财物的行为，且蒋某实际非法占有的款项为15万元，数额巨大，符合盗窃罪的构成要件，根据《最高人民法院关于审理掩饰、隐瞒犯罪所得、犯罪所得收益刑事案件适用法律若干问题的解释》第六条之规定，对犯罪所得及其产生的收益实施盗窃行为，构成犯罪的，以盗窃罪定罪处罚。关于蒋某及其辩护人提出该行为应认定为侵占的辩解和辩护意见，法院认为，侵占系将代为保管的他人财物非法占为己有，本案中，蒋某将户名为张某的银行卡及配套手机卡、U盾出售给他人用于转移违法犯罪所得，对该银行卡及卡内可能产生的资金进出已不具备控制权，更不存在代他人保管财物的情况，故不符合侵占的构成要件。关于被告人蒋某提出其仅对其中7.5万元具有非法占用目的的辩解，法院认为，根据在案查证属实的证据，蒋某在得知银行卡内有款项转入时即产生占为己有的想法，并实施挂失、补办新卡等行为，在取得新卡后对卡内剩余的15万元又通过网银转账的方式实际占有、控制，至此其盗窃行为已实施完毕，实际盗窃得手15万元。之后的取现、消费及因担心上家找张某麻烦而退出部分款项等行为，均系其对盗窃所得的处分行为。

福建省厦门市思明区人民法院依照《中华人民共和国刑法》第二百六十四条、第二百六十六条、第三百一十二条第一款、第二十五条第一款、第二十七条、第六十七条第三款、第六十九条、第六十四条之规定，作出如下判决：

一、被告人黄某犯掩饰、隐瞒犯罪所得罪，判处有期徒刑二年六个月，并处罚金1万元；犯诈骗罪，判处有期徒刑七个月，并处罚金1000元。数罪并罚，决定执行有期徒刑二年九个月，并处罚金1.1万元；

二、被告人蒋某犯掩饰、隐瞒犯罪所得罪，判处有期徒刑二年六个月，并处罚金1万元；犯盗窃罪，判处有期徒刑五年六个月，并处罚金1万元。数罪并罚，决定执行有期徒刑六年五个月，并处罚金2万元；

三、被告人张某犯掩饰、隐瞒犯罪所得罪，判处有期徒刑一年五个月，并处罚金5000元；

四、责令被告人黄某、蒋某、张某共同退赔被害人曾某50万元（被告人蒋某、张某被扣押在案的88290元及被告人黄某预缴在案的2.2万元发还被害人，余款应继续退赔）；

五、扣押在案的作案工具由扣押机关厦门市公安局思明分局予以没收。

蒋某持原审辩解提起上诉。

福建省厦门市中级人民法院经审理认为：关于上诉人蒋某提出其主观上并不明知所出售的涉案银行卡是用于转移犯罪赃款，其行为不构成掩饰、隐瞒犯罪所得罪的上诉意见。经查，有关监控录像等视听资料、银行卡交易明细、银行账目明细等书证及上诉人黄某、蒋某、张某的供述相互印证证实，蒋某主观上明知用张某身份证开设并出售给黄某的银行账户是为了协助转移他人犯罪所得；客观上实施了更改银行卡手机绑定、挂失、补办新卡、转账等行为，并将转入卡内的部分赃款窃为己有，进一步证实蒋某明知所出售的银行卡是用于收取、转出他人犯罪所得。故原判认定蒋某构成掩饰、隐瞒犯罪所得罪的事实清楚，证据确实、充分。

福建省厦门市中级人民法院依照《中华人民共和国刑事诉讼法》第二百三十六条第一款第一项的规定，作出如下裁定：

驳回蒋某的上诉，维持原判。

【法官后语】

本案处理的重点在于：被告人蒋某通过挂失、补卡后取现、转账的方式将转入张某银行卡中的款项占为己有的行为（俗称“黑吃黑”）应如何定性的问题。

一种意见认为：被告人蒋某“黑吃黑”的行为应认定为侵占罪。蒋某在得知卡内进入资金之后，产生非法占有的犯罪故意，随后实施了到银行补卡及支取原卡内资金的行为，将代为保管的他人财物占为己有且拒不归还，符合侵占罪的构成要件。

另一种意见认为：被告人蒋某采取补卡、转账等秘密手段，将属于犯罪团伙的赃款非法占为己有，系以非法占有为目的，秘密窃取他人财物的行为，构成盗窃罪。

笔者赞同后一种观点，即被告人蒋某“黑吃黑”的行为应构成盗窃罪。首先需要注意的是，根据《最高人民法院关于审理掩饰、隐瞒犯罪所得、犯罪所得收益刑事案件适用法律若干问题的解释》第六条规定，对犯罪所得及其产生的收益实施盗窃、抢劫、诈骗、抢夺等行为，构成犯罪的，分别以盗窃罪、抢劫罪、诈骗罪、抢夺罪等定罪处罚。该司法解释明确了掩饰、隐瞒犯罪所得罪所衍生出的“黑吃黑”的行为，构成犯罪的，要受到刑事处罚。

侵占罪和盗窃罪都以他人财物为对象，都侵犯了公私财物的所有权，主观上都是故意，并都以非法占有他人财物为目的，这是二者的共同之处。但是，二者也有着明显区别：

1. 犯罪故意的内容和产生的时间不同。侵占罪的行为人认识到自己是以非暴力的手段非法占有自己业已持有的他人财物，且犯罪故意只能产生于持有他人财物之后；盗窃罪的行为人认识到自己是以不为财物所有人或持有人知道的秘密方法非法获取他人财物，且犯罪故意只能产生于非法获取他人财物之前。

2. 犯罪的客观方面不同。前者的手段既可以是秘密的，也可以是公开的或半公开的；而后者的手段只能是秘密的手段。

3. 犯罪对象不同。前者的对象只能是行为人在犯罪前已经持有的他人财物；而后者的对象则只能是行为人在犯罪前并不持有的他人财物。其中，犯罪对象方面的差异应是区分侵占罪与盗窃罪的关键因素。

4. 是否退还所产生的法律后果不同。前者必须是拒不退还或交出他人财物的，才构成犯罪，而后者即使窃取他人财物之后又主动退还的，也已构成犯罪，主动退赃行为只能作为一个酌定量刑情节来考虑。

具体到本案，蒋某将涉案银行卡及相关配套材料出售给他人后，对该银行卡及卡内可能产生的资金进出已不具备控制权。该银行卡后续进入的款项，不属于蒋某业已持有的财物，不存在代他人保管财物的情况，故不符合侵占的构成要件，与之相反，其是蒋某通过实施挂失、补卡的盗窃手段后才取得的财物，应当认定为盗窃罪。

编写人：福建省厦门市思明区人民法院　许晓琳　张晓杰

23

隐藏、转移、不如实申报财产构成拒不执行判决、裁定罪

——邓某英拒不执行判决、裁定案

【案件基本信息】

1. 裁判书字号

湖北省宜昌市猇亭区人民法院（2019）鄂0505刑初45号刑事判决书

2. 案由：拒不执行判决、裁定罪

【基本案情】

2015年10月29日，原告胡某凤与被告邓某英的民间借贷纠纷案，在宜昌市猇亭区人民法院的主持下，双方达成调解协议：被告邓某英欠原告胡某凤工资1万元，借款本金2万元，2014年12月19日前的利息1万元，合计4万元。被告邓某英定于2015年12月31日前支付原告胡某凤工资1万元，支付2014年12月19日以前所欠的利息1万元及该利息款项从2014年12月20日起至付款之日止的利息1200元；于2016年1月30日以前偿还原告胡某凤借款本金2万元，并从2014年12月20日起至付款之日止，对借款本金2万元按月利率15‰支付利息。法院于同日制作并送达了（2015）鄂猇亭民初字第00733号民事调解书。但被告人邓某英未按前述协议履行，2015年12月，被告人邓某英仅偿还5000元后一直未再履行。2016年2月22日，胡某凤向法院申请强制执行并于同日立案，同月24日向邓某英送达执行通知书、财产报告令等法律文书。邓某英既未向人民法院如实报告其实际控制的金猇公司、经营的养猪场等情况，也未履行付款义务。

2017年2月14日，胡某凤得知被告人邓某英经营的养猪场将被政府征收，补偿款将直接转到黄某阳（系邓某英之子）的账户上，即找邓某英索要前述欠款，黄某阳在欠条上签字并担保还款，同日黄某阳在法院也承诺用补偿款偿还对胡某凤的

债务。同年6月1日，补偿款156043元转至黄某阳的建行卡上，邓某英、黄某阳仍未偿还胡某凤债务，未履行法院确定的义务。7月21日，经法院多次催促，邓某英承诺于8月10日以前付清欠款。2017年8月9日，法院裁定追加黄某阳为被执行人。9月18日，邓某英同意将冯某凤另一执行案中剩余的执行款4087元支付给胡某凤，并承诺剩余部分于10月31日前付清。2017年11月10日，法院因邓某英拒不履行人民法院生效法律文书确定的义务，决定对其拘留15日并于2017年12月25日送交执行。

2018年3月29日、5月3日，经法院多次催促，被告人邓某英分别支付胡某凤2000元、1000元。2018年6月至10月，邓某英通过金猇公司进行电器销售，公司账户有大额资金流水，但邓某英仍未向法院报告该财产情况也未向胡某凤偿还债务。

2018年10月24日公安机关对被告人邓某英涉嫌犯拒不执行判决、裁定罪立案侦查，后经电话通知邓某英到公安机关如实供述了自己的犯罪事实。邓某英分别于2018年11月26日、12月6日共计偿还胡某凤45504元，邓某英该执行义务履行完毕。

【案件焦点】

1. 有能力执行而拒不执行，情节严重的情形具体如何认定；2. 被告人经公安机关电话通知到案后如实供述，是否构成自首。

【法院裁判要旨】

湖北省宜昌市猇亭区人民法院经审理认为：被告人邓某英隐瞒其实际控制的金猇公司经营情况，且该公司账户存在大额资金流动；2017年6月，邓某英实际经营的养猪场被拆迁后得到补偿款156043元，其转移财产；邓某英在执行案件过程中不报告其财产状况，经采取拘留措施后仍拒不执行，邓某英的行为属于对人民法院的判决、裁定有能力执行而拒不执行，且情节严重的情形，构成拒不执行判决、裁定罪。公诉机关的指控成立。关于邓某英辩解其不是故意不还钱，而是确实没有钱；辩护人关于邓某英对人民法院的判决、裁定确实是没有能力执行，邓某英的行为未达到情节严重程度，邓某英不构成拒不执行判决、裁定罪的意见。经查，在案证据已充分证实被执行人邓某英隐藏、转移财产，亦不如实申报财产，符合《全国人民代表大会常务委员会关于〈中华人民共和国刑法〉第三百一十三条的解释》

《最高人民法院关于审理拒不执行判决、裁定刑事案件适用法律若干问题的解释》第二条“其他有能力执行而拒不执行，情节严重的情形”之规定，故邓某英及其辩护人的辩解、辩护意见不能成立，法院不予采信。邓某英在未被采取强制措施前经公安机关电话通知到案，不具有自动投案的主动性，不构成自首，但其在公安机关如实供述其罪行，是坦白；在一审宣告判决前履行了全部执行义务，依法可以从轻处罚。鉴于邓某英的犯罪情节较轻且有悔罪表现，考虑其身体状况，宣告缓刑对其所居住社区没有重大不良影响，符合缓刑适用条件，依法对邓某英宣告缓刑。据此，依照《中华人民共和国刑法》第三百一十三条第一款、第六十七条第三款、第七十二条、第七十三条，《全国人民代表大会常务委员会关于〈中华人民共和国刑法〉第三百一十三条的解释》《最高人民法院关于审理拒不执行判决、裁定刑事案件适用法律若干问题的解释》第一条、第二条、第六条之规定，作出如下判决：

被告人邓某英犯拒不执行判决、裁定罪，判处有期徒刑六个月，缓刑一年。

【法官后语】

拒不执行判决、裁定罪，是对人民法院已经发生法律效力的判决或者裁定有能力执行而拒不执行，情节严重的行为。目前经济活动中欠债不还的现象还较为突出，有些债务人有能力还债却赖账不还，甚至经人民法院判决、裁定，仍采取转移财产等方式拒不履行法院判决、裁定所确定的义务，严重妨害司法程序，损害债权人的合法权益，扰乱社会主义市场经济健康发展，一度造成执行难，损害生效法律文书权威，打击拒不执行判决、裁定的犯罪分子刻不容缓。“情节严重”是本罪的犯罪构成要件，是罪与非罪的界限，如何认定“情节严重”是司法实践中的难点，也是执行法官在执行过程中需要准确把握的要点，规范执行行为。此案源于人民法院执行部门移送公安机关侦查、提起公诉或者申请执行人提起自诉，必然要求此类案件的程序审查和实体裁判更要严苛、完善，执行过程要穷尽执行程序和执行手段，才能做到打击精准而不泛滥，罚当其罪。

针对“有能力执行而拒不执行，情节严重”的情形，2002年8月29日《全国人民代表大会常务委员会关于〈中华人民共和国刑法〉第三百一十三条的解释》，规定了五种情形即：（一）被执行人隐藏、转移、故意毁损财产或者无偿转让财产、以明显不合理的低价转让财产，致使判决、裁定无法执行的；（二）担保人或者被执行人隐藏、转移、故意毁损或者转让已向人民法院提供担保的财产，致使判决、裁定无法执行的；（三）协助执行义务人接到人民法院协助执行通知书后，拒不协助执行，致使判决、裁定无法执行的；（四）被执行人、担保人、协助执行义务人与国家机关工作人员通谋，利用国家机关工作人员的职权妨害执行，致使判决、裁定无法执行的；（五）其他有能力执行而拒不执行，情节严重的情形。2015 年 7 月最高人民法院发布的《关于审理拒不执行判决、裁定刑事案件适用法律若干问题的解释》又详细规定了司法实践中碰到的八种情形。本案中，邓某英隐瞒其实际控制的金猇公司的经营情况，且该公司账户存在大额资金流动；2017 年 6 月，邓某英实际经营的养猪场被拆迁后得到补偿款 156043 元，其转移财产；邓某英在执行案件过程中不报告其财产状况，经采取拘留措施后仍拒不执行，人民法院在执行过程中穷尽了执行程序和执行手段，查清了邓某英在执行过程中相关财产来源及去向，邓某英的行为符合隐藏、转移财产，亦不如实申报财产，致使判决、裁定无法执行的情形，构成拒不执行判决、裁定罪。

在司法实践中，经常碰到犯罪嫌疑人经公安机关电话通知到案，犯罪嫌疑人到案后如实供述，是否构成自首的问题。《最高人民法院关于处理自首和立功具体应用法律若干问题的解释》第一条第一项规定：“自动投案，是指犯罪事实或者犯罪嫌疑人未被司法机关发觉，或者虽被发觉，但犯罪嫌疑人尚未受到讯问、未被采取强制措施时，主动、直接向公安机关、人民检察院或者人民法院投案。”本案中，邓某英拒不执行判决、裁定的行为线索是人民法院移送公安机关的，邓某英虽然经公安机关电话通知到案前未被采取强制措施，但其不具有自动投案的主动性，邓某英不构成自首，但其在公安机关如实供述其罪行，是坦白。此类认定准确把握了自首的应有之义，在类似情况的处理上具有一定的指导意义。

编写人：湖北省宜昌市猇亭区人民法院　孙泽华

24

具有给付内容的确认之诉可作为执行的依据及拒不执行判决、裁定罪的法定规定的情形适用

——许某拒不执行判决、裁定案

【案件基本信息】

1. 裁判书字号

安徽省淮南市潘集区人民法院（2019）皖0406刑初72号刑事判决书

2. 案由：拒不执行判决、裁定罪

【基本案情】

被告人许某与王某燕原系夫妻关系，于2018年2月23日登记离婚。离婚时，双方签订了《离婚协议》，约定：1. 双方自愿离婚，女儿许某露由王某燕抚养，许某每月支付抚养费1000元整，小孩的教育和医疗费由双方均担。许某有探视权。2. 双方位于嘉和名城的共同房产归女儿所有，但许某暂时享有居住权。3. 双方没有共同债权，也没有共同债务。（双方共同承诺不得以任何借口反悔）。双方离婚后，王某燕以许某不履行离婚协议内容为由，向潘集区人民法院提起诉讼，请求法院确认双方签署的《离婚协议》有效。法院受理后，于2018年3月23日作出（2018）皖0406民初1041号民事判决，确认王某燕与许某于2018年2月23日签订的《离婚协议》有效。判决生效后，许某于2018年4月17日又提起民事诉讼，要求女儿许某露由其抚养。潘集区人民法院于2018年7月26日作出（2018）皖0406民初1660号民事裁定，以许某无正当理由在人民法院就双方子女抚养问题的判决生效时立即再以同一事实、理由起诉，要求人民法院就双方子女抚养问题作出新的判决，裁定驳回许某的起诉。许某不服，提起上诉，淮南市中级人民法院于2018年9月6日作出（2018）皖04民终1098号民事裁定，驳回上诉，维持原裁定。在许某提起诉讼的同时，王某燕以许某未履行生效判决确认的协议内容为由，于2018

年 4 月 19 日向法院申请执行生效判决书确认的《离婚协议》第一项内容，即许某将女儿许某露交由王某燕抚养。立案执行后，法院多次做许某的工作，但许某将女儿许某露藏匿起来，拒不履行将许某露交由王某燕抚养的义务。法院分别于 2018 年 6 月 25 日和 2019 年 1 月 23 日依法对许某司法拘留 15 日，许某仍然拒不履行生效判决书所确定的义务，法院于 2019 年 2 月以许某涉嫌拒不执行判决、裁定罪移送淮南市公安局潘集分局立案侦查。该局立案后，许某于 2019 年 2 月 15 日，主动至淮南市公安局田集派出所投案，如实供述主要犯罪事实。

【案件焦点】

1. 确认之诉中的抚养权交付是否属于给付内容，能否作为向法院申请执行的依据；2. 被告人许某拒不履行交付其女儿抚养权的行为，是否构成拒不执行判决、裁定罪。

【法院裁判要旨】

安徽省淮南市潘集区人民法院经审理认为：被告人许某与王某燕在民政局离婚时签订了《离婚协议》，双方应当按照协议的内容履行义务。离婚后许某反悔，王某燕通过诉讼，由人民法院确认了双方签署的《离婚协议》有效，协议的内容在法院查明的事实中已经确定。判决生效后，许某不履行判决书确认有效的《离婚协议》，王某燕申请法院执行协议中女儿许某露由其抚养的内容，该内容中交付子女抚养的行为，具有可供执行性。且许某起诉要求女儿的抚养权，被一审、二审法院以“一事不再理”予以裁定驳回起诉。如赋予王某燕再行起诉要求法院判决抚养权归其所有，属重复累诉。故具有抚养权交付的确认之诉可以作为申请执行的依据。

在执行过程中，被告人许某因拒不履行法院生效判决书确定的义务，被法院两次司法拘留后，仍不履行；在侦查过程中，其明确表示不告知女儿的下落；在法院审理过程中，经多次调解，仍以各种理由不愿交付子女抚养权。经查，《中华人民共和国刑法》第三百一十三条第一款规定：“对人民法院的判决、裁定有能力执行而拒不执行，情节严重的，处三年以下有期徒刑、拘役或者罚金；情节特别严重的，处三年以上七年以下有期徒刑，并处罚金。”根据该条规定，拒不执行判决、裁定的内容没有具体限制。2002 年《全国人民代表大会常务委员会关于〈中华人民共和国刑法〉第三百一十三条的解释》规定了“其他有能力执行而拒不执行，情节严重的情形”的兜底条款。2015 年《最高人民法院关于审理拒不执行判决、裁定刑事案件适用法律若干问题的解释》也只是列举了八种情形应当认定“其他有能力执行而拒不执行，情节严重的情形”。本案中被告人许某拒不履行交付抚养权的行为，符合拒不执行判决、裁定罪的构成要件。综上作出如下判决：

被告人许某犯拒不执行判决、裁定罪，判处有期徒刑七个月。

宣判后被告人许某未上诉，检察院未抗诉，判决已发生法律效力。

【法官后语】

本案中有三个问题值得思考，并对此类案件的审判工作具有指导意义。

1. 具有给付内容的确认之诉是否可作为执行依据

本案系确认之诉的执行，在实践中具有争议。理解为确认的子女抚养权的内容具有可供执行性，是可以申请执行的，或者造成重复累诉，浪费司法资源。

2. 拒不履行交付子女抚养权的行为能否构成拒执罪

在审理案件期间，承办人查阅了2019年9月10日烟台法院公布了八大执行典型案例，其中柳某梅拒不交付子女抚养权被山东省莱阳市人民法院判处有期徒刑八个月，缓刑一年（其间亲属代其交付了抚养权）。根据《中华人民共和国刑法》第三百一十三条第一款、2002年《全国人民代表大会常务委员会关于〈中华人民共和国刑法〉第三百一十三条的解释》和2015年《最高人民法院关于审理拒不执行判决、裁定刑事案件适用法律若干问题的解释》的相关规定，拒不履行交付子女抚养权的行为可构成拒不执行判决、裁定罪。

3. 关于本案的量刑考量

本案系子女抚养关系引发，双方应本着有利于子女的身心健康、互谅互让为原则，妥善解决子女的抚养权及探视权。孩子在执行阶段就被许某的母亲带走并藏匿，无法查询下落，在未达成协议前，许某不说出其女儿下落。受理本案后，承办法官做了大量调解工作。最后许某表示：（1）女儿由其抚养，房子给王某燕，再给她几万元；（2）女儿可由王某燕抚养，房子给王某燕，但要在淮南抚养女儿，其可探视；（3）女儿可由王某燕抚养，房子及抚养费王某燕均放弃（这也是承办人做工作后王某燕提出的，只要女儿由其抚养，房子及抚养费王某燕均放弃），可将女儿带至云南抚养（王某燕的生意及妹妹在云南），不得改变女儿姓名，如上学需要可迁户口，其寒暑假可接回住段时间。王某燕现在云南，经电话联系，其表示同意，愿意放弃房子及抚养费，但坚决要求抚养女儿，如不交付抚养权，要求从重处罚。但许某的父亲及家人态度坚决，不同意许某及王某燕认可的第三种意见，不让王某燕将女儿带到云南。考虑到在调解工作中，许某和王某燕均表示愿意放弃财产，且都是从孩子的健康成长角度出发不放心对方抚养孩子。今后孩子的抚养问题还是要靠双方沟通解决。因此，在对被告人量刑时综合考虑了被告的犯罪性质、情节、对社会的危害程度和上述因素，故作出如上判决。

编写人：安徽省淮南市潘集区人民法院　徐佳

25

被执行人具备“部分执行能力”情形下的拒执罪入罪标准

——王某栋拒不执行判决、裁定案

【案件基本信息】

1. 裁判书字号

北京市第二中级人民法院（2019）京02刑终305号刑事裁定书

2. 案由：拒不执行判决、裁定罪

【基本案情】

被告人王某栋因犯故意伤害罪于2015年8月4日被东城区人民法院判处有期徒刑一年，缓刑一年。同年5月4日，该案被害人宁某向东城区人民法院提起民事诉讼，法院于2016年5月31日判决王某栋赔偿宁某各项损失共计57万余元。宣判后，王某栋未提出上诉，并于同年6月15日授权其子王某通过爱家营公司将其承租的位于本市东城区干面胡同2×号的公有住房，以每月4500元的价格出租给他人使用。原告宁某提出上诉后，北京市第二中级人民法院于2016年11月24日判决王某栋赔偿宁某各项损失共计70万余元。因王某栋未自动履行赔偿义务，经宁某申请，东城区人民法院于2017年2月8日执行案件立案，并在其原居住地东城区干面胡同2×号张贴执行通知、传票，王某栋未到庭，亦未向法院说明其出租房屋及收取租金的使用情况，并且在继续委托王某收取房租的情况下仍不履行赔偿义务。被告人王某栋于2017年12月25日被民警抓获。

【案件焦点】

行为人王某栋是否具有执行法院判决的能力，以及是否构成情节严重。

【法院裁判要旨】

北京市东城区人民法院经审理认为：在案证据能够证实被告人王某栋于2016年5月底已明确其被一审判决支付赔偿金等共计57万余元，且并未提出上诉，同年6月其将承租的位于干面胡同2×号的房屋以每月4500元的价格出租并委托其子代收租金，至二审判决生效后仍继续出租，属于转移财产的行为。王某栋明知自己负有执行义务，但其从未向法院及申请执行人说明自己的执行能力；其有租金收入、具备执行能力，却对法院张贴的文书置之不理，无视法院的生效判决，拒不执行，情节严重，构成拒不执行判决、裁定罪。

北京市东城区人民法院对被告人王某栋依照《中华人民共和国刑法》第三百一十三条第一款，《全国人民代表大会常务委员会关于〈中华人民共和国刑法〉第三百一十三条的解释》及《最高人民法院关于审理拒不执行判决、裁定刑事案件适用法律若干问题的解释》第七条之规定，作出如下判决：

被告人王某栋犯拒不执行判决、裁定罪，判处有期徒刑六个月。

一审宣判后，被告人王某栋提出上诉；辩护人认为，王某栋没有逃避履行判决的故意以及履行判决的能力，也未实施转移财产行为。

北京市第二中级人民法院经审理认为：北京市东城区人民法院根据王某栋犯罪的事实、性质、情节及对于社会的危害程度所作出的判决，定罪及适用法律正确，量刑适当，审判程序合法，应予维持。依照《中华人民共和国刑事诉讼法》第二百三十六条第一款第一项之规定，作出如下裁定：

驳回王某栋的上诉，维持原判。

【法官后语】

1. 对“具备执行能力”应作何理解

具备执行能力是成立拒不执行判决、裁定罪的先决条件，在以金钱给付为内容的案件中就要求行为人有可供执行的财产。王某栋自2014年开始便没有工资收入亦无明显高消费记录，名下无可供变现的财产。焦点在于其将东城区干面胡同2×号房屋出租所得的租金每月4500元是否可以成为认定其具备执行能力的依据。

据王某栋供述称，这笔租金系用于自身另外租房及维持必要生计。根据《最高人民法院关于人民法院民事执行中查封、扣押、冻结财产的规定》第五条第一项①之规定，人民法院对被执行人及其所扶养家属所必需的生活物品不得查封、扣押、冻结。如果房租确系维持被执行人最低生活所需，为避免过度执行使其陷入生活窘境，就不宜强制执行该财产，更无法认定被执行人具备刑法意义上的执行能力。关于“必需的生活费用”因法律未明确界定，应参照当地最低生活标准，同时结合被执行人家庭状况以及资金的实际用途对“必需性”加以判断。王某栋无亲属需要扶养，其子王某亦有固定收入，家庭经济状况良好，且银行交易明细显示，其虽然于2016年8月开始每月收取房租，但是直至2017年4月才有支取房租的记录，房租在长达几个月时间内处于无须支取的状态。综上，结合王某栋未能提供证据证实房租系必需的生活费用，以及北京地区最低工资标准（2016年为1890元，2017年调整至2000元），可以认定该项房租收入并非王某栋不可或缺的生活来源，其具备部分执行能力。

实践中对于被执行人执行能力的认定存在举证难的问题，尤其是对被执行人刻意隐藏财产的行为，执行法官查找执行线索非常困难，现有的侦查手段也无法穷尽对被执行人财产状况的调查。本案中，在有证据证实租金并非“必需的生活费用”的情况下，让行为人王某栋承担举证不利的后果是合理的。虽然从证据角度看，王某栋所具备的执行能力是部分而有限的，与典型的具备丰富财产的执行能力有所不同，但部分有执行能力的被执行人也应该尽最大限度的履行义务，仅具有部分履行能力并不能成为其逃避履行义务的免责理由。至于其主观恶意与行为的社会危害性是否有刑法规制的必要，需要综合其他方面进行“情节是否严重”的进一步判断。

2. 关于“情节严重”的认定

《全国人民代表大会常务委员会关于〈中华人民共和国刑法〉第三百一十三条的解释》以及《最高人民法院关于审理拒不执行判决、裁定刑事案件适用法律若干问题的解释》所列举的该罪“情节严重”的情形，均为“行为方式+损害后果”的模式。

在行为方式上，行为人王某栋具有消极逃避与积极转移行为。首先，自二审判

① 此处指2008年规定，该司法解释于2020年修正，参见修正后第三条之规定。

决生效后，王某栋明知案件进入执行阶段，不仅未主动履行判决，还未提供手机、座机等任何联系方式，处于下落不明的状态。执行干警两次前往东城区干面胡同2×号开展现场调查并张贴执行通知，与其联系一直未果，直到其因本案被抓获。即便是在2018年1月被取保候审后，王某栋也未主动与法院执行部门联系，对生效判决确定的义务全然置之不理；其次，王某栋在二审判决生效后未向人民法院报告将房屋出租并收取租金的事实，系转移财产行为。虽然王某栋将房屋出租时案件仍在二审审理期间，判决尚未生效，依照“有能力执行却拒不执行”的时间节点为“判决、裁定生效时”的通说，此时不能认定其具有转移财产的行为，但其将房租出租时一审已经审结，并判决其赔偿宁某医疗费等共计57万余元，在其未上诉而对方宁某提出上诉的情况下，其明确知道自己即将面临不低于一审确定的赔偿义务，却仍蓄意委托其子王某将房屋出租并利用王某的账号收款，足见其漠视判决、躲避执行的主观心态，加之其利用王某账户收取房租的行为一直持续至案发，根据主客观相统一的原则可以认定二审判决生效后王某栋具有转移财产行为。

从损害后果看，王某栋拒不执行的行为致使赔偿数额高达70万余元的判决部分无法执行，申请执行人宁某又具有精神残疾，属于弱势群体，判决无法执行给其造成了巨大的经济损失，导致其生活困难进一步加剧。综合王某栋的行为方式、主观态度可认定构成“情节严重”。

鉴于本案拒执的判决为侵犯他人健康权、身体权所引发的医疗费用赔偿，依据《最高人民法院关于审理拒不执行判决、裁定刑事案件适用法律若干问题的解释》（2008年）之规定，可从重处罚，两审法院据此对王某栋处以有期徒刑六个月的刑罚符合罪责刑相适应的基本原则。

编写人：北京市东城区人民法院　黄冰　吴丽芳

26

伪证罪的量刑标准

——温某斌伪证案

【案件基本信息】

1. 裁判书字号

山东省济南市历城区人民法院（2019）鲁0112刑初894号刑事判决书

2. 案由：伪证罪

【基本案情】

2017年济南市公安局历城分局在办理郭某等人故意伤害案时，被告人温某斌当时作为证人，其证言有力地证实了郭某等人殴打他人的行为。2019年2月25日，济南市历城区人民法院在审理郭某等人涉嫌故意伤害案时，温某斌作为证人出庭作证。在庭审中，被告人温某斌在已被告知作伪证或隐匿罪证需要承担相应法律责任的情况下，仍然向法庭提供虚假证词，意图使郭某等人逃脱处罚。被告人温某斌到案后，如实供述了其在历城区法院审理郭某故意伤害案中，向法庭提供虚假证词，隐匿罪证的犯罪事实。

公诉机关认为被告人温某斌的行为构成伪证罪，因被告人具有坦白量刑情节，建议判处被告人六个月以上九个月以下有期徒刑。

被告人对公诉机关起诉指控的事实、罪名及量刑建议均没有异议。温某斌于2017年3月13日、2019年9月10日、9月12日、9月24日共有4份供述，归纳如下：证实，犯罪嫌疑人温某斌在庭审期间作伪证，说2017年3月13日在派出所所作的证言是假的，因为温某斌感觉郭某有一定背景，不想惹事，因此在法庭上说谎，说没有看到过郭某打人。事实是温某斌在派出所所作的笔录是真实的。

【案件焦点】

伪证罪的量刑标准及适用条件。

【法院裁判要旨】

山东省济南市历城区人民法院经审理认为：被告人温某斌对起诉指控的事实、罪名及量刑建议均没有异议，被告人已签字具结，并有经庭审举证、质证予以确认的抓获经过，破案经过，户籍资料，刑事判决书，刑满释放证明书，通话记录，法庭审理笔录，辨认笔录，证人尚某立、晏某、段某平的证言，诊疗记录，认罪认罚具结书，视听资料等证据证实，足以认定上述事实。被告人温某斌在刑事诉讼中，故意作虚假证词，意图隐匿罪证，公诉机关指控其犯伪证罪成立。被告人温某斌有犯罪前科，依法可从重处罚。鉴于被告人具有坦白情节，且签字具结认罪认罚，依法可从轻处罚。据此，依照《中华人民共和国刑法》第三百零五条、第六十七条第三款之规定，作出如下判决：

被告人温某斌犯伪证罪，判处有期徒刑六个月（刑期从判决执行之日起计算。判决执行以前先行羁押的，羁押一日折抵刑期一日，即自2019年9月10日起至2020年3月9日止）。

【法官后语】

根据《中华人民共和国刑法》第三百零五条的规定，伪证罪，是指在刑事诉讼中，证人、鉴定人、记录人、翻译人对与案件有重要关系的情节，故意作虚假证明、鉴定、记录、翻译，意图陷害他人或者隐匿罪证的，处三年以下有期徒刑或者拘役；情节严重的，处三年以上七年以下有期徒刑。

根据《中华人民共和国刑法》第六十七条的规定，犯罪以后自动投案，如实供述自己的罪行的，是自首。对于自首的犯罪分子，可以从轻或者减轻处罚。其中，犯罪较轻的，可以免除处罚。被采取强制措施的犯罪嫌疑人、被告人和正在服刑的罪犯，如实供述司法机关还未掌握的本人其他罪行的，以自首论。犯罪嫌疑人虽不具有前两款规定的自首情节，但是如实供述自己罪行的，可以从轻处罚；因其如实供述自己罪行，避免特别严重后果发生的，可以减轻处罚。

犯罪嫌疑人温某斌作为成年人，具有完全刑事责任能力，符合伪证罪的主体要件。其在刑事诉讼中故意作虚假证词，意图隐匿罪证，其行为构成伪证罪。其有贩卖毒品的犯罪前科，且在作证前已被告知作伪证或隐匿罪证需要承担相应的法律责任的情况下仍然向法庭提供虚假证词，依法可从重处罚。但其自愿认罪认罚，在法院审理阶段如实陈述犯罪事实，认识到自己的错误，具有坦白情节，法院予以从轻处罚。

伪证，是指行为人在诉讼过程中，对与案件有关的重要情节，故意作虚伪证明，意图歪曲事实，以假乱真，以达到某种不法目的的行为。党的十八大提出“富强、民主、文明、和谐、自由、平等、公正、法治、爱国、敬业、诚信、友善”的社会主义核心价值观，法官作为维护国家公平正义的执行者，应当充分发挥司法的指引作用，引领践行社会主义核心价值观，倡导诚信的社会风气。作伪证的行为，第一，妨害人民法院的正常审判工作，影响办案质量和办案效率，从而可能导致错误的判决，使人民法院付出沉重的诉讼代价；第二，损害了其他当事人的合法权益，激化当事人之间的矛盾，影响了社会稳定。综上，在大力推进社会诚信体系建设的时代，加大对诸如伪证等失信行为的惩戒力度，对构建诚信社会大有裨益。

编写人：山东省济南市历城区人民法院　丁磊

27

刑罚执行完毕以前又犯新罪的并罚，前罪没有执行的刑罚，采用服刑人员犯新罪时还没有执行的刑罚的方式和采用人民法院审理新罪时还没有执行的刑罚的方式，哪种更合理

——何某云等破坏监管秩序案

【案件基本信息】

1. 裁判书字号

四川省宜宾市中级人民法院（2019）川15刑终137号刑事判决书

2. 案由：破坏监管秩序罪

【基本案情】

被告人何某云、汪某林、何某林、夏某照、肖某超钢案发时均系珙县看守所1监室在押服刑人员。2018年6月12日16时许，被告人何某云因琐事与同监室在押

人员韩某康发生了口角并打斗，被告人汪某林、肖某超钢参与了打斗。当晚18时许，被告人何某云误认为同监室的黄某正在先前的打斗中用塑料板凳打了自己的头部，便率先动手殴打黄某正，随后被告人汪某林、何某林、夏某照、肖某超钢围上前去参与殴打黄某正，造成黄某正左肾挫裂伤伴血肿形成、盆腹腔积血。经鉴定，黄某正上述损伤程度均属轻伤二级。

另查明，2018年6月12日，被告人何某云、汪某林、何某林、夏某照、肖某超钢重新犯罪时，被告人何某云未执行刑罚为有期徒刑一个月十五日，并处罚金1000元；被告人汪某林未执行刑罚为有期徒刑二十三日，并处罚金5000元；被告人何某林未执行刑罚为有期徒刑二个月二十五日，并处罚金5000元；被告人夏某照未执行刑罚为拘役三个月十二日；被告人肖某超钢未执行刑罚为有期徒刑二个月二十五日，并处罚金5000元。

【案件焦点】

刑罚执行完毕以前又犯新罪的并罚，前罪没有执行的刑罚，采用服刑人员犯新罪时还没有执行的刑罚的方式和采用人民法院审理新罪时还没有执行的刑罚的方式，哪种更合理。

【法院裁判要旨】

四川省宜宾市珙县人民法院经审理认为：被告人何某云、汪某林、何某林、夏某照、肖某超钢在留所服刑期间，破坏监管秩序，殴打其他被监管人员，造成一人轻伤，情节严重，其行为均已触犯了《中华人民共和国刑法》第三百一十五条第一款第四项之规定，构成破坏监管秩序罪，公诉机关指控罪名成立。依照《中华人民共和国刑法》第三百一十五条第一款第四项、第二十五条第一款、第六十九条、第七十一条的规定，作出如下判决：

一、被告人何某云犯破坏监管秩序罪，判处有期徒刑一年；合并犯盗窃罪未执行有期徒刑一个月十五日，并处罚金1000元，决定执行有期徒刑一年一个月，并处罚金1000元；

二、被告人汪某林犯破坏监管秩序罪，判处有期徒刑一年；合并犯容留他人吸毒罪未执行有期徒刑二十三日，并处罚金5000元，决定执行有期徒刑一年，并处罚金5000元；

三、被告人何某林犯破坏监管秩序罪，判处有期徒刑一年；合并犯容留他人吸毒罪未执行有期徒刑二个月二十五日，并处罚金5000元，决定执行有期徒刑一年二个月，并处罚金5000元；

四、被告人夏某照犯破坏监管秩序罪，判处有期徒刑七个月；合并犯故意伤害罪未执行拘役三个月十二日，决定执行有期徒刑七个月；

五、被告人肖某超钢犯破坏监管秩序罪，判处有期徒刑六个月；合并犯容留他人吸毒罪未执行有期徒刑二个月二十五日，并处罚金5000元，决定执行有期徒刑七个月，并处罚金5000元。

四川省珙县人民法院对5名被告人的前罪没有执行的刑罚采用的是其重新犯罪时（即2018年6月12日）没有执行的刑罚。

后公诉机关提出抗诉。

四川省宜宾市中级人民法院经审理认为：原审被告人何某云、汪某林、何某林、夏某照、肖某超钢在留所服刑期间，破坏监管秩序，殴打其他被监管人员，造成一人轻伤，情节严重的行为已构成破坏监管秩序罪。关于抗诉机关提出原审法院未认定被告人何某云累犯不当的抗诉意见。经查，原审被告人何某云犯本罪时系在其犯第一次盗窃罪刑满释放后的五年内又犯应当判处有期徒刑以上刑罚之罪，系累犯，应当从重处罚，且认定累犯不会影响本罪与第二次盗窃罪数罪并罚。抗诉机关该抗诉意见成立，应予采纳。关于原审被告人何某云及其辩护人提出何某云不构成累犯的辩解理由和辩护意见与审理查明的事实不符，依法不能成立。

关于抗诉机关提出调解书未经庭审质证而作为证据采用违反诉讼程序违法的抗诉意见。经查，该调解书系人民法院组织原审被告人及被害人依法进行调解后制作，二审期间法庭组织控、辩双方对该证据进行了质证。原审法院虽未在法庭上质证，但是并未损害五被告人的诉讼权利，也未影响本案的公正审理。故该抗诉理由不能成立，法院不予采纳。

关于抗诉机关提出原审法院因对数罪并罚的相关法律适用错误致五被告人刑期计算错误的抗诉意见。经查，在本案中，原审被告人何某云、汪某林刑罚执行完毕前又犯罪，应当数罪并罚；原审被告人何某林、夏某照、肖某超钢在判决时前罪已执行完毕，不再并罚。原审因法律适用错误致对五被告人刑期计算有误，应予纠正。抗诉机关的该抗诉意见成立，应予采纳。原审被告人及其辩护人提出原审法院审理程序合法，刑期计算无误，应维持原判的辩解理由和辩护意见与二审查明的事实不符，依法不予采纳。

四川省宜宾市中级人民法院认为原判认定事实清楚、证据确实充分，定罪正确、审判程序合法，但未认定累犯有误，导致量刑不当，适用法律不当导致刑期计算错误。依照《中华人民共和国刑法》第三百一十五条第一款第四项、第二十五条、第四十七条、第六十五条、第六十九条、第七十一条，《中华人民共和国刑事诉讼法》第二百三十六条第一款第二项之规定，作出如下判决：

一、撤销四川省珙县人民法院（2019）川1526刑初6号刑事判决；

二、原审被告人何某云犯破坏监管秩序罪，判处有期徒刑一年四个月；合并前罪未执行有期徒刑二十四日，并处罚金1000元，决定执行有期徒刑一年四个月，并处罚金1000元；（刑期从判决执行之日起计算。判决执行前先行羁押的，羁押一日折抵刑期一日，即自2018年7月3日起至2019年11月2日止。）

三、原审被告人汪某林犯破坏监管秩序罪，判处有期徒刑一年；合并前罪未执行有期徒刑二日，并处罚金5000元，决定执行有期徒刑一年，并处罚金5000元；（刑期从判决执行之日起计算。判决执行前先行羁押的，羁押一日折抵刑期一日，即自2018年7月3日起至2019年7月2日止。）

四、原审被告人何某林犯破坏监管秩序罪，判处有期徒刑一年；（刑期从判决执行之日起计算。判决执行前先行羁押的，羁押一日折抵刑期一日，即自2019年1月9日起至2020年1月8日止。）

五、原审被告人夏某照犯破坏监管秩序罪，判处有期徒刑七个月；（刑期从判决执行之日起计算。判决执行前先行羁押的，羁押一日折抵刑期一日，即自2019年3月28日起至2019年10月27日止。）

六、原审被告人肖某超钢犯破坏监管秩序罪，判处有期徒刑六个月。（刑期从判决执行之日起计算。判决执行前先行羁押的，羁押一日折抵刑期一日，即自2019年3月27日起至2019年9月26日止。）

【法官后语】

本案处理重点主要在于对5名被告人刑罚执行完毕以前又犯新罪的并罚，前罪没有执行的刑罚，采用服刑人员犯新罪时还没有执行的刑罚的方式和采用人民法院审理新罪时还没有执行的刑罚的方式，哪种更合理。

《中华人民共和国刑法》第七十一条规定："判决宣告以后，刑罚执行完毕以前，被判刑的犯罪分子又犯罪的，应当对新犯的罪作出判决，把前罪没有执行的刑罚和后罪所判处的刑罚，依照本法第六十九条的规定，决定执行的刑罚。"该条款只是对此种数罪并罚作了笼统的规定，没有作出具体规定和相关的司法解释，所以在办理此类案件时难免会出现认识上的差异，就会出现同种情形，数罪并罚后不同结果的现象。

笔者认为，就本案而言，如果采用服刑人员犯新罪时（即在2018年6月12日重新犯罪时）还没有执行的刑罚，那么本案的5名被告人都还有一定的余刑，数罪并罚时或多或少会减少刑期，会比前罪已执行完毕再执行新罪的刑期短，特别是被告人夏某照数罪并罚后，其原刑罚拘役就不用执行，只执行新的有期徒刑。这种处理方式对被告人是有利的。采用这种方式的优点：办案人员都遵守统一的办案标准，就不能随意去解释和更改前罪没有执行的刑罚的时间点，不会人为地造成被告人多执行刑期罚或少执行刑罚，对被告人而言相对比较公平。但是这种方式也有一定的缺陷：第一种情形是被告人被判处拘役而数罪并罚之后不再执行拘役的情形，即如果是前罪被判处拘役，后罪又被判处有期徒刑的情况下，被告人就只执行后罪所判处的刑罚，剩余拘役刑期不执行，比如说本案被告人夏某照就是这种情况，相对同案其他被告人而言，被告人夏某照要少执行一定的刑罚；第二种情形是被告人前罪被判处有期徒刑而后罪必须判处拘役的情形，因为不完全排除服刑人员醉酒驾驶机动车等危及公共安全，只能判处拘役的情形。虽然这两种情形明显有利于被告人，但是这相当于办案人员在数罪并罚时，会使被告人的总刑期减少，这从情理上也说得通；而第二种情形也只是在理论上会出现，在现实生活中出现的概率较小，因为监狱和看守所的管理严格不容易出现这种问题。出现这两种情形都是极少数，即使出现了也是个案。

在本案中如果采用人民法院审理新罪时（即在2019年3月29日判决时）还没有执行的刑罚的方式，因为5名被告人前罪的刑罚都已执行完毕，其没有执行的刑罚为0，数罪并罚时都将全部执行新罪的刑罚。这种处理方式是对被告人不利的。采用这种方式的优点：尽最大可能打击被告人，因为被告人在刑罚执行期间又犯新罪，就表明其再犯罪的危险性大，所以仍需严厉打击。采用这种方式的缺陷：容易出现公安司法机关在《中华人民共和国刑事诉讼法》规定的期间内任意决定，甚至可能通过延长办案期限等方法使被告人执行新罪的全部刑罚，这样对被告人是不公平的，也容易出现同种情形而不同判决结果的现象。同时采用这种方式也容易让办案人员不好把握，究竟是采用立案时的未执行刑罚呢还是采用判决时的未执行刑罚呢？这也容易产生同种情形对被告人判决结果的不同。

综上，笔者认为刑罚执行完毕以前又犯新罪的并罚，前罪没有执行的刑罚，采用服刑人员犯新罪时还没有执行的刑罚这种方式，虽说有一定的缺陷，但是相比采用人民法院审理新罪时还没有执行的刑罚的方式在司法实践中，其更具有可操作性，也更具有合理性，能更好地杜绝公安司法机关在办案时在法定期间内任意决定，甚至延长办案期间使被告人多执行或少执行刑罚等，对被告人更公平。

编写人：四川省宜宾市珙县人民法院　张学玲

28

对伪造借据以捏造夫妻共同债务的理解与适用

——罗某霞虚假诉讼案

【案件基本信息】

1. 裁判书字号

广东省广州市中级人民法院（2019）粤01刑终1088号刑事裁定书

2. 案由：虚假诉讼罪

【基本案情】

2013年2月，罗某霞明知何某杰与杨某珍进行离婚诉讼，为使何某杰在离婚财产分割上获得更多利益，与何某杰一起虚构何某杰向其借款的事实，提供虚假证据，向广州市从化区人民法院提起民事诉讼，要求何某杰、华航公司及杨某珍共同归还其“借款”370万元本金及相关利息，并提供了虚构的“借据”及相关银行转账记录。后来，罗某霞于2014年5月20日向法院申请撤回起诉。2016年6月，何某杰与杨某珍离婚后财产分割纠纷审理终结，确认何某杰应补偿杨某珍现金

7412085.38 元等。在杨某珍向法院申请强制执行期间，罗某霞再次以相同理由和诉讼请求起诉要求何某杰、华航公司及杨某珍偿还借款。在本案立案侦查后，何某杰通过银行转账方式将 370 万元转入罗某霞账户，罗某霞以此为由再次向法院申请撤诉，后广州市从化区人民法院以该案涉嫌虚假诉讼已移送公安机关侦查为由，裁定不准许罗某霞撤诉，并驳回罗某霞的起诉。该裁定现已发生法律效力。罗某霞于 2017 年 12 月 18 日向广州市公安局从化区分局新城派出所投案。

【案件焦点】

在虚假诉讼案件中，罗某霞与何某杰均否认有捏造债权债务之情况，如何根据在案证据予以认定。

【法院裁判要旨】

广东省广州市增城区人民法院经审理认为：首先，根据民事庭审笔录、何某杰供述、罗某霞供述等证据，证实罗某霞与何某杰对 2011 年 8 月 19 日借据中 51 万元现金借款以及 2011 年 10 月 19 日借据中 100 万元现金借款的交付地点、现场是否有人、借据书写地点、时间等借款细节的陈述前后不一，存在多处矛盾。罗某霞与何某杰对该二笔款项用途的陈述，与银行明细清单亦无法相互印证，且只有他们双方确认借贷关系，无其他证据予以佐证。罗某霞亦未能提供其借款时有大量现金的证据，且大额现金借贷，没有任何支付凭证，与交易习惯和生活常理不符。何某杰亦供述其在民事诉讼庭审中作了虚假陈述，称该二张借据是事后签订的，其供述与司法鉴定意见书能互相印证。故足以认定罗某霞与何某杰伪造上述借据，捏造虚假债权债务关系的事实。

其次，关于罗某霞供述借款给何某杰 120 万元的事实，虽然该笔借款有转账记录，但罗某霞提交法院用于证明借款事实的对应银行流水，并不是原始凭证记录，大额借款借款人在借款时不掌握任何借款凭证不符合常理。何某杰收到该款项后，随即分批提取现金出来，该行为也不符合何某杰一贯的交易习惯，且何某杰对该款项去向、用途未作出合理说明。故罗某霞和何某杰的上述行为均有悖常理，则说明双方之间的借贷关系并非真实。

再次，何某杰在本案立案侦查后即通过银行转账方式将 370 万元转给罗某霞，罗某霞对收到该笔款项的处理多次作出不同供述。根据银行明细清单，该笔款项由何某杰外甥李某祺转出，最终该笔款项中的300万元又转入李某祺的账户中，且李某祺对该笔大额款项形成和流向均无法作出合理说明。该款项在本案立案侦查后即“归还”，明显是为了逃避法律责任，并不是真实的还款行为。

最后，罗某霞在第一次撤诉后并没有取回借据原件，对于借据原件去向其至今仍不清楚。罗某霞作为具有正常思维、有社会阅历的成年人，在大额借款出借后竟然对主要借款凭证借据原件去向漠不关心，明显有悖于常理。罗某霞分别在何某杰与杨某珍离婚诉讼期间以及财产分割后杨某珍申请执行期间，二次向法院提出诉讼，其目的明显是为了使何某杰在与杨某珍财产分割过程中获得更多利益。

综上，广东省广州市增城区人民法院依照《中华人民共和国刑法》第三百零七条之一、第五十二条、第五十三条之规定，作出如下判决：

被告人罗某霞犯虚假诉讼罪，判处有期徒刑一年四个月，并处罚金2万元。

宣判后，罗某霞以其不构成犯罪为由，提起上诉。

广东省广州市中级人民法院经审理认为：上诉人罗某霞以捏造的事实提起民事诉讼，妨害司法秩序、严重侵害他人合法权益，其行为构成虚假诉讼罪，应当适用“三年以下有期徒刑、拘役或者管制，并处或者单处罚金”的法定刑幅度予以处罚。原判决认定事实和适用法律正确，量刑适当。罗某霞及其辩护人关于无罪的上诉意见和辩护意见法院不予采纳。依照《中华人民共和国刑事诉讼法》第二百三十六条第一款第一项的规定，作出如下裁定：

驳回上诉，维持原判。

【法官后语】

虚假诉讼罪系《中华人民共和国刑法修正案（九）》所增设的罪名，后最高人民法院、最高人民检察院就该罪发布了《关于办理虚假诉讼刑事案件适用法律若干问题的解释》。虚假诉讼罪属于故意犯罪，要求行为人在客观上具有以捏造的事实提起民事诉讼，并造成妨害司法秩序或者严重侵害他人合法权益的后果。现结合本案具体分析如下：

1. 犯罪动机

本案罗某霞与何某杰是叔嫂关系，在何某杰与杨某珍离婚诉讼及财产分割后杨某珍申请执行期间，二次向法院提出诉讼，其目的明显就是使何某杰在与杨某珍财产分割过程中获得更多利益。

2. 罗某霞及何某杰案发时的经济能力

根据本案证据，何某杰、杨某珍夫妻双方的财产主要登记于何某杰名下或由何某杰经营的公司使用。同时何某杰在罗某霞主张的借贷存续期间资产丰厚，夫妻共同财产约2000多万元。反观罗某霞名下持有11套房屋及车位（其中1套与何某堂共有），但有7套已抵押银行或已被法院查封，并在2015年11月6日，罗某霞向中国工商银行广东省分行营业部借款240万元个人消费贷款。因此可以看出何某杰在案发时不存在借款并承担高额利息的必要，且罗某霞有大量债务，并没有出借大额借款的能力。

3. 罗某霞与何某杰之间的所谓“债权债务”存在诸多不符合常理之处

（1）两人对借据书写地点、时间等借款细节的供述存在多处矛盾，陈述前后不一。（2）涉案三张借据的落款均只有何某杰的签名，没有何某杰妻子杨某珍的签名。（3）罗某霞与何某杰对借款用途的陈述，与银行明细清单无法相互印证。（4）关于借款利息的支付只有借贷双方确认而无任何其他证据证明，且每月分别高达4.3万元的利息，双方称是通过现金支付，未使用转账方式支付。（5）借据原件归还问题。罗某霞借据原件在第一次起诉时被法院收取，但其撤诉后并没有要求法院归还原件，目前借据原件仍在第一次民事诉讼案卷中。罗某霞第二次起诉是根据复印件起诉的，在何某杰于2017年6月转账370万元后，罗某霞亦没有要求法院归还原件。（6）罗某霞提交法院用于证明第三张借据所对应的银行流水该转账凭证，系在2016年12月26日借款后才打印的，并非在借款时打印作为转账凭证。（7）罗某霞于2013年第一次提出民事诉讼时，在笔迹鉴定结果出来后，罗某霞在没有取得何某杰任何书面还款承诺、同期另有何仲堂起诉何某杰要求还款820万元、关某标起诉何某杰要求还款100万元，债务人身缠巨债有不能还款之虞的情况下，罗某霞还向法院申请撤诉。（8）罗某霞、何某杰与杨某珍离婚后财产纠纷于2016年5月4日生效，但在2016年4月30日，何某杰向罗某霞等人出具还款承诺书，承诺在2016年5月30日前还清370万元。罗某霞据此于同年8月9日再次向法院起诉。（9）何某杰在本案立案侦查后即通过银行转账方式“还款”370万元给罗某霞，根据银行明细清单，该笔款项由何某杰外甥李某祺转出，最终该笔款项中的300万元又转入李某祺账户中。

综上，可以证实罗某霞与何某杰恶意串通，为使何某杰在与杨某珍财产分割过程中获得更多利益，捏造夫妻共同债务，两次向法院提起不真实的民事诉讼，意图侵害夫妻相对方合法权益，并耗费大量司法资源，干扰正常司法活动，妨害司法秩序，其行为已构成虚假诉讼罪。

在司法实践中，尤其是涉及离婚后财产分割的案件，夫妻一方伙同他人伪造借据、银行流水等证据，以此捏造夫妻共同债务，意图侵害夫妻相对方合法权益的情况屡见不鲜，这也是我国刑法增加虚假诉讼罪的立法背景之一。在该类型犯罪中，是否已妨害司法秩序、是否已严重侵害他人合法权益相对容易判断，而难点在于判断行为人是否与夫妻一方恶意串通、是否有捏造夫妻共同债务的行为。一般情况下，行为人与夫妻一方具有特殊关系，如父母、亲属和朋友等。正是基于这种关系，两人能订立攻守同盟，"补强"伪造债务、捏造事实所需要的各种证据，达到以假乱真的程度，导致案件审理难度增大，如此就要求我们结合个人情况、交易习惯和公众认知，如债务在借款期间的财产状况、借款用途及实际用途、根据银行流水查看资金流向等，并需要纵观全案进行分析，作出合理判断，以在打击虚假诉讼行为的同时，亦要保护好案外人的合法债权。

编写人：广东省广州市增城区人民法院　陈艾菁　何达威

（三）妨害国（边）境管理罪

29

偷越国（边）境案件追诉期限的认定

——全某华偷越国（边）境案

【案件基本信息】

1. 裁判书字号

江苏省泰州市姜堰区人民法院（2019）苏1204刑初520号刑事判决书

2. 案由：偷越国（边）境罪

【基本案情】

被告人全某华为出国去蒙古国务工，冒用其弟弟的身份信息，使用其本人照片，于2008年7月骗领了护照。2008年8月20日至2014年5月6日，被告人全某华使用该护照出入往返中国和蒙古国国境共计21次。公安机关于2014年12月12日对全某华涉嫌偷越国（边）境一案立案侦查。被告人全某华一直在蒙古国打工，直至护照过期，于2019年5月被遣返，2019年7月19日被公安机关抓获归案，如实供述了自己的罪行。

【案件焦点】

公诉机关于2019年12月提起公诉，是否超过诉讼时效。

【法院裁判要旨】

江苏省泰州市姜堰区人民法院经审理认为：对被告人全其华违反国（边）境管理法规，使用冒用他人身份信息骗领的护照，偷越国（边）境，情节严重，其行为已构成偷越国（边）境罪，依法应予处罚。被告人全某华归案后如实供述自己的犯罪事实，是坦白，依法可以从轻处罚。被告人自愿认罪认罚，依法可以从宽处罚。所在社区自愿担负起监管职责，可对其适用非监禁刑。公诉机关指控被告人全某华犯偷越国（边）境罪，事实清楚，证据确实、充分，指控的罪名正确，提请从轻处罚的理由成立，提出的量刑建议适当，予以支持。

江苏省泰州市姜堰区人民法院依照《中华人民共和国刑法》第三百二十二条，第六十七条第三款，第三十八条第一款、第三款，第四十一条以及《中华人民共和国刑事诉讼法》第十五条之规定，作出如下判决：

被告人全某华犯偷越国（边）境罪，判处管制四个月，并处罚金3000元。

【法官后语】

本案处理的重点在于对追诉期限的确定。

根据《中华人民共和国刑法》（以下简称《刑法》）第三百二十二条之规定，违反国（边）境管理法规，偷越国（边）境，情节严重的，处一年以下有期徒刑、拘役或者管制，并处罚金。关于追诉时效，《刑法》第八十七条则规定，犯罪经过下列期限不再追诉：法定最高刑为不满五年有期徒刑的，经过五年。被告人全某华最后一次持骗取的出入境证件进入蒙古国是2014年5月6日，至2019年5月6日已满五年。公诉机关于2019年12月对其提起公诉，是否超过诉讼时效。本案在处理过程中存在三种观点。

第一种观点是：被告人全某华虽在客观上被公安机关立案侦查，但未被通缉，也未被公安机关采取任何形式的强制措施，全某华并不确定自己已被列为犯罪嫌疑人，没有积极的逃避侦查行为，公诉机关于2019年12月提起公诉已超过诉讼时效。

第二种观点是：《刑法》第八十九条第一款规定："追诉期限从犯罪之日起计算；犯罪行为有连续或者继续状态的，从犯罪行为终了之日起计算。"被告人全某华自2014年5月6日使用骗领的护照出境后，一直在蒙古国，直到2019年5月被遣返。危害后果一直处于继续状态，追诉时效应从2019年5月起计算。本案未超过追诉时效。

第三种观点是：《刑法》第八十八条第一款规定："在人民检察院、公安机关、国家安全机关立案侦查或者在人民法院受理案件以后，逃避侦查或者审判的，不受追诉期限的限制。"公安机关于2014年12月对本案立案侦查，故不应受追诉期限的限制。

判决采纳了第三种观点。具体理由是：

1. 偷越国（边）境犯罪不属于继续犯，不应适用《刑法》第八十九条第一款之规定。继续犯犯罪行为必须在一定时间内处于持续的状态。犯罪行为与犯罪造成的不法状态同时继续，如非法拘禁。在偷越国（边）境犯罪中，通常是犯罪行为已经实施完毕，但犯罪行为所造成的不法状态仍在继续，不法状态产生于犯罪行为实行终了，属于状态犯。因此，本案中，被告人全某华的追诉期限应从犯罪行为终了之日起计算，即从其利用骗领的护照进入蒙古国国境之日起计算。

2. 公安机关未对被告人全某华采取强制措施，不影响全某华"逃避侦查"情节的认定。从全某华的主观心态看，其明知自己骗领护照出国的违法行为已被公安机关发现，无论其主观上对法律后果是何种认知，是否认识到可能被追究刑事责任。只要其有概括的逃避处理心态，都不影响对其"逃避侦查"主观动机的认定。客观上，"逃避侦查"不应当仅限于积极的潜逃、藏匿行为，也包括消极不到案、毁灭证据、串供或到案后不供述等客观行为。被告人长期滞留国外不归，属于消极不到案的行为。

3. 侦查机关并非因消极不作为导致侦查活动停滞。侦查机关对被告人全某华的犯罪事实立案后，被告人全某华一直违法滞留国外务工，境外追逃客观上也是困难重重。侦查机关的侦查活动难以开展，诉讼程序难以继续。在全某华被遣返后，公安机关已及时开展侦查活动，及时移送审查起诉。

综上，本案中，公安机关于2014年12月对被告人全某华的犯罪事实立案侦查，且实际开展了侦查活动，对被告人全某华之妻进行了详细的询问，全某华也通过电话从其妻子处得知公安机关在调查其骗领护照出国事宜。全某华明知公安机关掌握其骗领护照出国，长期避而不回国，属于逃避侦查的行为，故不应受追诉期限的限制。

编写人：江苏省泰州市姜堰区人民法院　吴晓蓉

30

运送他人偷越国境罪中被告人主观明知的认定

——陆某明运送他人偷越国境案

【案件基本信息】

1. 裁判书字号

广西壮族自治区崇左市中级人民法院（2020）桂14刑终13号刑事判决书

2. 案由：运送他人偷越国境罪

【基本案情】

2019年2月24日8时许，被告人陆某明接到“越南工头”（另案处理）的电话，说有一批越南工人准备从越南谅山省到中国广西壮族自治区宁明县去，要求陆某明到该省凭祥市友谊镇英阳村路口接送，并承诺每拉载一人给其80元的报酬。因当时越南工人未走到英阳村路口，陆某明就跟“越南工头”说，等越南工人到边界再说。当日17时许，“越南工头”电话告诉陆某明越南工人已到边界了。于是陆某明便驾车到约定地点，并电话告知“越南工头”其驾驶的面包车车牌号码。“越南工头”即安排越南工人从边境小路非法进入中国境内，并到指定地。后陆某明将这些越南工人接到凭祥市大连城附近的草棚安置。陆某明知道这批越南工人无合法出入境证件，害怕被高速路检查站查获，为此于次日 8 时许，陆某明驾车从二级公路运送该批越南籍人员到南友高速 199 路段涵洞附近，打算让这些越南人由此走上高速公路，换乘另外前来接应的面包车时被公安民警查获。经核实，被查获的越南籍人员共 18 名。经查证，该 18 名越南籍人员没有办理合法的出入境手续。

【案件焦点】

被告人陆某明对运送非法入境外国人是否明知。

【法院裁判要旨】

广西壮族自治区凭祥市人民法院经审理认为：对于被告人陆某明及其辩护人所提陆某明并不明知所运送的人员为无合法出入境证件的外国人，运送的地点在中国境内，因此陆某明无运送他人偷越国境的目的，也无运送他人偷越国境的行为，不构成运送他人偷越国境罪的意见，经查，陆某明在接到“越南工头”电话时，“越南工头”已明确告诉他运送的是从越南谅山省到中国宁明县的越南籍工人，并约定在与越南接壤的凭祥市友谊镇英阳村附近接人。庭审中，被告人陆某明也承认自己知道运送的越南籍工人无合法出入境证件，所以驾驶的车辆不敢从高速路入口上高速。在案的这些证据均能够证实被告人陆某明在运送这批越南籍工人时是明知他们无合法的出入境证件的，因此，对于被告人的辩解及辩护人的辩护意见，均不予采纳。被告人陆某明明知他人要求其运送的是无合法有效出入境证件的越南籍偷渡人员仍予以运送，且人数众多，其行为已构成运送他人偷越国境罪，依法应予惩处。

广西壮族自治区凭祥市人民法院依照《中华人民共和国刑法》第三百二十一条第一款第一项、第二十五条第一款、第二十七条、第二十三条，《最高人民法院、最高人民检察院关于办理妨害国（边）境管理刑事案件应用法律若干问题的解释》第四条、第六条第一项，作出如下判决：

被告人陆某明犯运送他人偷越国境罪，判处有期徒刑三年，并处罚金 1 万元。

陆某明及其辩护人上诉提出，其行为不构成运送他人偷越国（边）境罪，原判量刑过重。

广西壮族自治区崇左市中级人民法院经审理认为：陆某明明知他人为偷越国境人员而予以运送，其行为已构成运送他人偷越国境罪，依法应予惩处。经查，陆某明的行为虽然构成运送他人偷越国境罪，但其是在越南籍偷渡人员已经越过国境但尚未到达目的地时予以运送，目的是赚取车费，在运送途中被查获，属于未遂且主观恶性较小。且在二审审理期间，陆某明主动缴纳了一审法院判决确定的罚金数额，可以酌情从轻处罚。故一审法院认定事实清楚，但量刑不当，应予改判。

广西壮族自治区崇左市中级人民法院依照《中华人民共和国刑事诉讼法》第二百三十六条第一款第二项及第二百四十四条的规定，作出如下判决：

一、撤销广西壮族自治区凭祥市人民法院（2019）桂 1481 刑初 53 号刑事判决，即“被告人陆某明犯运送他人偷越国境罪，判处有期徒刑三年，并处罚金 1 万元”；

二、上诉人陆某明犯运送他人偷越国境罪，判处有期徒刑二年，并处罚金 1 万元（已缴纳）。

【法官后语】

本案的处理重点主要在于对被告人主观明知的认定。本罪在主观方面必须出于故意。如果不知是偷越国（边）境的人员而运送其出入国（边）境的，则不构成本罪。

具体到本案，一、二审法院都认为可以认定陆某明在接到“越南工头”要求其从中越接壤的凭祥市友谊镇英阳村附近接送越南籍工人到宁明县时，其知道这批越南籍工人系从中越边境小路进入中国境内的英阳村。因为无合法入境手续，这批越南籍工人系在接送的车辆到达约定地点后才敢下来，且接送的时间系晚上。其接到越南籍工人后没有立马运送他们至宁明县，而是安排到凭祥市大连城山上的草棚进行躲藏。直到附近的警车开走才去接他们前往宁明县。在前往宁明县的时候选择绕过有边防检查站的高速公路入口，准备让工人走小路上高速路后再运往宁明县。虽然一、二审中被告人均辩解自己不知道运送的人员系偷渡人员，但运送的时间为晚上、地点系中越边境的村屯、方式为绕开边防检查站，以上种种迹象均不符合常理，被告人也无法作出合理解释，且在一审庭审中承认避开边防检查系因为拉的人没有出入境手续。综上，可以认定被告人陆某明主观系明知的。

根据《最高人民法院、最高人民检察院关于办理妨害国（边）境管理刑事案件应用法律若干问题的解释》第六条第一项的规定“没有出入境证件出入国（边）境或者逃避接受边防检查的”认定为“偷越国（边）境”行为。虽然被告人陆某明系在中国境内运送人员，但其明知运送的人系无合法有效出入境手续的人员仍予以运送，故构成本罪。

编写人：广西壮族自治区崇左市中级人民法院　何海梅

（四）危害公共卫生罪

31

妨害传染病防治罪具体适用问题的认定

——李某平妨害传染病防治案

【案件基本信息】

1. 裁判书字号

上海市金山区人民法院（2020）沪0116刑初198号刑事判决书

2. 案由：妨害传染病防治罪

【基本案情】

2020年1月20日，国家卫生健康委员会经国务院批准发布2020年第1号公告，将新冠肺炎纳入《中华人民共和国传染病防治法》规定的乙类传染病，并采取甲类传染病的预防和控制措施。同年1月23日，已在湖北省武汉市居住3日的被告人李某平得知武汉市于当日10时施行封闭管理措施后，改签车票，经辗转南昌返回上海，于同月24日抵沪。李某平抵沪后，未按上海市启动重大突发卫生公共事件一级响应关于重点地区来沪人员实行居家或者集中隔离观察14天的要求进行居家隔离，隐瞒武汉旅行史入住上海市松江区某酒店，次日回金山区独居其家中，其间多次出入超市、水果店、便利店等公共场所。1月26日至31日，李某平出现咳嗽、胃口差、乏力、胸闷等症状后，至上海市第六人民医院金山分院看诊，在历次看诊期间，其违反疫情防控的有关规定，未如实陈述，隐瞒武汉旅行史。

2020年2月2日，被告人李某平至医院看诊时，在医护人员追问下承认途经武汉的事实，后被隔离。同月4日，李某平被确诊为新冠肺炎病例，与其密切接触的55人被隔离观察。

2020年2月13日，被告人李某平被公安机关传唤到案，到案后如实供述了上述事实。

【案件焦点】

1. 关于妨害传染病防治罪的主观故意认定；2. 关于“引起甲类传染病传播或者有传播严重危险”评价标准的确定；3. 关于妨害传染病防治罪与以危险方法危害公共安全罪的区别；4. 关于本案综合效果的考量与融合。

【法院裁判要旨】

上海市金山区人民法院经审理认为：被告人李某平违反传染病防治法的规定，拒绝执行卫生防疫机构依照《中华人民共和国传染病防治法》提出的预防和控制措施，引发严重传播风险，其行为已构成妨害传染病防治罪。李某平到案后如实供述自己的罪行，可以从轻处罚。公诉机关指控李某平犯妨害传染病防治罪罪名成立，对其建议判处有期徒刑一年三个月，并适用缓刑的量刑建议适当，法院予以采纳。综合本案的事实、证据、情节以及被告人的认罪悔罪态度，决定对被告人适用缓刑。依据《中华人民共和国刑法》第三百三十条第一款第四项，第六十七条第三款，第七十二条第一款，第七十三条第二款、第三款之规定，作出如下判决：

被告人李某平犯妨害传染病防治罪，判处有期徒刑一年三个月，缓刑一年六个月。李某平回到社区后，应当遵守法律、法规，服从监督管理，接受教育，完成公益劳动，做一名有益社会的公民。（缓刑考验期自判决确定之日起计算。）

【法官后语】

1. 关于妨害传染病防治罪的主观故意认定

通说认为，妨害传染病防治罪的主观罪过系过失，行为人对引起甲类传染病传播或者有传播严重危险的危害后果是持过失的心理态度。本案中被告人李某平返沪后未向居委会报告，未自觉隔离，在签订居家隔离承诺书后擅自外出，至医院看诊时隐瞒武汉旅行史，拒绝执行卫生防疫机构依照《中华人民共和国传染病防治法》提出的防控措施，在客观方面造成与其密切接触的55人被隔离，有传播严重危险，但是被告人在外出就医、到便利店购买生活必需品的过程中，没有故意、主动与他人密切接触，且出入公共场所基本上均佩戴口罩，未长时间逗留。事后被确诊为新型冠状病毒感染肺炎，行为人在主观上对引发传染病传播或者传播危险的后果是否定的、排斥的。因此，在该罪的主观故意认定上，应坚持主客观相一致的原则，结合行为主体的病毒风险状态及其客观行为内容综合判断。

2. 关于“引起甲类传染病传播或者有传播严重危险”评价标准的确定

妨害传染病防治罪规定，行为人拒绝执行卫生防疫机构依照《中华人民共和国传染病防治法》提出的防控措施，需“引起甲类传染病传播或者有传播严重危险”，并明确“甲类传染病的范围，依照《中华人民共和国传染病防治法》和国务院有关规定确定”。但是在对“引起甲类传染病传播或者有传播严重危险的”的标准确立上，未有相关规范性的文件。本案中，国家卫生健康委员会发布公告，新型冠状病毒感染肺炎为按照甲类传染病管理的乙类传染病，故新冠肺炎属于妨害传染病防治罪的调整对象。被告人李某平的行为造成与其密切接触的55人被隔离，在认定有传播严重的危险的标准认定上，应综合考虑以下几个方面的内容：（1）密接人员中的总人数，确诊、疑似病例数；（2）密接人员的人员行业领域；（3）造成的财产损失；（4）接触公共区域的面积。重点把握的是造成不特定的多数人有潜在的感染风险，在于传播的不可控性。

3. 关于妨害传染病防治罪与以危险方法危害公共安全罪的区别

妨害传染病防治罪与以危险方法危害公共安全罪存在重大差别，两者最主要的区别在于：前者，行为人对引起甲类传染病传播或者有传播严重风险的危害后果是持过失的心理状态，而后者，行为人对危害公共安全的危害后果持故意的心理态度。本案中被告人李某平拒绝执行隔离措施，瞒报谎报旅居史，并进入公共场所或者公共交通工具，密切与多人接触等，最终造成55人被隔离。应当认定造成了新型冠状病毒感染肺炎的严重危险，应当以妨害传染病防治罪定罪处罚。

4. 关于本案综合效果的考量与融合

本案系疫情防控期间上海市首例妨害传染病防治罪案件，起诉指控的事实清楚，证据确实充分，证据之间形成完整的证据锁链，在法律适用过程中，逐一离析各方面的问题，对于系列案件的处理具有类案参考价值。

在量刑考量上，对于疫情防控期间实施的有关违法犯罪，应结合具体案件情节，准确、妥当地处置，兼顾法律效果与社会效果，精准指控犯罪，为引导公民自觉遵守疫情防控各项举措提供规则指引，确保在法治轨道上统筹推进各项防控工作，维护社会大局稳定。本案严格贯彻宽严相济的形势政策，在依法严惩拒绝执行疫情防控措施类违法犯罪的同时，做到宽严适度，体现法律的温度。本案被告人李某平虽然隐瞒武汉旅居史，但除外出就医、到便利店购买生活必需品、至药店购买药品外，没有去其他的公共场所或者人群密集地，也没有故意、主动与他人密切接触，且出入公共场所基本上均佩戴口罩，未长时间逗留，造成55人被隔离，但均未被感染，系引发疫情传播危险，与造成多人感染的案件相比有所不同，同时其深刻认识到其行为所造成的后果，认罪认罚，真诚悔罪。综合考量被告人的犯罪情节、认罪悔罪态度以及其本身病情仍未完全好转，病毒对其肺部造成的损伤仍需定期复诊和吃药等现实情况，对被告人判处有期徒刑一年三个月，缓刑一年六个月，较好地实现了社会效果与法律效果的有机统一。

在程序适用上，为做好疫情防控期间涉疫情犯罪的审理工作，在确保案件定罪量刑的基础上，应严格遵循刑事诉讼程序，保证各项诉讼权利。首先，本案依法组成合议庭并适用简易程序，确保案件在较短的审限内办结，保证社会效果，同时组成合议庭，充分听取被告人以及辩护人的辩解，保证被告人的各项诉讼权利及释法精准。其次，本案从立案侦查、审查起诉至审理判决都引发一定的舆论关注，在保证精准定罪量刑的基础上，制订翔实的工作预案，把控细节问题，包括送达文书、庭审进行等，依照“三同步”规程，掌握舆论导向、把握宣传尺度，立足社会效果和法律效果的统一，保证首例效应得到良好发挥。最后，鉴于本案处于疫情防控的特殊时期，案件审理过程中充分做好了疫情防控的安全措施。

编写人：上海市金山区人民法院　马静

32

未取得医生执业资格的人在诊所负责人默许下长期独立从事医疗活动构成非法行医罪

——侯某英非法行医案

【案件基本信息】

1. 裁判书字号

北京市第三中级人民法院（2019）京03刑终648号刑事裁定书

2. 案由：非法行医罪

【基本案情】

利民诊所的法定代表人为李某凤。2014年6月，李某杰与李某凤签订合作协议，该协议约定李某杰负责该诊所人员的聘任、管理、给付报酬，该诊所发生的事故纠纷（包括医疗纠纷和医疗事故）均由李某杰承担。侯某英系李某杰之妻，1998年从郑州医学成人中等专业学校毕业，所学专业为西医专业。侯某英未通过医师资格考试，未取得执业医师资格或者执业助理医师资格。2015年11月侯某英到利民诊所工作后，长期以医生身份独自为患者提供临床诊疗服务。

2017年7月19日16时许，孟某海（男，殁年37岁）到该诊所就诊，侯某英以医生身份为孟某海诊治，后在未书写处方的情况下从药房内亲自挑选头孢呋辛钠等药品对孟某海进行输液治疗，孟某海输液半小时左右出现呼吸困难等不良反应，后经抢救无效死亡。经北京法源司法科学证据鉴定中心鉴定，孟某海符合注射用头孢呋辛钠导致过敏性休克死亡。侯某英于2017年7月20日被公安机关传唤到案。另查明，在本案的庭审结束后，李某杰、侯某英先行赔偿了死者近亲属80万元，死者近亲属表示对李某杰、侯某英予以谅解。

【案件焦点】

未取得医生执业资格的人在诊所负责人默许下，长期独立从事医疗活动，其“行医”行为致人死亡，其行为构成非法行医罪，还是医疗事故罪。

【法院裁判要旨】

北京市顺义区人民法院经审理认为：根据在案证据及查明事实可以证实以下事实，第一，侯某英未取得医师资格，当然属于未取得医生执业资格的人，符合非法行医罪的主体要件。第二，根据同案犯吕某某的供述、证人胡某的证言及诊所监控录像可以证实被告人侯某英为治疗孟某海的疾病，从药柜中挑选出来的是头孢呋辛钠。第三，被告人侯某英在没有医师资格，没有独自开具处方药物权利的情况下，却擅自为死者孟某海诊疗，并开具药物头孢呋辛钠，由他人为孟某海输液，导致孟某海死亡。根据鉴定机构意见，孟某海符合注射头孢呋辛钠导致过敏性休克死亡。同时死者也未见致死性疾病改变，无机械性损伤致其死亡的证据。根据以上事实，被告人侯某英的非法行医行为应当认定为是导致孟某海死亡的直接原因。

据此，北京市顺义区人民法院依照《中华人民共和国刑法》第三百三十六条第一款、第二十五条第一款、第六十七条第三款、第五十二条、第五十三条、第六十一条的规定，作出如下判决：

被告人侯某英犯非法行医罪，判处有期徒刑十年六个月，并处罚金5万元。

一审宣判后，侯某英以无证据证实自己的行医行为与孟某海的死亡具有因果关系，自己不是非法行医罪的主体，死者孟某海的死亡系医疗意外，自己的行为不构成非法行医罪为由，提出上诉。

北京市第三中级人民法院经审理认为：一审法院根据侯某英犯罪的事实，犯罪的性质、情节和对于社会的危害程度所作的判决，事实清楚，证据确实、充分，定罪和适用法律正确，量刑及在案物品处理均适当，审判程序合法，故依法作出维持原判的刑事裁定。

【法官后语】

1. 侯某英的行为符合非法行医罪的构成要件

从本罪的构成要件方面分析，就犯罪主体而言，非法行医罪的主体为一种特殊的主体，即未取得医生执业资格的人，要求一种“消极身份”。本案中，侯某英并未取得医生执业资格，符合本罪的“身份”要求。根据《最高人民法院关于审理非法行医刑事案件具体应用法律若干问题的解释》第一条的规定，未取得医生执业资格包括未取得医师资格或者以非法手段取得医师资格等情形。现有证据足以证实侯某英没有取得医师资格，侯某英对此也没有异议，认可自己从医学成人中等专业学校毕业后，未能通过医师资格考试，未取得医师资格。就犯罪主观方面而言，侯某英在主观上明知自己未取得医生执业资格而非法行医。另外，非法行医罪属于职业犯，要求行为人在主观上有特定的倾向，即行为人具有反复、继续从事医疗、预防、保健活动的意思。① 本案中，侯某英在长达一年多的时间内反复实施医疗行为，应当认定其在主观上具有以行医为业的倾向。就犯罪行为而言，侯某英长期独立从事医疗活动，符合本罪的客观表现。首先，侯某英的行为属于医疗行为。医疗行为有广义和狭义之分，广义的医疗行为是指出于医疗目的所实施的行为，包括疾病的治疗与预防、生育的处置、按摩、针灸等符合医疗目的的行为；狭义的医疗行为则是指在广义的医疗行为中，只能由医师根据医学知识与技能实施，否则便对个体产生危险的行为。② 侯某英的上述行为显然系医疗行为，且系狭义的医疗行为。其次，侯某英的行医行为不具有“合法性”，而具有“擅自性”。侯某英在没有执业医师的监督、指导的情况下，长期独自开展临床诊疗活动，且这些治疗活动与一名执业医生所进行的医疗活动并无差别，并非属于一些辅助、次要环节的行为，侯某英应当为自己的行医行为承担相应的法律责任。③ 就犯罪结果而言，病患孟某海经过治疗后，出现了死亡的后果。侯某英在未书写处方的情况下，挑选药物，要求护士对病患进行输液治疗，造成病患因药物过敏死亡，侯某英的非法行医行为是孟某海死亡的直接原因，二者存在刑法上的因果关系。侯某英的行为符合非法行医罪的犯罪构成。

---

① 张明楷《刑法学（下册）》，法律出版社2016年版，第1126~1127页。

② 张明楷《刑法学（下册）》，法律出版社2016年版，第1126页。

③ 卫生部、教育部2008年8月颁布的《医学教育临床实践管理暂行规定》第十七条：医学生和试用期医学毕业生在临床带教教师和指导医师指导下参与医学教育临床实践活动，不承担医疗事故或医疗纠纷责任。医学生和试用期医学毕业生未经临床带教教师或指导医师同意，擅自开展临床诊疗活动的，承担相应的责任。本案中被告人侯某英甚至都没有临床带教教师或指导医师。

2. 认定侯某英构成非法行医罪，符合罪责刑相适应的原则

本案中没有任何书面材料能够证明诊所为侯某英确定了执业医师作为其指导医师，对其进行指导。而根据查明事实，反而可以认定侯某英在没有执业医师的监督、指导的情况下，长期擅自开展临床诊疗活动，侯某英的行为违反了医疗法规，给患者带来了严重风险，而且也确实造成了严重后果。认定侯某英的行为构成非法行医罪，与其严重危害他人身体健康和生命的犯罪行为性质相符，有利于保护人民的生命、健康权利，有利于规范医疗秩序。

编写人：北京市顺义区人民法院　赵仁洋　李贞

33

非法行医行为与损害后果之间因果关系的认定

——陈某星非法行医案

【案件基本信息】

1. 裁判书字号

福建省宁德市古田县人民法院（2019）闽 0922 刑初 224 号刑事附带民事判决书

2. 案由：非法行医罪

【基本案情】

2002 年至 2018 年 6 月，被告人陈某星在未取得医生执业资格及医疗机构执业许可证的情况下，在古田县鹤塘镇鹤塘村下湖路开设私人诊所，非法从事治疗蛇伤等医疗活动，具体事实为：

1. 2009 年 9 月 27 日，肖某超锦因左手背被蛇咬伤，到该诊所治疗蛇伤。被告人陈某星以注射药物、针刺、拔火罐及服用青草药汤等方式为其实施诊疗，其间，肖某超锦出现呕吐、疼痛等症状。同年 10 月 1 日，肖某超锦因出现呕吐更严重等症状，被送往古田县鹤塘卫生院，经抢救无效死亡。事后，肖某超锦亲属经与陈某

星协商，由陈某星赔偿1.5万元，之后将肖某超锦尸体送去火化。

2.2016年11月26日，被害人王某荣因右足被蛇咬伤到该诊所就诊。被告人陈某星连续多日为王某荣注射药物、拔火罐，并让王某荣服用青草药汤，收取王某荣医疗费26902元。同年12月4日，王某荣因右足伤口严重溃烂被送至福建中医药大学附属人民医院治疗。经福建晟蓝司法鉴定所鉴定，王某荣因蛇咬伤右足，经治疗，右足蛇咬齿痕处周围下组织广泛糜烂坏死，现遗留右踝关节功能丧失达56.6%，评定为十级伤残。

3.2018年5月6日，被害人王某月因右手被蛇咬伤到该诊所就诊。被告人陈某星又以注射药物，针刺、拔火罐及服用青草药汤等方式为王某月实施诊疗，收取王某月医疗费1万元。经福建晟蓝司法鉴定所鉴定，王某月因蛇咬伤右手掌背侧，伤后经治疗皮肤发生溃烂，现遗留右手功能丧失分值累计达15分，评定为十级伤残。

4.2018年6月3日，被害人李某芬因左脚踝被蛇咬伤到该诊所就诊。被告人陈某星连续多日为李某芬注射药物，并让李杨芬服用青草药汤，收取李杨芬医疗费1.39万元（其中3900元是付草药的钱）。同月8日，李某芬因出现胃痛等症状被送至福建中医药大学附属人民医院治疗。

另查明，被告人陈某星于2019年2月26日被古田县公安局民警抓获。2009年10月1日肖某超锦亲属向古田县卫生局报案，于10月16日将该案移送古田县公安局立案，古田县人民检察院于2009年11月12日作出不予批准逮捕决定书，陈某星被释放。古田县卫生和计划生育局于2016年12月26日又接到举报称陈某星非法行医，2017年3月21日对陈某星予以行政处罚。

【案件焦点】

被告人陈某星的行为是否构成非法行医罪：1. 被告人主观上是否具有非法行医的故意；2. 被告人的行为与被害人的损伤结果是否具有因果关系。

【法院裁判要旨】

福建省宁德市古田县人民法院经审理认为：被告人陈某星明知自己未取得医生执业资格及医疗机构执业许可证而擅自开设私人诊所从事医疗活动，多次为他人诊疗蛇伤，足以认定其具有非法行医的主观故意和行为。从造成的损害后果上看，造成两人轻度残疾，间接造成一人死亡，情节严重，其行为已构成非法行医罪，公诉机关指控罪名成立。鉴于被告人无犯罪前科，可酌情从轻处罚。被告人陈某星的非法行医行为造成附带民事诉讼原告人王某月的损害，理应返还向其收取的医疗费1万元并赔偿王某月的各项经济损失。王某月被蛇咬伤后在陈某星诊所治疗较长时间，却未及时到正规的、有资质的医疗机构治疗，自身亦存在过错，可相应减轻被告人的责任。根据本案具体情况及双方的过错程度，酌定陈某星承担70%的赔偿责任，王某月自行承担30%的责任。

福建省宁德市古田县人民法院依照《中华人民共和国刑法》第三百三十六条第一款、第三十六条第一款，《最高人民法院关于审理非法行医刑事案件具体应用法律若干问题的解释》第二条，《中华人民共和国侵权责任法》第四条、第六条第一款、第十六条、第二十六条之规定，作出如下判决：

一、被告人陈某星犯非法行医罪，判处有期徒刑一年六个月，并处罚金2.5万元；

二、被告人陈某星应于本判决生效之日起10日内返还附带民事诉讼原告人王某月医疗费1万元；

三、被告人陈某星应于本判决生效之日起10日内赔偿附带民事诉讼原告人王某月各项经济损失共计70258.65元；

四、驳回附带民事诉讼原告人王某月的其他诉讼请求。

【法官后语】

治疗蛇伤是一项较特殊的专业诊疗活动。目前大多数县级医院均无治疗蛇伤的血清等，因而不具有治疗能力和资格。但由于蛇毒毒性较强，蔓延较快，导致很多人无法在短时间内到有相应资格的专业医疗机构及时就医，从而造成严重损害甚至在几分钟内就死亡的后果。因此，在民间产生了一批用“祖传秘方”治疗的土医生。这些土医生不具有医生执业资格，他们治疗蛇伤的行为是否构成犯罪以及造成的损害后果是蛇伤本身遗留的后果，还是他们诊疗不当造成的后果，行为与后果之间是否具有因果关系，都是司法实践中认定的难题。

根据《中华人民共和国刑法》第三百三十六条第一款的规定，非法行医罪系指未取得医生执业资格的人非法行医，情节严重的情形。因本案中公安机关出具说明，陈某星非法行医的诊疗行为不规范，没有相关的诊疗用药过程记录，经咨询相关鉴定机构及法医专业人士，无法鉴定陈某星的诊疗行为与被害人损害结果之间的因果关系，故本案在合议时产生分歧，分歧的焦点就在于认定本案的因果关系是否需要鉴定。不同意见认为，被害人肖某超锦死亡后尸体便被火化未进行相关死因鉴定，被害人王某荣、王某月的损害虽经司法鉴定均构成十级伤残，但无相关有资质的机构鉴定陈某星的诊疗行为与被害人损害结果之间具有因果关系，因此不能认定被告人的行为构成犯罪。最终该案经审委会讨论，大多数意见认为，证人证言均可证实在治疗期间，肖某超锦出现呕吐越来越严重等症状，但陈某星并未及时建议肖某超锦去正规治疗蛇伤的医院治疗或将肖某超锦送到正规医院治疗，这足以认定肖某超锦的死亡与陈某星延误其治疗时机的行为具有一定的间接关系，根据《最高人民法院关于审理非法行医刑事案件具体应用法律若干问题的解释》第四条的规定，可以认定为《中华人民共和国刑法》第三百三十六条第一款规定的“情节严重”。另被害人王某荣、王某月、李某芬的陈述及证人的证言亦可证实，被害人的蛇伤经治疗未见明显好转，但被告人陈某星不仅劝解被害人继续治疗，甚至阻拦他们去福州医院治疗，要求他们付清治疗费后才肯放行。足以认定被告人陈某星诊疗行为不规范，延误被害人治疗时机，与造成两名就诊人轻度残疾具有因果关系。根据《最高人民法院关于审理非法行医刑事案件具体应用法律若干问题的解释》第二条第一项的规定，应认定为《中华人民共和国刑法》第三百三十六条第一款规定的“情节严重”，被告人的行为已构成非法行医罪。

综上所述，本案虽因客观原因无法通过相关机构鉴定因果关系，但被告人的行为直接造成两人轻度残疾，间接造成一人死亡的严重后果，不定罪不能体现罪刑相适应原则，我们通过综合考虑诊疗、用药是否规范，治疗是否及时，是否存在延误时机，伤情后果等因素来认定行为与后果的因果关系，最终对被告人定罪量刑，有较充分的理由，判决后被告人未上诉，收到了较好的效果。

编写人：福建省宁德市古田县人民法院　叶少青

（五）破坏环境资源保护罪

34

污染环境犯罪中，单位主管人员行为的性质认定

——舒友公司等污染环境案

【案件基本信息】

1. 裁判书字号

江苏省如皋市人民法院（2019）苏0682刑初175号刑事判决书

2. 案由：污染环境罪

【基本案情】

被告单位舒友公司成立于2005年4月21日，法定代表人为蔡某明，经营范围为印花布生产、销售等。2014年之后，蔡某蕾作为舒友公司总经理实际负责公司经营管理，被告人吴某章负责舒友公司设备维修（包括环保设备）。2017年10月底，舒友公司安装圆网印刷车间西南侧印花机废气处理设施，于2017年11月5日进行调试，在调试过程中，废气处理设施有油水混合物滴落，被告人吴某章在明知该油水混合物系危险废物需收集后交由有资质单位处置的情况下，仍用软管将油水混合物接至废气处理设施旁边与通启河相连的雨水窨井内，于2017年11月6日被环保执法人员查获。

经南通市通州区环境保护局认定、南京大学环境规划设计研究院股份公司鉴定，舒友公司通过圆网印刷车间西南侧雨水窨井排放的乳白色的油水混合物属于危险废物，危险废物类别为HW09，废物代码为900－007－09，通过软管将该油水混合物排放至雨水窨井内的行为属于“通过暗管等逃避监管的方式排放有毒物质”。

另查明，被告单位舒友公司因通过本案所涉雨水管道排放废油被南通市通州区

环境保护局处以罚款8万元的行政处罚。该罚款已于2019年2月26日缴纳。舒友公司已于2018年6月全面停产。被告人吴某章2016年、2017年月工资为5000元。

案发后，被告人吴某章经电话通知到案，并如实供述自己的犯罪事实。

【案件焦点】

1. 舒友公司是否构成单位犯罪；2. 被告人吴文章能否适用缓刑。

【法院裁判要旨】

江苏省如皋市人民法院经审理认为：被告人吴某章负责舒友公司的机械维修安装，在机械维修安装过程中，涉及污染物的处理属于其职责范围。其作为被告单位直接负责的主管人员，违反国家规定，通过暗管排放有毒物质，根据《最高人民法院、最高人民检察院关于办理环境污染刑事案件适用法律若干问题的解释》（法释〔2016〕29号）第一条第五项之规定，其行为属于严重污染环境的行为。依照《中华人民共和国刑法》第三百三十八条和第三百四十六条之规定，被告单位舒友公司、被告人吴某章均构成污染环境罪。被告人吴某章犯罪以后经电话通知后主动到案，并如实供述自己的罪行，被告单位舒友公司、被告人吴某章均属于自首，均可以从轻或者减轻处罚。被告单位舒友公司、被告人吴某章自愿如实供述自己的罪行，承认指控的犯罪事实，愿意接受处罚，可从轻处罚。公诉机关指控被告单位舒友公司、被告人吴某章犯污染环境罪，事实清楚，证据确实、充分，指控的罪名正确，提请对被告单位、被告人从轻、减轻处罚的理由成立，法院予以采纳。依照《中华人民共和国刑法》第三百三十八条，第三百四十六条，第三十条，第三十一条，第六十七条第一款，第七十二条，第七十三条第二款、第三款，《最高人民法院、最高人民检察院关于办理环境污染刑事案件适用法律若干问题的解释》第一条第五项、第十五条第一款第一项之规定，作出如下判决：

一、被告单位舒友公司犯污染环境罪，判处罚金20万元（其中8万元以已缴纳的行政处罚罚款抵扣，其余12万元已缴纳）；

二、被告人吴某章犯污染环境罪，判处有期徒刑七个月，缓刑一年，并处罚金3万元（缓刑考验期限从判决确定之日起开始计算，罚金已缴纳）；

三、禁止被告人吴某章在缓刑考验期内从事与排污或处置危险废物有关的经营活动。

【法官后语】

1. 舒友公司构成单位犯罪

（1）单位犯罪的判断标准。《中华人民共和国刑法》第三十条规定，公司、企业、事业单位、机关、团体实施的危害社会的行为，法律规定为单位犯罪的，应当负刑事责任。该条仅规定了单位负刑事责任的范围以及单位犯罪应当负刑事责任的原则，但并非单位犯罪的法定概念。当前，我国学界通说认为，单位犯罪是指单位在"单位意志"的决定下实施行为，并且利益归属于单位。但是，何为"单位意志"，何为"利益归于单位"，无论是实务还是理论都一直很模糊，没有给出非常清晰、普遍适用的判断标准，更多的还是在司法实践中由法官根据具体案件作出判断。2019年2月20日，最高人民法院、最高人民检察院、公安部、司法部、生态环境部发布《关于办理环境污染刑事案件有关问题座谈会纪要》（以下简称《纪要》），这份《纪要》中，第一次清晰地提出了认定"单位犯罪"的具体判断标准：①经单位决策机构按照决策程序决定的；②经单位实际控制人、主要负责人或者授权的分管负责人决定、同意的；③单位实际控制人、主要负责人或者授权的分管负责人得知单位成员个人实施环境污染犯罪行为，并未加以制止或者及时采取措施，而是予以追认、纵容或者默许的；④使用单位营业执照、合同书、公章、印鉴等对外开展活动，并调用单位车辆、船舶、生产设备、原辅材料等实施环境污染犯罪行为的。

（2）吴某章的行为代表"单位意志"。本案中，污染环境的行为发生在行为人吴某章安装、调试环保设施过程中，该行为的受益者应当是舒友公司而非吴某章个人，故该行为足以认定"利益归于单位"。但是否为"单位意志"需要进一步分析。该行为发生在车间内，属于对内生产经营活动，并非使用单位营业执照、合同书、公章、印鉴等对外开展活动，现有证据不能表明案涉污染行为经单位决策机构按照决策程序作出，亦不能表明单位实际控制人、主要负责人决定和同意实施该行为，或者知晓吴某章的行为后未加以制止或者及时采取措施并予以追认、纵容或者默许。但是，从吴某章的身份来看，自2014年之后，就由被告人吴某章负责舒友公司设备（包括环保设备）的运行、维修，工作中遇到废气处理装置废油泄漏等情况均由被告人吴某章自行处理，表明被告人吴某章系单位实际控制人或主要负责人授权的分管设备维修的负责人，其在安装设备过程中的行为不宜认定为个人行为，而是代表了“单位意志”，符合《纪要》明确的污染环境单位犯罪的判断标准，故应当认定舒友公司构成单位犯罪。

2. 被告人吴某章可以适用缓刑

（1）对污染环境犯罪从宽处罚的条件。《最高人民法院、最高人民检察院关于办理环境污染刑事案件适用法律若干问题的解释》第五条规定：“实施刑法第三百三十八条、第三百三十九条规定的行为，刚达到应当追究刑事责任的标准，但行为人及时采取措施，防止损失扩大、消除污染，全部赔偿损失，积极修复生态环境，且系初犯，确有悔罪表现的……应当从宽处罚。”由此可知，环境污染犯罪从宽处罚的条件有4个：一是初犯。二是确有悔罪表现。三是刚达到应当追究刑事责任的标准。四是有“行为人积极防止损失扩大；已经消除了污染；全部赔偿所造成的生态环境损失；积极修复生态环境”情节之一。

（2）对被告人吴某章可以从宽处理。本案中，被告人吴某章无前科、劣迹，属于初犯；存在自首、认罪认罚，可以认定其有悔罪表现；排污时间不长，不到24小时，属于刚达到应当追究刑事责任的标准；由于排放的污染物较少，主管机关所发现的污染物全部依法进行了处置，可以视为已经消除了污染，符合上述司法解释第五条所规定的可以从宽处罚的条件，依法可以从宽处理，对其适用缓刑不至于再危害社会，可以适用缓刑。考虑到污染环境这一特殊行为给生态环境带来的危害，本案在对被告人适用缓刑时，依法宣告禁止令，禁止其在缓刑考验期内从事任何与排污有关的工作，体现了刑罚对生态环境的特别保护，充分发挥了刑法的惩治与预防功能。

编写人：江苏省如皋市人民法院　吴洁

35

行为人采伐不属于刑法规定的国家重点保护植物或珍贵树木的，不构成非法采伐国家重点保护植物罪

——陈某、陈某林非法采伐国家重点保护植物案

【案件基本信息】

1. 裁判书字号

广东省汕尾市中级人民法院（2019）粤15刑终32号刑事判决书

2. 案由：非法采伐国家重点保护植物罪

【基本案情】

2017年10月，广东省陆丰市湖东镇竹林村委会为新农村建设清理村道，未经林业主管部门批准，由原村党支部书记即被告人陈某、原村委会主任即被告人陈某林等村“两委”干部开会决定将寨内村竹林寨墙外3株大榕树采挖迁走，并交由寨内村村民陈某城负责处理。同年10月19日，陈某城先对其中最小株的榕树进行采挖，并将另两株榕树委托林某哺进行采挖。次日，林某哺雇用工人、挖掘机、拖车等设备将两株榕树锯断树枝后采挖。在采挖树木过程中，被告人陈某、陈某林与阻拦采挖的村民发生冲突，后被接警处置的民警制止，当地镇政府和村委又监督将三棵榕树重新种植回原来的位置。经鉴定，被采挖树木共3株，树种均为榕树（又称细叶榕），属于桑科榕属植物；树龄分别为150年、116年、75年；立木蓄积分别为20.8394立方米、11.5762立方米、2.6605立方米。

【案件焦点】

被告人陈某、陈某林采伐二株树龄超100年榕树的行为是否构成非法采伐国家重点保护植物罪。

【法院裁判要旨】

广东省陆丰市人民法院经审理认为：被告人陈某、陈某林违反国家森林法规，未经林业主管部门批准，非法采挖二棵100年以上的古树，其行为均已构成非法采伐国家重点保护植物罪，且属情节严重。被告人陈某犯罪以后能自动投案，如实供述其犯罪事实，是自首，依法予以从轻处罚。依照《中华人民共和国刑法》第三百四十四条、第六十七条第一款、第五十二条、第五十三条第一款和《最高人民法院关于审理破坏森林资源刑事案件具体应用法律若干问题的解释》第二条第一项之规定，作出如下判决：

一、被告人陈某犯非法采伐国家重点保护植物罪，判处有期徒刑三年，并处罚金1.5万元；

二、被告人陈某林犯非法采伐国家重点保护植物罪，判处有期徒刑三年，并处罚金1.5万元。

上诉人陈某及其辩护人上诉提出：上诉人主观上不具有非法采伐国家重点保护植物的犯罪故意；在客观上没有实施犯罪行为。请求二审法院改判其无罪。上诉人陈某林及其辩护人上诉提出：上诉人在本案中主观方面不具备明知的故意内容；本案涉案两株榕树树龄虽被鉴定超过100年，但不属于《中华人民共和国刑法》第三百四十四条规定的“珍贵树木”。请求二审对上诉人作出无罪判决。

广东省汕尾市中级人民法院经审理认为：原判认定上诉人陈某、陈某林违反国家森林法规，未经林业主管部门批准，非法采伐二棵100年以上的古树，其行为均已构成非法采伐国家重点保护植物罪，且属情节严重的事实不清，证据不足，指控的犯罪不能成立，依法应予纠正。二上诉人及其辩护人所提不构成非法采伐国家重点保护植物罪的意见成立，予以采纳。依照《中华人民共和国刑事诉讼法》第二百三十六条第一款第三项、第二百条第三项的规定，作出如下判决：

一、撤销广东省陆丰市人民法院（2018）粤1581刑初257号刑事判决；

二、上诉人陈某无罪；

三、上诉人陈某林无罪。

【法官后语】

1. 本案被告人采伐的二株树龄超100年的榕树不属于刑法规定的国家重点保护植物或珍贵树木

依据《中华人民共和国刑法》第三百四十四条之规定，非法采伐国家重点保护植物罪，是指违反国家规定，非法采伐珍贵树木或者国家重点保护的其他植物的行为。《最高人民法院关于审理破坏森林资源刑事案件具体应用法律若干问题的解释》第一条对“珍贵树木”进行了明确，包括由省级以上林业主管部门或者其他部门确定的具有重大历史纪念意义、科学研究价值或者年代久远的古树名木，国家禁止、限制出口的珍贵树木以及列入国家重点保护野生植物名录的树木。

根据上述规定，本案被告人采伐的二株树龄超100年的榕树不属于国家重点保护植物或珍贵树木，原因有三。其一，本案涉案树木为榕树，又称细叶榕，作为行道树树种，在华南地区种植普遍，不属于《国家珍贵树种名录》和《国家重点保护野生植物名录》（第一批）所列树种。其二，根据全国绿化委员会《关于进一步加强古树名木保护管理的意见》［全绿字（2016）1号］中解释，古树是指树龄在100年以上的树木（一级500年以上；二级300～499年；三级100～299年）；名木是指具有重要历史、文化、景观与科学价值和具有重要纪念意义的树木。本案被采伐的三株榕树，被采伐后经鉴定树龄分别为150年、116年和75年，即本案被采伐的三株榕树当中，树龄分别为150年、116年的二株榕树可认定为古树。一审法院也是据此认定二被告人实施了采伐古树名木的行为。但二株树龄超100年的榕树是否属于司法解释规定的“古树名木”？依照全国绿化委员会《关于进一步加强古树名木保护管理的意见》相关规定，列入国家重点保护的年代久远的古树名木应由有关行政主管部门作出鉴定后予以挂牌公示，而有关行政主管部门尚未对湖东镇竹林村的树木进行古树名木普查，即尚未进行登记、鉴定、挂牌、公示，故涉案榕树无法认定为“古树名木”。综上，本案被采伐的树木没有充分证据证明属于刑法所规定的国家重点保护植物或珍贵树木。

2. 被告人陈某、陈某林的行为不构成非法采伐国家重点保护植物罪

犯罪是指危害社会的、依照法律应当受刑罚处罚的行为，评价依据是行为人的行为要符合我国刑法规定的犯罪构成要件，具有社会危害性和主观恶性（违法性和可责性），不仅要进行形式审查，还要进行实质判断和正当性考量。非法采伐国家

重点保护植物罪侵害的客体是国家森林和其他植物资源管理和保护制度，侵害的对象是国家重点保护植物及珍贵树木，构成该罪的主客观方面表现为行为人明知是国家重点保护植物而未经依法批准或者超出依法批准的范围（树种、数量、四至等）、期限和方法对其进行非法采集、砍伐的行为。

本案二被告人在没有取得林业管理部门批准的情况下，非法采挖二株100年以上的榕树，其具有非法采伐古树的客观行为。但从陆丰市公安局森林分局《情况说明》、二被告人供述、多名证人证言证实采挖该三株榕树，是因为湖东镇竹林村委会为进行新农村建设整理村容村貌而经村两委讨论决定的，二被告人作为该村的村干部，为执行村两委决定而雇请人员进行采挖，主观上不具有采伐国家重点保护植物的故意。另外，“法律不能强人所难”，按照相关文件规定，被列入国家重点保护的年代久远的古树名木应由有关行政主管部门作出鉴定后予以挂牌公示，而本案中有关行政主管部门尚未对湖东镇竹林村的树木（包括被采伐的三株榕树）进行古树名木普查，即尚未进行登记、鉴定、挂牌、公示，在此情况下要求作为普通公民的二被告人承担明确识别所砍伐的树木属国家重点保护植物或珍贵树木，超出普通公民的认知能力，因此缺乏充分理据和期待可能性。故陈某和陈某林均不构成非法采伐国家重点保护植物罪。

编写人：广东省汕尾市中级人民法院　曾向虹

36

确定虚拟治理成本时计算标准的认定及无赔偿能力企业履行生态损害修复责任方式的实践

——胜科公司等污染环境案

【案件基本信息】

1. 裁判书字号

江苏省南京市中级人民法院（2019）苏01刑终525号刑事裁定书

2. 案由：污染环境罪

【基本案情】

胜科公司污水处理设施分一期工程（包括A工程和B工程，分别处理低、高浓度污水）和二期工程。2014年10月至2017年4月18日，胜科公司多次利用暗管排放高、低浓度废水；修建暗管偷排有毒有害污泥；篡改在线监测仪器数据逃避监管，致使二期工程长期超标排放污水；在无危废处理资质的情况下，多次接收某染料公司危险废物共计118.48吨，其中54.06吨通过暗管排放。经统计和鉴定，该公司违法排放高浓度废水284583.04立方米，偷排污泥约4362.53吨，违法排放54.06吨属于危险废物的混合废液，造成生态环境损害数额共计256093440.96元至256759460.16元。

被告人郑某庚作为公司总经理，明知浦某东等人实施污染环境行为而予以默许、纵容。被告人浦某东作为运行部经理，组织、参与了全部污染环境行为。被告人李某珍作为商务部经理，明知公司高浓度废水处理系统未运行、总排出水长期超标，仍进行商务洽谈大量接收高浓度废水。被告人高某阳、陈某、毛某作为运行部主管，被告人金某、洪某伟、谷某风、夏某作为运行部班长，存在安排或实施偷排不同浓度废水的行为；存在安排或实施偷排污泥的行为；存在取水样送检过程中弄虚作假、篡改自动监测仪器数据等行为。被告人高某作为该公司分析室主管，制作检测台账时存在数据造假应付环保部门检查的行为。

被告人赵某作为第三方运营科科长，明知胜科公司相关人员篡改数据，仍违反职责不予监督管理，放任二期废水处理系统自动监测仪器数据长期被篡改，并曾应相关人员要求虚报监测仪器故障以配合胜科公司逃避监管。

在案件审理期间，胜科公司向法院预交了生态环境损害赔偿金、罚金各5000万元。法院依法委托评估公司对胜科公司的资产进行了评估。经评估：截至2019年11月30日，胜科公司的净资产为－6.54万元。胜科公司缺乏承担本案侵权责任的赔偿能力，而其控股股东胜科投资公司表示愿意参与调解处理本案，以践行企业在环境保护方面的社会主体责任。为最大限度维护社会公共利益，有效修复和保护生态环境，法院根据胜科公司的申请依法追加其为第三人参与附带民事公益诉讼调解。

【案件焦点】

在偷排高浓度废水造成生态环境损害数额的认定上，胜科公司认为应按照实际调查法而非其接收废水价格计算，应以A工程处理高浓度废水时产生的成本与其他时段产生的成本差额作为高浓度废水的单位治理成本。

【法院裁判要旨】

江苏省南京市玄武区人民法院经审理认为：胜科公司偷排的高浓度废水的行业特征、类型、污染物负荷等千差万别，邻近集中污水处理厂的处理工艺和设施规模各不相同，其辩称的实际调查法也不具有可操作性。胜科公司作为污水处理企业，所实施的污染环境行为严重背离该类企业设立的宗旨，就其犯罪行为计算生态环境损害数额时，不应因其企业性质而以其污水处理成本作为标准使其享有优于普通主体的特殊利益。

自动监测设备第三方运营人员，明知企业篡改监测数据逃避监管排放有毒有害物质，放任数据被篡改，并配合企业逃避监管，导致严重污染环境的，构成共同犯罪。

污染企业缺乏生态环境损害修复、赔偿能力时，通过调解引导、鼓励其股东自愿作为第三人参加诉讼，代为承担生态环境损害修复、赔偿责任，最大限度地维护社会公共利益。

江苏省南京市玄武区人民法院依据《中华人民共和国刑法》第六条第一款，第三百三十八条，第三百四十六条，第三十条，第三十一条，第二十五条第一款，第二十七条，第二十三条，第六十七条第一款、第三款，第六十八条，第五十二条，第六十四条，第七十二条，第七十三条第二款、第三款，《最高人民法院、最高人民检察院关于办理环境污染刑事案件适用法律若干问题的解释》第一条第八项，第三条第六项，第六条第一款，第十一条，第十二条，第十三条第一款，第十四条，第十五条第一项、第四项，第十七条的规定，作出如下判决：

一、胜科公司犯污染环境罪，判处罚金5000万元。郑某庚犯污染环境罪，判处有期徒刑六年，并处罚金200万元。被告人浦某东、李某珍、高某阳、陈某、毛某、金某、洪某伟、赵某、谷某风、夏某、高某犯污染环境罪，分别判处其有期徒刑一年至二年九个月不等，并处罚金5万元至20万元不等；

二、胜科公司违法所得予以追缴，上缴国库。禁止金某、洪某伟、赵某、谷某风、夏某、高某在缓刑考验期内从事与排污或者处置危险废物有关的经营活动。

被告单位胜科公司、被告人郑某庚、李某珍不服一审判决，向江苏省南京市中级人民法院提起上诉。

江苏省南京市中级人民法院经审理认为：原审判决认定构成污染环境罪的事实清楚，证据确实、充分，定性准确，量刑适当，审判程序合法，应予维持。江苏省南京市人民检察院的意见正确，法院予以采纳。依照《中华人民共和国刑事诉讼法》第二百三十六条第一款第一项的规定，作出如下裁定：

驳回上诉，维持原判。

本案附带民事公益诉讼经江苏省南京市玄武区人民法院主持调解，江苏省南京市鼓楼区人民检察院与被告胜科公司、第三人胜科投资公司于 2019 年 12 月 27 日共同签署调解协议，主要内容如下：

胜科公司应赔偿生态环境修复费用现金部分 2.37 亿元、鉴定费用 20 万元，胜科投资公司承担连带赔付责任。胜科公司应于 2023 年 12 月 31 日前完成替代性修复项目资金不少于 2.33 亿元的环境治理、节能减排生态环保项目的新建、升级和提标改造，如未按时完成，胜科公司应于南京市鼓楼区人民检察院、南京市玄武区人民法院和社会公众代表确定实际投资金额之日起 30 日内支付差额至南京市玄武区人民法院指定的账户。

【法官后语】

本案系最高人民检察院、公安部、环保部联合督办案件，即“4.10”重大污染环境专案，属涉外案件，且被告人人数众多，污染环境行为类型多、专业性强、时间跨度长，涉案证据材料繁杂，社会关注度高（关注庭审直播的网民 330 余万人次）。本案入选了 2019 年度人民法院环境资源典型案例和第九届（2019）十大公益性诉讼。

本案高度重视对环境公共利益的有效保护，针对审理中发现的问题，及时引导补充固定证据，建议公益诉讼起诉人根据新的事实增加诉讼请求，多次组织专家学者、环保行政部门人员论证调解方案；依法严惩重罚污染环境犯罪，不仅对被告单位，而且对直接负责的主管人员、其他直接责任人人员以及篡改监测数据的共同犯罪人员，一并追究刑事责任。该案充分展示了依法从严惩治向长江等重点流域区域违法排污犯罪行为的司法政策和损害担责、全面赔偿的救济原则，在惩治、震慑环境污染犯罪，确保长江生态环境及时、有效恢复，促进企业进行绿色升级改造以及引导股东积极承担生态环境保护社会责任等方面，均具有重要的示范意义。同时在认定污水处理企业造成的生态环境损害数额，适用实际调查法不具有可行性时，适用收费标准法以其向客户收取的污水处理价而非污水处理成本作为计算基数，避免其享有优于普通主体的特殊利益。

民事公益诉讼的调解程序仅有程序性和原则性的规定，特别是针对该案赔偿义务人无力支付赔偿款，由案外人提供担保的情况，具体调解方案难以把握。经评估，胜科公司截至2019年11月30日的净资产为-6.54万元，缺乏承担本案侵权责任的赔偿能力。本案附带民事公益诉讼部分创造性引入被告单位的控股股东作为赔偿义务人，同时对双方初步达成的调解方案有关项目的公益性、环保性、可行性、科学性等进行论证，同时加强调解方案的合法性、可强制执行性审查，有针对性地提出修改完善的意见和要求，对调解协议的具体内容组织多轮磋商，最终科学确定4.7亿元总额的调解方案，确定了“现金赔偿+替代性修复”的责任承担方式，在被告企业缺乏履行能力时，就环境污染损害后果的责任承担方式进行了有益探索。

编写人：江苏省南京市玄武区人民法院　高伟

37

非法捕捞水产品罪的构成与特征

——卞某非法捕捞水产品案

【案件基本信息】

1. 裁判书字号

福建省南平市延平区人民法院（2019）闽0702刑初310号刑事判决书

2. 案由：非法捕捞水产品罪

【基本案情】

2019年6月18日晚，被告人卞某驾驶"闽延渔10002"号渔船携带MX－300型蓄电池、吸力王三号高效逆变电源、电击竿、捞海等工具，从南平市延平区大窠二路附近水域出发欲进行电力捕捞作业。被告人卞某将船只行至高铁南平北站对面水域后开始组装电力捕捞工具，并使用该工具向市区方向行进进行捕捞作业，船只行至朱熹路雅阁酒店对面水域时被南平市延平区农业农村局渔政大队工作人员当场查获。2019年7月2日，被告人卞某经公安机关书面传唤到案，案发后作案工具均被扣押。

【案件焦点】

本案被告人卞某没有渔获，是否可以根据在案证据定罪。

【法院裁判要旨】

福建省南平市延平区人民法院经审理认为：被告人卞某违反保护水产资源法规，在禁渔区、禁渔期使用禁用的工具捕捞水产品，情节严重，其行为已构成非法捕捞水产品罪，公诉机关指控罪名成立，应依法惩处。

南平市延平区人民法院依照《中华人民共和国刑法》第三百四十条，第六十四条，第六十七条第三款，第七十二条第一款，第七十三条第一款、第三款之规定，作出如下判决：

一、被告人卞某犯非法捕捞水产品罪，判处拘役四个月，缓刑五个月（缓刑考验期限，从判决确定之日起计算）；

二、扣押在案作案工具蓄电池、变电源、电击杆、捞海、脚踏式开关、头灯予以没收，上缴国库。

被告人卞某表示认罪认罚，未提起上诉，现判决已发生法律效力。

【法官后语】

本案系福建省南平市延平区非法捕捞水产品第一案，处理重点主要在于对非法捕捞水产品罪入罪标准的认定。首先，从该罪的构成条件来说，非法捕捞水产品罪属于故意犯罪，至于目的是营利还是其他均不影响本罪的成立，过失不构成本罪。本罪侵犯的客体是国家保护水产资源的管理制度，客观方面表现为违反保护水产资源法规，在禁渔区、禁渔期或者使用禁用的工具、方法捕捞水产品的行为。其次，本罪属于行为犯，特点是“四禁”，即禁渔区、禁渔期、禁用工具、禁用方法，而无论是否有渔获，均构成本罪。值得注意的是，使用电鱼工具电击捕鱼无论是否在禁渔期，都属于使用禁用工具捕捞水产品。

具体到本案，被告人卞某驾驶“闽延渔10002”号渔船并携带MX－300型蓄电池、吸力王三号高效逆变电源、电击竿、捞海等电捕工具，属于故意使用禁止使用的电击捕捞工具在南平市延平区禁渔期、禁渔区进行捕捞作业，给该区域的渔业生态环境带来巨大危害，情节严重，不论是否有渔获，都应当以非法捕捞水产品罪追究其刑事责任。

水产资源是国家的一项宝贵财富，任何单位和个人对水产资源的捕捞，都应遵守国家相关法律对作业类型、场所、时限和渔具数量的规定进行作业。不得在禁渔区和禁渔期进行捕捞，不得使用禁用的渔具、捕捞方法和小于规定网目尺寸的渔具进行捕捞。非法电击捕鱼是被《中华人民共和国渔业法》禁止的一种捕捞方式，电击会使大小鱼都易被电死，电流也会对鱼的性腺造成破坏，从而导致繁殖停止、基因突变、畸形等。另外，电流还会破坏河流中的其他水生生物，造成渔业资源和环境的严重破坏。因此，电击捕鱼无疑等同于杀鸡取卵、涸泽而渔，不仅破坏了国家对水产资源的管理制度，还危害水产资源的存续和发展。地处闽北山区的南平市，是福建母亲河——闽江干流发源地，流域内野生动植物资源丰富，系福建省重要的绿色生态屏障。近年来，南平市延平区人民法院认真践行党中央生态文明思想，严厉打击破坏生态环境犯罪，努力恢复受损生态环境，并通过建设生态司法基地、主题公园等方式引领人民群众牢固树立社会主义生态文明观，积极践行“绿水青山就是金山银山”的理念，坚持走人与自然和谐发展的道路，为守护闽江源头提供有力司法服务和保障。

编写人：福建省南平市延平区人民法院　严旭明

38

在禁猎期、禁猎区架“天网”捕鸟构成非法狩猎罪

——秦某林非法狩猎案

【案件基本信息】

1. 裁判书字号

湖南省岳阳市华容县人民法院（2019）湘0623刑初206号刑事判决书

2. 案由：非法狩猎罪

【基本案情】

2019年10月6日，秦某林购买3张黑色渔网，随后用竹竿将网分别架设在自己以及同村刘某泉的房屋后的树林、农田内捕鸟。至2019年10月8日被公安机关查获时，共捕获各类鸟类11只。2019年10月10日华容县林业局出具物种确认证明，证实华容县森林公安局送检的两只鸟类系湖南省重点保护动物黑尾蜡嘴雀、乌鸫鸟。华容县人民法院一审查明，2018年7月31日，湖南省人民政府发布湘政函〔2018〕79号《湖南省人民政府关于禁止猎捕野生动物的通告》，该通告规定自2018年8月1日起至2023年7月31日止，全省行政区禁猎，禁猎（捕）物种包括列入《国家重点保护野生动物》《湖南省地方重点保护野生动物名录》《国家保护的有重要生态、科学、社会价值的陆生野生动物名录》。被告人秦某林所在的华容县插旗镇众城村在湖南东洞庭湖国家级自然保护区范围之内。

【案件焦点】

非法狩猎罪的认定。

【法院裁判要旨】

湖南省岳阳市华容县人民法院经审理认为：被告人秦某林在规定的禁猎期、禁猎区内，使用禁用的方法进行狩猎，破坏野生动物资源，情节严重，其行为已经构

成非法狩猎罪。湖南省华容县人民法院依照相关法律规定，依法，作出如下判决：

被告人秦某林犯非法狩猎罪，判处有期徒刑六个月。（刑期从判决执行之日起计算；判决执行以前先行羁押的，羁押一日折抵刑期一日。即被告人秦某林的刑期自2019年10月9日起至2020年4月8日止。）

【法官后语】

非法狩猎罪，是指违反狩猎法规，在禁猎区、禁猎期或者使用禁用的工具、方法进行狩猎，破坏野生动物资源，情节严重的行为。本罪的客观方面表现为行为人实施了非法狩猎的行为。所谓非法狩猎，其具体表现是违反狩猎法规，在禁猎区、禁猎期狩猎，或者使用禁用的工具、方法狩猎。违反狩猎法规，主要是指违反《中华人民共和国野生动物保护法》等相关野生动物保护的法律、法规；禁猎区，是指国家根据野生动物保护需要，划定的禁止狩猎的区域；禁猎期，是指国家为了充分保护和合理利用野生动物资源，根据野生动物的繁殖和皮毛、肉食、药材的成熟季节，分别规定的禁止狩猎的期间；禁用的工具，是指具有极大杀伤力的狩猎器械，如地弓、地枪、大铁夹、军用武器等；禁用的方法，是指一切足以破坏野生动物资源的方法，如以化学药品毒杀、布电网围杀、爆炸等方法。本罪的犯罪对象是珍贵、濒危野生动物以外的其他野生动物。值得注意的是，非法狩猎的行为必须是"情节严重的"，才构成本罪。"情节严重"，是指非法狩猎野生动物20只以上的；违反狩猎法规，在禁猎区或者禁猎期使用禁用的工具、方法狩猎的；具有其他严重情节的。

本案中被告人秦某林在规定的禁猎区、禁猎期内，使用禁用的方法进行狩猎，破坏野生动物资源，情节严重，应当依照《中华人民共和国刑法》第三百四十一条第二款之规定以非法狩猎罪论处。

野生动物作为自然环境的一项重要资源，在维护生态平衡方面起到重要作用。随着生态环境日益改善，坚持人与自然和谐发展，保护野生动物越来越重要了。岳阳处于洞庭湖地区，有东洞庭湖国家级自然保护区，生态环境良好，野生动物资源丰富。本案的被告人住所地位于东洞庭湖国家级自然保护区范围内，对《中华人民共和国野生动物保护法》和《中华人民共和国刑法》缺乏认识，可能只是觉得捉了几只鸟，并未真正认识到自己的行为会触犯法律。当地的村民可能也没有觉得这种行为有如此大的危害性。保护野生动物，从自觉抵制非法狩猎、经营、食用野生动物开始。法院通过以案说法的形式更好地让村民了解有关野生动物的保护种类、保护范围以及违法后果，达到保护自然资源的审判功能。

编写人：湖南省岳阳市华容县人民法院　陈思

39

盗伐林木罪中被告人犯罪既遂标准的认定

——黄某琳盗伐林木案

【案件基本信息】

1. 裁判书字号

广西壮族自治区钦州市中级人民法院（2019）桂 07 刑终 293 号刑事判决书

2. 案由：盗伐林木罪

【基本案情】

2019 年 6 月 10 日至 17 日，被告人黄某琳以丰产林公司没有交地租为由，雇请陆某贤、黄某根到太平镇那线村委屯阳村石古岭处砍伐丰产林公司种植在该处的桉树并欲出卖。2019 年 6 月 17 日，丰产林公司工作人员郑某就巡查到该处发觉后，立即制止被告人黄某琳等人的行为。被告人黄某琳等人即停上砍伐，被砍伐的林木全部未运离现场。同月 19 日，被告人黄某琳接到民警电话通知后主动到指定地点接受调查。同日，被告人黄某琳被刑事拘留。经鉴定，被砍伐的桉树林面积 0. 23 公顷，被砍伐桉树 292 棵，蓄积量 29. 18 立方米。

【案件焦点】

在盗伐林木犯罪中，被告人黄某琳在盗伐林木的行为被发现后即停止砍伐且被砍伐的林木全部未运离现场，被告人的犯罪行为该如何认定，是既遂还是未遂。

【法院裁判要旨】

广西壮族自治区钦州市灵山县人民法院经审理认为：被告人黄某琳以非法占有

为目的，擅自砍伐他人的林木，面积达0.23公顷，蓄积量29.18立方米，数量巨大，其行为触犯了《中华人民共和国刑法》第三百四十五条第一款的规定，构成盗伐林木罪。公诉机关指控应当以盗伐林木罪追究被告人黄某琳的刑事责任成立。被告人黄某琳在其实施犯罪行为时已被公安机关发觉，但在尚未被采取强制措施的情况下，在接到公安机关的电话通知后，主动到指定地点接受调查，可视为自动到案，归案后直至庭审中均能如实交代其主要犯罪事实，是自首，依法可以对其从轻或减轻处罚。被告人黄某琳在盗伐林木的过程中，被丰产林公司发觉制止后便放弃继续砍伐，被砍伐的林木全部未运离现场，属于犯罪未遂，可以比照既遂犯从轻或减轻处罚。关于被告人黄某琳建议对其适用缓刑的意见。经查实，被告人黄某琳盗伐林木的数量巨大，虽有自首及未遂的法定从轻、减轻情节，但被告人没有赔偿丰产林公司的经济损失，综合全案案情，对被告人黄某琳不宜适用缓刑。根据被告人黄某琳的犯罪事实、性质、情节及对社会的危害程度，决定对被告人黄某琳减轻处罚。

广西壮族自治区钦州市灵山县人民法院依照《中华人民共和国刑法》第三百四十五条第一款、第二十三条、第六十七条第一款、第五十二条、第五十三条，《最高人民法院关于处理自首和立功具体应用法律若干问题的解释》第一条、第三条及《最高人民法院关于审理破坏森林资源刑事案件具体应用法律若干问题的解释》第三条第一项、第四条、第十七条的规定，作出如下判决：

被告人黄某琳犯盗伐林木罪，判处有期徒刑一年，并处罚金1万元。

一审宣判后，灵山县人民检察院不服提出抗诉，理由如下：(1) 一审判决认定原审被告人黄某琳盗伐林木罪属于犯罪未遂错误，应属于盗伐林木犯罪既遂。盗伐林木罪侵犯的客体是国家对森林资源的保护和管理制度，行为人只要实施了盗伐行为把树砍伐，国家的森林资源和环境资源以及国家的管理保护制度就已遭到破坏，应当认定为犯罪既遂。(2) 一审判决适用法律错误，导致量刑畸轻。原审被告人黄某琳盗伐林木蓄积量达到29.18立方米，属于“数量巨大”，法定刑为三年以上七年以下有期徒刑。一审法院错误认定被告人黄某琳盗伐林木未遂，对其减轻处罚，属于量刑畸轻。

广西壮族自治区钦州市中级人民法院经审理认为：同意一审法院认定黄某琳是自首，依法可以对其从轻或减轻处罚。关于原判认定黄某琳盗伐林木罪属于犯罪未遂错误的抗诉意见和出庭意见，经查，黄某琳已盗伐林木，虽然被砍伐的林木全部未运离现场，但由于其行为已侵害了国家保护森林资源的管理制度，属于犯罪既遂。该意见成立，予以支持。关于原判对黄某琳适用法律不当，导致量刑畸轻的抗诉意见和出庭意见，经查，原判认定黄某琳盗伐林木属于犯罪未遂，适用《中华人民共和国刑法》第二十三条的规定，对黄某琳适用犯罪未遂属于处罚不当，该意见与事实和法律规定相符，能够成立，予以支持。原判对原审被告人黄某琳减轻处罚，判处有期徒刑一年，并处罚金1万元，量刑偏轻，没有体现罪刑相适应原则，予以改判。综上所述，一审判决认定事实清楚，证据确实、充分，定罪准确，审判程序合法，但对黄某琳犯罪形态认定错误，量刑不当，依法改判。

广西壮族自治区钦州市中级人民法院依照《中华人民共和国刑事诉讼法》第二百三十六条第一款第二项和《中华人民共和国刑法》第三百四十五条第一款、第五十二条、第五十三条、第六十七条第一款之规定，作出如下判决：

一、撤销灵山县人民法院（2019）桂0721刑初347号刑事判决；

二、原审被告人黄某琳犯盗伐林木罪，判处有期徒刑一年六个月，并处罚金1万元。

【法官后语】

一般认为，规定盗伐林木罪的《中华人民共和国刑法》第三百四十五条与规定盗窃罪的第二百六十四条之间，是特别法条与普通法条的关系。在通常情况下，对于盗伐林木的行为，应适用特别法优于普通法的原则，以盗伐林木罪论处，是比较容易让人理解和接受的。在司法实务中，盗伐林木罪不仅会导致被害人遭受财产损失，更会导致森林资源遭到破坏，子孙后代的生态环境恶化，且这样的破坏行为致使部分环境资源恢复周期特别漫长，有的甚至不可恢复。故盗伐林木罪的既遂标准，不能与普通的盗窃罪混为一谈。

本案的处理重点在于盗伐林木罪的既遂标准该如何认定的问题，具体到本案，一审法院之所以认定被告人黄某琳构成盗伐林木罪的未遂，原因就在于没有分清盗窃罪和盗伐林木罪的既遂标准。

盗窃罪是指以非法占有为目的，秘密窃取公私财物，数额较大或者多次盗窃、入户盗窃、携带凶器盗窃、扒窃公私财物的行为，本罪侵犯的客体，是公私财产的所有权。盗窃罪作为结果犯，以给公私财产所有权造成直接损害结果为既遂，而所有权的损害结果表现在所有人或持有人控制之下的财物因盗窃脱离了其实际控制。因此，从客体的损害着眼，以财物的所有人或持有人失去其对被盗财物的控制作为既遂的标准。盗伐林木罪是指盗伐森林或其他林木，数量较大的行为。因本罪侵犯的客体不仅包括国家林木管理制度，还包括国家、集体和公民对林木的所有权，导致本罪与盗窃罪有很多相似之处，但是盗伐林木罪最主要的客体还是国家对林木资源的管理制度，故不能以所有人失去对被盗财物的控制作用为盗伐林木罪的既遂标准，而应该以盗伐林木的行为是否损害国家对林木资源的管理制度为既遂标准。

结合本案事实，被告人黄某琳雇请他人盗伐林木，在盗伐林木的行为被发觉后即停止砍伐且被砍伐的林木全部未运离现场，所有人尚未失去对被盗财物的控制作用，故一审法院认定被告人黄某琳的行为构成盗伐林木罪的未遂。但是结合本案的其他证据，证实被告人黄某琳盗伐林木的面积达0.23公顷，蓄积量29.18立方米。根据2000年11月17日最高人民法院发布的《关于审理破坏森林资源刑事案件具体应用法律若干问题的解释》第四条的规定，盗伐林木“数量较大”的，以2立方米至5立方米为起点；“数量巨大”的以20立方米至50立方米为起点。被告人黄某琳盗伐林木蓄积量29.18立方米，已达到数量巨大的程度，侵犯了国家对林业资源的管理制度。如果本案因被告人没有将盗伐的林木运离现场而认定其犯罪未遂，会出现量刑畸轻的情况，违反了罪责刑相适应的原则，而从被告人侵犯国家对林木资源的管理制度出发，只有认定被告人黄某琳的行为构成盗伐林木罪的既遂并依法惩处，才能体现国家对环境资源的保护力度，实现法律的公平正义。

编写人：广西壮族自治区钦州市中级人民法院　赵丽娟

40

因滥伐林木而修路不构成滥伐林木牵连犯从重处罚，而应认定盗伐林木与非法占用农用地罪数罪并罚

——张某东等滥伐林木、非法占用农用地案

【案件基本信息】

1. 裁判书字号

湖北省黄冈市中级人民法院（2019）鄂11刑终16号刑事裁定书

2. 案由：滥伐林木罪、非法占用农用地罪

【基本案情】

被告人张某东、刘某荣、王某飞、卢某军4人在办理林木采伐许可证196.8立方米的情况下，于2016年9月至2017年3月组织民工在黄梅县五祖镇木桥村大坡尖山砍伐树木，经鉴定，大坡尖山采伐林地面积23.29公顷，采伐林木蓄积1889立方米。经黄梅县森林公安局调查取证核减后，张某东等4人在五祖镇木桥村滥伐林木案中各人实际参与采伐林木数量分别为：张某东采伐林木蓄积1719.53立方米；刘某荣采伐林木蓄积1719.53立方米；王某飞采伐林木蓄积1719.53立方米；卢某军采伐林木蓄积1327.64立方米。被告人张某东、刘某荣、王某飞3人为方便将砍伐的树木外运，在没有办理征占用林地手续的情况下，于2014年至2016年组织钩机在五祖镇木桥村木桥林场沿线大坡尖山地和龙潭至火蛇林场及火坪药材林场沿线山地挖山修路，改变林地用途，造成大量林地被毁坏。经鉴定，未经批准占用林地总面积1.5738公顷（23.607亩）。

【案件焦点】

因滥伐林木而修路是构成滥伐林木牵连犯从重处罚，还是盗伐林木与非法占用农用地罪数罪并罚。

【法院裁判要旨】

湖北省黄冈市黄梅县法院经审理认为：被告人张某东、刘某荣、王某飞分别实施两种行为滥伐林木和非法占用农用地，造成了林地大量毁坏，侵犯了国家保护林业资源的管理制度和国家对农用地的管理制度两种客体，且3名被告人主观上均表现为故意，故对被告人张某东、刘某荣、王某飞分别以滥伐林木罪和非法占用农用地罪，实行数罪并罚。被告人张某东、卢某军、王某飞犯罪后均主动到公安机关投案，如实供述其犯罪事实，均系自首，可依法从轻处罚。被告人刘某荣到案后，如实供述自己的犯罪事实，是坦白，可对其从轻处罚。被告人王某飞在五祖镇木桥村滥伐林木、王某非法收购滥伐的林木等案件侦办中有立功表现，可对其减轻处罚。4名被告人均有退缴部分违法所得，补植复绿恢复生态等悔罪表现，可以酌情从轻处罚。综合考虑被告人卢某军的犯罪情节、社会危害程度以及犯罪后认罪、悔罪等情况，对其判处缓刑不致再危害社会，且其所居住的社区也同意对其进行监管，可对其适用非监禁刑，依法实行社区矫正。

湖北省黄冈市黄梅县法院依照《中华人民共和国刑法》第三百四十五条第二款，第三百四十二条，第二十五条，第二十六第一款，第二十七条，第六十七条第一款、第三款，第六十八条，第六十三条第一款，第七十二条第一款，第七十三条第二款、第三款，第六十四条，六十一条之规定，参照《最高人民法院关于审理破坏森林资源刑事案件具体应用法律若干问题的解释》第五条第一款第二项、第六条，《湖北省高级人民法院关于确定盗伐林木罪、滥伐林木罪数额认定标准的通知》第二条之规定，作出如下判决：

一、被告人张某东犯滥伐林木罪，判处有期徒刑三年，并处罚金5万元；被告人张某东犯非法占用农用地罪，判处有期徒刑一年，并处罚金1万元，合并决定执行有期徒刑三年六个月，并处罚金6万元；

二、被告人刘某荣犯滥伐林木罪，判处有期徒刑三年，并处罚金5万元；被告人刘某荣犯非法占用农用地罪，判处有期徒刑一年，并处罚金1万元，合并决定执行有期徒刑三年六个月，并处罚金6万元；

三、被告人卢某军犯滥伐林木罪，判处有期徒刑一年，缓刑二年，并处罚金1万元；

四、被告人王某飞犯滥伐林木罪，判处有期徒刑二年，并处罚金5万元；被告人王某飞犯非法占用农用地罪，判处有期徒刑十个月，并处罚金1万元，合并决定执行有期徒刑二年三个月，并处罚金6万元；

五、对被告人张某东、刘某荣、王某飞各自退缴的违法所得十万元，被告人卢某军退缴的违法所得1.5万元，予以没收。由收缴机关黄梅县森林公安局上缴国库。

判决宣告后，被告人张某东、刘某荣、王某飞不服提出上诉。

湖北省黄冈市中级人民法院经审理认为：3名被告在客观上分别实施了两种犯罪行为，且侵犯了国家保护林业资源及农用地的两种不同管理制度，属不同客体。再次牵连犯是指犯罪手段行为与结果行为或者目的行为与原因行为均触犯了不同的罪名，而本案中3名上诉人滥伐林木的行为与非法占用农用地两者之间不是必然的原因或手段。故其上诉理由不能成立，驳回张某东、刘某荣、王某飞上诉，维持原判。

【法官后语】

本案处理重点主要在于盗伐林木与非法占用农用地之间是否具有牵连关系。根据刑法相关理论的规定，牵连犯是指以实施某一犯罪为目的，而其犯罪的行为或者结果行为又触犯了其他罪名的犯罪形态。构成牵连犯须具备以下条件：(1) 必须有两个以上的数个危害行为；(2) 数个行为之间必须具有牵连关系，所谓牵连关系是指行为人实施的数个行为之间具有手段与目的或者原因与结果的关系；(3) 数个行为必须触犯不同的罪名。

本案中，被告人在客观上虽分别实施了两种犯罪行为，且侵犯了国家保护林业资源的管理制度和国家对农用地的管理制度两种不同的客体，但牵连犯要求数个行为之间必须具有牵连关系，牵连关系包括手段与目的的牵连和原因与结果的牵连两种，手段与目的的牵连如通过伪造公文、印章实施诈骗，伪造行为是手段行为，诈骗行为是目的行为。本案中，滥伐林木的行为与非法占用农用地两者之间不是必然的原因或手段。在客观因素方面，牵连犯的客观因素以刑法上的“实行行为”为标准予以认定，即只有一个犯罪行为在刑法上被包含于另一个犯罪的实行行为之中时，才足以认定具备牵连关系之客观要素。在滥伐林木罪中，被告人违反森林法及其他保护森林法规，未经林业主管部门批准并核发采伐许可证，或者虽持有采伐许可证但未按照采伐许可证规定的地点、数量、树种、方式采伐本单位所有或管理的及本人自留山的森林或者其他林木，而非法占用农用地罪是指违反土地管理法规，非法占用耕地、林地等农用地，改变被占用土地用途，数量较大，造成耕地、林地等农用地大量毁坏的，因此滥伐林木并不包括非法占用行为。反过来，非法占用行为更加不可能成为滥伐林木行为的手段行为。同时，本案中，被告人的目的在于通过滥伐行为获取经济利益，从逻辑上讲，被告人的行为也不构成原因和结果行为，所以说，被告人的两个行为之间不存在牵连关系。

实践中存在滥用牵连犯的倾向，往往对一人实施的数个行为之间只要存在牵连，只要行为辩解主观上有为实施另一行为的想法，便认定为牵连犯。这种仅凭主观认定的倾向在实践中弊病较多。办案实践中，应注意区分行为类型，只有当某种手段通常用于实施某种犯罪，或者某种原因行为通常导致某种结果行为时，才能认定为牵连犯。

编写人：湖北省黄冈市黄梅县人民法院　严真真

41

破坏环境资源犯罪案件中的生态修复与保护

——郝某红、张某非法占用农用地案

【案件基本信息】

1. 裁判书字号

河南省安阳市汤阴县人民法院（2019）豫0523刑初298号刑事附带民事判决书

2. 案由：非法占用农用地罪

【基本案情】

2017年冬季，在未经县级以上人民政府审批，也未办理合法用地手续的情况下，被告人郝某红、张某在汤阴县菜园镇西尧会村东南地由石某芹、张某全、刘某荣、王某青4户村民承包的耕地上非法取土，使该处耕地遭到破坏。2018年6月，经安阳市国土资源局鉴定，非法取土占用耕地9278.07平方米（合13.917亩），耕地类型为一般耕地。郝某红、张某非法取土行为已造成菜园镇西尧会村9278.07平方米耕地的种植条件被严重毁坏。经汤阴县价格认证中心认定，被告人郝某红、张某非法取土占用耕地回填土方复垦费用为252389元。案发后，被告人郝某红的家属缴纳复垦费用3万元，被告人张某缴纳复垦费用3万元。

【案件焦点】

在损害社会公共利益的刑事案件中，在对被告人处以刑事处罚的同时，如何做好生态环境的保护与修复工作，更好地维护社会公共利益。

【法院裁判要旨】

河南省安阳市汤阴县人民法院经审理认为：被告人郝某红、张某违反土地管理法规，非法占用耕地9278.07平方米，造成耕地大量毁坏，其行为均已构成非法占用农用地罪。郝某红、张某系共同故意犯罪，在共同犯罪中分工负责，积极参与，均起主要作用，均系主犯。郝某红、张某认罪态度较好，主动缴纳部分复垦费用，可从轻处罚。郝某红、张某非法占用耕地取土，造成耕地大量毁坏，侵害了社会公共利益，对其犯罪行为造成的后果，依法应承担民事责任。鉴于两名被告人目前不能恢复原状，故对附带民事公益诉讼起诉人要求两名被告人承担土地复垦费用252389元的请求，予以支持。附带民事公益诉讼起诉人要求两名被告人在汤阴县级媒体上公开赔礼道歉的诉讼请求，符合法律规定，予以支持。

综合两名被告人的犯罪情节、认罪态度、社会危害性等因素，依照《中华人民共和国刑法》第三百四十二条，第二十五条第一款，第二十六条第一款、第四款，第六十七条第三款，第五十二条，《中华人民共和国侵权责任法》第六条第一款，第十五条第一款第六项和第七项、第二款的规定，汤阴县人民法院于2019年11月18日作出（2019）豫0523刑初298号刑事附带民事判决：

一、被告人郝某红犯非法占用农用地罪，判处有期徒刑一年，并处罚金5000元；

二、被告人张某犯非法占用农用地罪，判处有期徒刑九个月，并处罚金5000元；

三、被告人郝某红、张某共同承担土地复垦费用252389元（已履行的6万元在执行中予以扣除）；

四、被告人郝某红、张某在判决生效后10日内在汤阴县级媒体上赔礼道歉。

一审宣判后，二被告人均未提起上诉，该判决现已发生法律效力。

【法官后语】

刑事附带民事公益诉讼是指具有程序性诉讼实施权的检察院在针对特定领域损害公共利益的犯罪行为提起刑事公诉时，附带向审理刑事案件的法院提起的请求判令致使公益利益受到损害的有责主体承担民事责任的诉讼。《最高人民法院、最高人民检察院关于检察公益诉讼案件适用法律若干问题的解释》第二十条第一款规定："人民检察院对破坏生态环境和资源保护，食品药品安全领域侵害众多消费者合法权益，侵害英雄烈士等的姓名、肖像、名誉、荣誉等损害社会公共利益的犯罪行为提起刑事公诉时，可以向人民法院一并提起附带民事公益诉讼，由人民法院同一审判组织审理。"刑事附带民事公益诉讼实现了严厉打击破坏生态与生态修复的双重功能。让被告人承担自己造成民事公益受损的恢复责任，不仅可以实现恢复耕地、草原、补种树木等司法效果，减轻刑事犯罪行为的危害后果，还可以让被告人更清醒地意识到其犯罪行为的危害程度，反而更有利于刑事案件的公正处理。可见，追究刑事责任时一并科以非刑罚责任，如科以民事责任，将提升刑事诉讼保护法益和民事公益诉讼保护公益的客观效果。

该案中法院对于两名被告人非法占用农用地的犯罪行为在依据刑法相关规定给予刑事处罚的同时，依据《中华人民共和国侵权责任法》的相关规定判处二人承担土地复垦费用的民事责任，并要求其在县级媒体上公开赔礼道歉。此判决具有惩治破坏生态环境和资源犯罪、维护公众环境权益、警醒潜在环境侵权者的标志性意义，通过此案的刑事附带民事公益诉讼，也达到了"办理一案、警示一片"的效果。唯有如此，才能更好地警示、教育公众重视生态环境和资源保护，才能绿水青山永葆，美丽永恒。

编写人：河南省安阳市中级人民法院　邢霞

河南省安阳市汤阴县人民法院　沈海宝　刘楠

42

非法收购人工驯养繁殖的珍贵、濒危野生动物，是否构成犯罪

——李某非法收购珍贵、濒危野生动物案

【案件基本信息】

1. 裁判书字号

江苏省如皋市人民法院（2019）苏0682刑初97号刑事判决书

2. 案由：非法收购珍贵、濒危野生动物罪

【基本案情】

被告人李某为饲养新奇宠物，在未依法取得国家相关许可证件的情况下，通过微信向他人购买驯养繁殖的鳄鱼2只，后自行饲养。经鉴定，该2只鳄鱼均为暹罗鳄，被列入《濒危野生动植物种国际贸易公约》附录1。案发后，被告人李某自动投案，并能如实供述自己的罪行。公安机关自被告人李某处扣押其主动上交的暹罗鳄2只，寄养于某庄园。

根据《濒危野生动植物种国际贸易公约》附录1，暹罗鳄为鳄目鳄科，与《最高人民法院关于审理破坏野生动物资源刑事案件具体应用法律若干问题的解释》附表中的国家一级保护野生动物扬子鳄（鳄目鼍科）为同目不同科；该附表中没有与暹罗鳄同科或同属的国家一、二级保护野生动物。

【案件焦点】

1. 人工驯养繁殖的珍贵、濒危野生动物是否可以成为非法收购珍贵、濒危野生动物罪的犯罪对象；2. 非法收购《濒危野生动植物种国际贸易公约》中的保护动物的量刑情节如何认定。

【法院裁判要旨】

江苏省如皋市人民法院经审理认为：被告人李某违反野生动物保护法规，非法收购珍贵、濒危野生动物暹罗鳄，其行为已构成非法收购珍贵、濒危野生动物罪。被告人李某犯罪以后自动投案，并如实供述自己的罪行，系自首，可以从轻处罚。被告人李某自愿认罪认罚，可以依法从宽处理。综合被告人李某的犯罪事实、性质、情节及社会危害性，可以对其适用缓刑。

江苏省如皋市人民法院依照《中华人民共和国刑法》第三百四十一条第一款，第六十七条第一款，第七十二条第一款、第三款，第七十三条第二款、第三款，第六十四条，《中华人民共和国刑事诉讼法》第十五条，《最高人民法院关于审理破坏野生动物资源刑事案件具体应用法律若干问题的解释》第一条，作出如下判决：

一、被告人李某犯非法收购珍贵、濒危野生动物罪，判处有期徒刑一年六个月，缓刑二年，并处罚金1万元；

二、公安机关自被告人李某处扣押的暹罗鳄2只，予以没收，由该局依法处理。

当事人未上诉，检察院未抗诉，该判决现已发生法律效力。

【法官后语】

本案是涉野生动物资源犯罪的案件，此类案件易引发争议的问题主要有二：一是人工驯养繁殖的珍贵、濒危野生动物是否应当受到刑法保护；二是此类犯罪如何量刑。

1. 非法收购人工驯养繁殖珍贵、濒危野生动物的，应以非法收购珍贵、濒危野生动物罪论处

对于人工驯养繁殖的珍贵、濒危野生动物是否可以成为本罪的犯罪对象，争议颇多。第一种意见认为，人工驯养繁殖的野生动物可大量繁衍，对其经营利用不会对生态法益造成侵害，故不在本罪保护范围内。对李某行政处罚即可，无须处以刑罚。第二种意见认为，暹罗鳄被列入《人工繁育国家重点保护陆生野生动物名录（第一批）》，根据《中华人民共和国野生动物保护法》第二十八条的规定，在履行审批手续的情况下，凭专用标识可以出售和利用，故李某的行为系行政违法，不构成犯罪。第三种意见认为，暹罗鳄被列入《濒危野生动植物种国际贸易公约》附录1，虽是驯养繁殖的物种，根据《最高人民法院关于审理破坏野生动物资源刑事案

件具体应用法律若干问题的解释》的规定，亦属珍贵、濒危野生动物，非法收购的，构成犯罪，但量刑时可酌情考虑。

本案采纳了第三种意见，主要理由如下：

(1) 上述司法解释第一条规定，“珍贵、濒危野生动物”包括列入《濒危野生动植物种国际贸易公约》附录1、2的野生动物及驯养繁殖的上述物种。因此，案涉暹罗鳄属珍贵、濒危野生动物。

(2)《濒危野生动植物种国际贸易公约》附录1、2中的野生动物，按国家重点保护的野生动物管理。该公约附录1、2所列非原产于我国的野生动物，已分别核准为国家一、二级保护野生动物。我国作为公约缔约国，有责任对附录1中的暹罗鳄予以保护。

(3) 人工繁育技术成熟稳定的野生动物，仍需依法管理、贸易。《人工繁育国家重点保护陆生野生动物名录（第一批)》中注明暹罗鳄为依法按照国家重点保护野生动物管理的野生动物，可见仍须按国家重点保护野生动物的相关规范对其管理。此外，商业交易的范围仅限于具有专用标识的人工繁育野生动物及其制品。李某未取得许可，明知暹罗鳄不能随意买卖，仍通过网络购买；出售方未凭专用标识而层层转售，导致难以追溯，无法认定暹罗鳄的来源合法，侵害了野生动物监管秩序。

(4) 人工驯养的野生动物的非法交易会引发疫病和外来物种入侵等公共风险，导致人工驯养甚至纯野生动物流入市场，造成公共卫生安全风险；不科学、不规范的养殖也会严重影响动物福利。

2. 非法收购《濒危野生动植物种国际贸易公约》附录1、2所列的非原产于我国的野生动物，司法解释附表中没有同属或同科的国家一、二级保护野生动物，应认定为一般情形进行量刑

暹罗鳄为鳄目鳄科，司法解释附表中没有同科或同属的国家一、二级保护野生动物，仅有同目的国家一级保护野生动物扬子鳄，是否可以参照扬子鳄的情节认定标准执行。

第一种意见认为，李某的行为系情节特别严重。根据《最高人民法院、最高人民检察院、国家林业局、公安部、海关总署关于破坏野生动物资源刑事案件中涉及的CITES附录Ⅰ和附录Ⅱ所列陆生野生动物制品价值核定问题的通知》（以下简称

《通知》）第一条的规定，可参照同目的扬子鳄的情节认定标准执行，2只即构成情节特别严重。

第二种意见认为，司法解释附表中没有与暹罗鳄同科或同属的物种，依据有利于被告人的原则，李某应认定为一般情形。

该案采纳了第二种意见。《通知》规定的是《濒危野生动植物种国际贸易公约》附录1、2所列动物制品价值的认定标准，涉及非法收购珍贵、濒危野生动物制品罪，该罪以动物制品的价值认定情节。而非法收购珍贵、濒危野生动物罪以动物数量认定情节，二者的入罪标准、情节认定标准均不同，不得随意参照。《濒危野生动植物种国际贸易公约》附录1、2中非原产于我国的野生动物，如司法解释列表中没有同属或同科的国家一、二级保护野生动物，则没有可供参照的标准。根据罪刑法定原则，不得参照同目但不同属或不同科的国家一、二级保护野生动物的认定标准，而应认定为一般情形。

考虑到李某收购2只暹罗鳄后自行饲养，并未对其造成伤害；且收购驯养繁殖的野生动物，社会危害性相对较小；李某自愿认罪认罚，主动上交2只暹罗鳄，未造成暹罗鳄死亡等严重后果。综上，可对李某适用缓刑。

编写人：江苏省如皋市人民法院　张弦

（六）走私、贩卖、运输、制造毒品罪

43

贩卖毒品罪中部分被告人“零口供”定罪

——张某等贩卖毒品案

【案件基本信息】

1. 裁判书字号

湖北省恩施土家族苗族自治州中级人民法院（2019）鄂28刑终100号刑事裁

定书

2. 案由：贩卖毒品罪

【基本案情】

2017 年 9 月至 2018 年 3 月 31 日，被告人朱某毅、张某、李某洪、陈某林、向某权从他人处购买毒品，除自己吸食外，还多次进行贩卖。其中，被告人张某贩卖甲基苯丙胺（俗称冰毒）33 克；被告人朱某毅贩卖甲基苯丙胺 106.51 克，甲基苯丙胺片剂（俗称麻古）0.11 克；被告人李某洪贩卖甲基苯丙胺 17.31 克；被告人陈某林贩卖甲基苯丙胺 6 次共计 2.7 克；被告人向某权贩卖甲基苯丙胺 4 次共计 2.1 克。

1. 被告人张某贩卖甲基苯丙胺的事实。2017 年 12 月至 2018 年 3 月，被告人张某先后多次向陈某、谭某、罗某、郭某伏、赵某、管某、向某权、王某生、杨某、向某贩卖甲基苯丙胺共计 33 克。

2. 被告人朱某毅贩卖甲基苯丙胺的事实。从 2017 年下半年以来，被告人朱某毅多次从他人处购买甲基苯丙胺，除自己吸食外，于 2018 年 3 月 14 日、3 月 15 日先后 2 次向被告人李某洪贩卖甲基苯丙胺共计 8 克。2018 年 4 月 2 日 21 时许，被告人朱某毅被公安民警抓获，现场查获甲基苯丙胺 98.51 克，甲基苯丙胺片剂 0.11 克。

3. 被告人李某洪贩卖甲基苯丙胺的事实。2017 年 9 月至 2018 年 3 月，被告人李某洪从他人处购买毒品，除自己吸食外，先后多次向凌某强等人贩卖甲基苯丙胺 13.1 克。2018 年 3 月 15 日，民警将被告人李某洪抓获，并从其家中查获疑似冰毒 5 袋，重 6.45 克，其中 4.21 克检出甲基苯丙胺成分。

4. 被告人陈某林、向某权贩卖甲基苯丙胺的事实。2018 年 3 月 7 日至 3 月 24 日，被告人陈某林通过张某全、被告人向某权先后 6 次购买甲基苯丙胺计 2.7 克，贩卖给王某，收取王某购毒资金 3500 元，获利 1500 元，其中，分给张某全 50 元，被告人向某权 170 元。

【案件焦点】

贩卖毒品犯罪中部分被告人拒不承认其犯罪的，如何根据在案证据定罪。

【法院裁判要旨】

湖北省利川市人民法院经审理认为：关于被告人张某辩称没有贩卖毒品的意见，经查，虽然被告人张某辩称自己于 2017 年 7 月给其女儿上户口后就未再使用号码为 150 ××××2345 的手机，而将其交给朱某毅使用，但朱某毅当庭予以否认，且证人李某蓉、张某碧和诸多购毒人员均证实被告人张某一直使用该手机，故张某的该辩解理由不成立。起诉指控张某多次向上述购毒人员贩卖甲基苯丙胺，还有微信和支付宝转账记录、购毒人员对张某的辨认笔录、部分购毒人员的检测报告、物证检验报告和张某放置毒品的监控视频等证据予以印证。因此，张某的辩解理由不成立，不予采纳。被告人张某、朱某毅等人违反毒品管理规定，多次向他人贩卖甲基苯丙胺，其行为均已构成贩卖毒品罪，依法应该惩处。

湖北省利川市人民法院根据《中华人民共和国刑法》第三百四十七条第一款、第二款第一项、第三款、第四款、第七款，第三百五十六条，第五十二条，第五十三条，第五十九条第一款，第六十四条，第六十五条第一款，第六十七条第三款，第六十八条和《最高人民法院关于审理毒品犯罪案件适用法律若干问题的解释》第四条第一项，《最高人民法院关于适用财产刑若干问题的规定》第二条第一款，第五条，《最高人民法院关于处理自首和立功具体应用法律若干问题的解释》第五条之规定，作出如下判决：

一、被告人张某犯贩卖毒品罪，判处有期徒刑十三年九个月，并处罚金 5000 元；（刑期从判决执行之日起计算，判决执行前先行羁押的，羁押一日折抵刑期一日，即自 2018 年 4 月 3 日起至 2032 年 1 月 2 日止，所处罚金于本判决生效次日起十日内缴纳。）

二、扣押在案的毒品和电子秤，依法予以没收，由利川市公安局依法处理。

被告人张某持原审辩解提起上诉。

湖北省恩施土家族苗族自治州中级人民法院经审理认为：张某提出的上诉理由与其在原审的辩解和辩护意见完全一致，原判决已对其辩解作了详尽的评判，故支持原判决的意见，不再重复评判。湖北省恩施土家族苗族自治州中级人民法院依照《中华人民共和国刑事诉讼法》第二百三十六条第一款第一项的规定，作出如下裁定：

驳回上诉，维持原判。

【法官后语】

本案处理重点主要在于对被告人张某不承认犯罪事实，“零口供”如何定罪的问题。《中华人民共和国刑事诉讼法》第五十五条第一款规定：“对一切案件的判处都要重证据，重调查研究，不轻信口供。只有被告人陈述，没有其他证据的，不能认定被告人有罪和处以刑罚；没有被告人供述，证据确实、充分的，可以认定被告人有罪和处以刑罚。”根据该条的规定，没有被告人供述一般情况下不予认定有罪和处以刑罚，但侦查机关侦查的证据确实充分，形成完整的证据能够证明有罪，法院依据证据材料即可作出有罪判决。

具体到本案，张某到案后，心存侥幸，不承认贩卖毒品事实，其辩解理由是未使用侦查机关侦查出的买卖毒品的联系方式，在两人非至亲好友的前提下，将用自己的身份信息办理的手机号码交给他人使用不符合常理，且使用人当庭否认，张某也无任何证据证明；同时张某采用高度隐蔽的方式交接物品，明显违背合法物品惯常交接方式；张某隐匿物品视频中放置的地点与购毒人员领取毒品的地址完全一致；且微信、支付宝等转账记录与其贩卖毒品的时间、数量高度契合；结合吸食毒品人员精神正常情况下的辨认、张某曾因贩卖毒品被判刑等情况，综合分析后判断可以认定张某符合贩卖毒品罪的构成要件。

这里需要表明的是，虽然现阶段刑事案件是“重证据、轻口供”的原则，实践中，如果只有口供，没有其他证据，便无从辨别口供的真假，一旦被告人翻供，裁判就失去依据；没有口供，审理都会慎之又慎，裁判更之。既然有常态，就不排除有例外，倘若推定的事实仅无被告人供述，其他均具有高度盖然性，排除或然性，被告人对推定的事实也没有作出除犯罪行为外的合理解释，那么推定的事实就应该被认可，而非犯罪者零口供就不认定其犯罪罪行。以审判为中心的刑事诉讼制度改革，运用庭审实质化深挖犯罪行为，严格按照程序审理那些被告人不认罪和疑难复杂的案件，这样既有助于提高刑事审判的质量、效率和公信力，也有利于从本质上实现法律面前人人平等以及刑事司法的公平性。

编写人：湖北省利川市人民法院　汪小月

44

居间介绍买卖毒品未获利行为的认定

——杨某贩卖毒品案

【案件基本信息】

1. 裁判书字号

江苏省连云港市中级人民法院（2019）苏07刑终418号刑事裁定书

2. 案由：贩卖毒品罪

【基本案情】

2017年5月某日傍晚，被告人杨某替蒋某芹电话联系王某，并为蒋某芹带路至王某住处，蒋某芹以2200元的价格将6克甲基苯丙胺（俗称冰毒）出售给王某。为表示感谢，蒋某芹给付杨某0.3克甲基苯丙胺用于吸食。

案发后，被告人杨某在接受公安机关询问时如实陈述了自己的犯罪行为。

【案件焦点】

居间介绍买卖毒品未获利应如何定性。

【法院裁判要旨】

江苏省连云港市灌南县人民法院经审理认为：被告人杨某伙同蒋某芹违反国家对毒品的管理规定，非法销售毒品甲基苯丙胺6克，其行为已构成贩卖毒品罪，且属共同犯罪。在共同犯罪中，被告人杨某起次要作用，是从犯，依法应当从轻处罚。

江苏省连云港市灌南县人民法院根据被告人杨某犯罪的事实、犯罪的性质、情节和社会危害度，依照《中华人民共和国刑法》第三百四十七条第一款、第四款，第三百五十六条，第六十五条第一款，第二十五条第一款，第二十七条，第六十七条第一款，第五十二条，第五十三条之规定，作出如下判决：

被告人杨某犯贩卖毒品罪，判处有期徒刑二年，并处罚金1万元。

杨某不服，提出上诉。

江苏省连云港市中级人民法院经审理认为：关于辩护人提出的杨某没有获得金钱利益，请求对杨某从轻处罚的辩护意见，经查，金钱利益不是贩卖毒品罪的构成要件，杨某替蒋某芹联系王某并把蒋某芹带至王某家进行交易，事后蒋某芹给杨某毒品作为好处，杨某的行为构成贩卖毒品罪。

江苏省连云港市中级人民法院依照《中华人民共和国刑事诉讼法》第二百三十六条第一款第一项之规定，作出如下裁定：

驳回上诉，维持原判。

【法官后语】

毒品买卖大多采取流动、隐蔽的方式进行，因此，往往存在居间介绍人。他们作为贩毒者与购毒者的“桥梁”，或帮助贩毒者出售毒品，或帮助购毒者购买毒品，居间介绍人的行为使毒品卖家与买家之间的交易得以实现，是毒品交易活动中重要组成部分。居间介绍买卖毒品，是指行为人自身不拥有毒品，也不向他人购买毒品，而是在毒品销售者和具有购买毒品意图的人之间进行传递信息、联络双方，促使毒品交易完成的行为。

关于贩卖毒品罪的既遂标准，在理论上有以下三种观点：(1) 契约说。贩卖毒品罪的既遂以买卖双方意思达成一致，即以毒品买卖契约的达成为标志，至于是否已经交付或者已经付费在所不问。(2) 进入交易说。即以毒品是否进入交易环节为准，至于行为人是否已将毒品出售获利，或是否已实际成交，不影响本罪既遂。(3) 实际交付说。即以毒品的实际交付作为既遂的标准。本文认同实际交付说，至于买卖双方是否达成协议或者支付对价，或者从中获利，并不影响贩卖毒品罪的成立。本案中，被告人杨某为贩毒者介绍交易对象，并为贩毒者带路前往购毒者家中，使得贩卖毒品交易顺利进行，被告人虽然没有牟利的意图和获得实质的经济利益，但是被告人明知其是为贩毒者出卖毒品而提供帮助，不论是否从中获利，其行为都构成贩卖毒品罪，与毒品贩卖者一方构成共同犯罪。原因在于贩卖毒品的行为必须有买方和卖方才能进行，居间介绍毒品买主的行为正是贩卖毒品的一个重要表现形式，是否获利不是贩卖毒品罪的构成要件，居间介绍人主观上具有明知是毒品而帮助他人贩卖的故意，客观上实施了帮助他人贩卖毒品的行为。在贩卖过程中，与毒品所有人形成了贩卖毒品的共同故意，与贩毒者构成贩卖毒品罪的共同犯罪。

编写人：江苏省连云港市灌南县人民法院　姜怀玉

45

非法持有毒品罪的认定

——宣某非法持有毒品案

【案件基本信息】

1. 裁判书字号

云南省江城哈尼族彝族自治县人民法院（2019）云0826刑初76号刑事判决书

2. 案由：非法持有毒品罪

【基本案情】

2019年2月26日，被告人宣某驾驶一辆红色无牌号普通二轮摩托车，从老挝丰沙里省约乌县兰堆坊欲前往本国八家寨子。当日9时40分许，当其行驶途中过境中老8-1号界碑附近的中国境内时，被我国江城县边境管理大队曼滩执勤点的巡逻民警抓获，当场从其外衣左侧内口袋查获毒品甲基苯丙胺2包，净重40.06克。

【案件焦点】

被告人宣某的行为应当认定为运输毒品行为还是非法持有毒品的行为，如何根据在案证据定罪。

【法院裁判要旨】

云南省江城哈尼族彝族自治县人民法院审理认为：被告人宣某违反中国对毒品的特殊管制，非法持有毒品甲基苯丙胺40.06克，违反《中华人民共和国刑法》的有关规定，其行为已构成非法持有毒品罪，依法应予惩处。云南省江城哈尼族彝族自治县人民检察院对被告人宣某犯运输毒品罪提取公诉，其辩护人认为被告人宣某系吸毒人员，所携带的毒品是为了自己吸食，虽然携带的毒品属运输状态，但其客观上不属于运输毒品的行为，应当以非法持有毒品罪对其定罪处罚。且被告人宣某系初犯、偶犯，建议法庭对其在二年以下有期徒刑幅度内判处刑罚。被告人宣某在其外衣左侧口袋内非法携带的毒品在查获时虽然是处于运动状态，但其行驶的路线及欲到达的目的地是老挝八家寨子，只是过境中国，查明的证据不能证明其是为了实施走私、贩卖毒品等其他犯罪，且毒品数量未达到较大以上。本案定性为运输毒品罪不符合立法本意且违背罪责刑相适应的刑法原则。公诉机关指控被告人宣某构成运输毒品罪，建议对其判处七年至十二年有期徒刑并处罚金的量刑意见，法院不予支持。被告人宣某到案后，能够如实供述其的犯罪事实，有坦白情节，依法可以从轻处罚。辩护人提出的被告人宣某的行为应定性为非法持有毒品罪的辩护意见，与法律规定相符合，法院予以采纳。被告人宣某非法持有毒品，其行为构成非法持有毒品罪，依法应予惩处。云南省江城哈尼族彝族自治县人民法院依照《中华人民共和国刑法》第三百四十八条、第三十五条、第六十七条第三款、第五十二条、第五十三条、第四十七条、第六十四条之规定，作出如下判决：

一、被告人宣某犯非法持有毒品罪，判处有期徒刑二年，并处罚金4000元，附加驱逐出境；

二、查获的毒品甲基苯丙胺净重40.06克，依法予以没收。

【法官后语】

本案处理的重点在于对被告人的行为应当认定为非法持有毒品罪还是运输毒品罪。所谓“持有”，是指占有、携有、藏有或者以其他方式持有毒品的行为。关于持有的法律属性，国内外学者普遍认为，持有是与作为、不作为相并列的第三种犯罪态样。持有不属于行为，而属于事态。事态即事物的状态，它与行为不是一个层次上的概念。非法持有毒品既包括静态的持有，如将毒品藏在某个地方；也包括动态的持有，如行为人携带毒品在交通工具上，从甲地到乙地，具有空间位移的情形。行为人对毒品要有事实上的支配能力，包括静态和动态意义上的。它不要求行为人对其所持有的毒品享有所有权，也不要求行为人将毒品握在手中或放在身上。“运输”是一种非法运送行为，赋予运输毒品罪的“运输”以特殊的刑法含义，即只有为了贩卖、走私毒品或者以其他方式扩散毒品，或者为了帮助他人贩卖、走私毒品或者以其他方式扩散毒品而将毒品从甲地带至乙地的行为才能成为本罪所称的“运输”。

《中华人民共和国刑法》中将运输毒品的行为与走私、贩卖、制造毒品的行为排列规定在一起，是供选择使用的罪名，从立法本意看，应当认为其社会危害性与其他三种行为的危害性相当，因此，处罚标准一致。换言之，只有当运输毒品成为走私、贩卖、制造毒品一个必不可少的中间环节时，即缺少运输毒品就无法实施走私、贩卖、制造毒品时，运输毒品才具有与走私、贩卖、制造毒品相当的危害性，才可以同罚。而出于其他目的运输毒品时，如出于吸食、窝藏目的而移动毒品，其行为的社会危害性显然要低于走私、贩卖、制造毒品的危害性，不能认定为运输毒品罪。因此，非法持有毒品罪和运输毒品罪的主要区别表现在于，持有毒品行为人的主观方面无法证明是非法持有毒品罪成立的必要条件，也是和运输毒品罪区别的重要标志。

非法持有毒品罪是运输毒品罪的补充罪名，只有行为人不以进行运输毒品犯罪为目的或者作为运输毒品犯罪的延续而存在时，才能以非法持有毒品罪定罪处罚。实际上，两罪存在着一般和特殊的关系，运输毒品在客观上必然表现为非法持有毒品的行为，存在一定的竞合关系。不能以是否在运输环节起获毒品而确定，而应重点考量行为人运输的目的和意图。动态非法持有毒品和运输毒品在客观方面虽都存在使毒品产生位移的特征，但行为人的主观目的和意图不尽相同。不能认为凡是在运输工具上或候车场所中携带毒品都是运输毒品，也不能以起获毒品是否在运输环节区分。认定运输毒品罪，就必须查明行为人为什么运输毒品、为谁运输毒品，把毒品运到什么地方交给什么人。承认运输毒品罪的“运输”具有目的性这一特殊刑法含义，才能有效解决对于动态持有毒品行为的定性困惑。在不能有效证明行为人没有运输毒品主观故意的情况下即认定其犯有运输毒品罪，属于有罪推定。如果有证据证实行为人是为了自己吸食或为他人代买仅用于吸食的毒品而使毒品处于运输过程中的，或者根据已查获的证据，无法证实行为人是实施运输毒品犯罪或实施其他毒品犯罪的，应当以非法持有毒品罪论处。

编写人：云南省江城哈尼族彝族自治县人民法院　徐钱凤

46

运输毒品犯罪中被告人主观上是否明知同行人携带有毒品的证据审查判断问题

——刘某、石某明运输毒品案

【案件基本信息】

1. 裁判书字号

广州铁路运输中级法院（2019）粤71刑终27号刑事判决书

2. 案由：运输毒品罪

【基本案情】

2018年12月8日8时许，被告人刘某、石某明在宏基花园小区旁的永跃生鲜连锁超市购买两袋香果奶脆糖、一包冰糖等商品后，共同搭乘网约车到邵东高铁站，准备从邵东乘坐高铁前往苏州。途中，被告人刘某、石某明在网约车后座，二人将香果奶脆糖袋内的奶糖换成冰糖装入，并用打火机重新烫封。当日9时2分许，被告人刘某和石某明到达邵东高铁站。9时12分许，被告人石某明先行进站，两分钟后被告人刘某进站。9时18分许，民警在候车室将被告人刘某抓获并带至公安执勤室，从其腰间右侧皮带内发现一个香果奶脆糖包装袋，内有六小包用透明塑料封口袋包装的无色晶状物。被告人刘某主动交代无色晶状物系冰毒，并指认其同行人。随即，民警在候车室将被告人石某明带至公安执勤室，从其上衣左侧口袋中发现一个香果奶脆糖果袋，封口有烫烧痕迹，内有无色晶体状固体，被告人石某明自述为冰糖。经称量，被告人刘某携带的无色晶状物，共计144.25克；被告人石某明携带的无色晶体状固体称重240.76克。被告人刘某携带的无色晶状物均检出甲基苯丙胺成分，被告人石某明携带的无色晶体状固体未检出甲基苯丙胺成分。

【案件焦点】

被告人石某明主观上明知同行被告人刘某携带的是毒品的证据审查判断问题。

【法院裁判要旨】

长沙铁路运输法院经审理认为：被告人刘某明知是毒品而非法携带含有甲基苯丙胺成分的毒品 144.25 克乘坐高铁列车进行运输，其行为已构成运输毒品罪。公诉机关指控石某明犯运输毒品罪的事实不清，证据不足；指控刘某、石某明受人指使购置甲基苯丙胺准备运往苏州，仅有刘某的供述，没有其他证据予以印证，不能成立。由于刘某对石某明的指认、揭发无其他证据予以印证，刘某不具有立功情节。刘某归案后能如实供述自己的罪行，自愿认罪认罚，可以从轻处罚。依照《中华人民共和国刑法》第三百四十七条第一款、第二款第一项、第六十七条第三款、第五十九条、第六十四条，《中华人民共和国刑事诉讼法》第二百条第一款第三项之规定，作出如下判决：

一、被告人刘某犯运输毒品罪，判处有期徒刑十五年，并处没收财产 1 万元；

二、被告人石某明无罪；

三、扣押的涉案毒品，依法予以没收；扣押的被告人的个人物品，依法予以返还。

长沙铁路运输检察院抗诉认为：原审判决对被告人石某明的犯罪事实认定错误，法律适用错误，导致石某明有罪判无罪；对被告人刘某部分犯罪事实未予认定，立功、从犯情节未予认定，适用法律错误，导致量刑畸重。

1. 刘某、石某明受人指使而购买、运输毒品的事实，除刘某的供述外，还有石某明的供述，刘某、石某明及相关人员电话通话记录，银行取款记录，微信转账凭证，购票记录，视频监控资料等证据证实。原审判决认为公诉机关对这一事实的指控不能成立，系事实认定错误和证据采信错误。

2. 石某明明知刘某携带毒品，且实施了配合、帮助、掩护行为，其关于不明知是毒品的供述是虚假的、不合常理，是拒不认罪的表现。原审判决认定指控石某明犯运输毒品罪的事实不清，证据不足，系事实认定错误、证据采信错误、定罪错误。

3. 原审判决未对刘某的立功情节和刘某、石某明均系从犯情节予以认定，以致量刑明显不当，对刘某量刑畸重。（1）刘某协助公安人员抓获石某明，应当认定为立功；（2）刘某、石某明系受人指使实施运输毒品犯罪，应当认定在逃的指使者系主犯，刘某和石某明系从犯。

4. 原审判决未认定刘某、石某明共同犯罪，刘某系从犯且具有立功情节，导致适用法律错误。

广东省人民检察院广州铁路运输分院支持抗诉。

广州铁路运输中级法院经审理认为：本案现有证据不足以证实刘某、石某明系受人指使购买、运输毒品以及本案系共同运输毒品犯罪，抗诉机关就此提出的抗诉理由，不能成立。依照《中华人民共和国刑事诉讼法》第二百三十六条第一款第一项的规定，作出如下裁定：

驳回抗诉，维持原判。

【法官后语】

本案中除同案人刘某的供述外，并无其他证据来证明被告人石某明吸食毒品或明知是毒品。因此，认定本案事实的重要突破口就是要综合全案证据，对两名被告人的供述进行正确的分析判断。

1. 被告人刘某的口供是否可信

根据《中华人民共和国刑法》第六十八条的规定，犯罪分子有揭发他人犯罪行为，查证属实的，或者提供重要线索，从而得以侦破其他案件等立功表现的，可以从轻或者减轻处罚；有重大立功表现的，可以减轻或者免除处罚。法院不对被告人刘某的指认作出是否系真实供述的判断，原因在于此时被告人刘某与被告人石某明系利害关系人，被告人刘某的指认一旦成立，极可能具有立功情节可以从轻或减轻处罚。因此，被告人刘某的供述应当还要有其他的证据予以佐证，否则就是孤证，依法应当不予采信。

2. “零口供”案件如何进行审查

“零口供”是指在刑事诉讼中，犯罪嫌疑人、被告人对自己的犯罪行为只作无罪辩解，拒绝作有罪供述或保持沉默、缄口不言的情形。被告人石某明从第一次在公安机关的讯问直至到法庭上受审，均不承认自己主观上明知同行的被告人刘某携带的是毒品。依据审讯惯例，被告人归案后，第一时间面对公安机关强大的心理攻势，基本都会在第一次讯问过程中交代犯罪事实，而随着时间的推移，被告人心理慢慢铸就防线，有些被告人就开始进行翻供。被告人石某明从被公安机关抓获后至开庭审理一直是无罪辩解，这不符合一个20多岁没有吸毒和犯罪前科的人心理素质和反侦察能力。根据他的阅历和年纪看，现有的证据并不充分，本案中应当慎重推断。

3. 无法对自己行为作出合理解释是否能作为定罪标准

被告人石某明对于其在网约车后座参与改换冰糖包装的行为和在进站前观察候车室的行为不能作出合理解释，但本案中并无其他证据能够证实被告人石某明明知是毒品而参与运输，依据毒品犯罪案件证据标准，本案证据不足，不能当然得出其明知被告人刘某携带毒品，并参与共同运输的结论。

4. 如何判断被告人石某明是否明知是毒品

被告人石某明案发时才22岁，无吸毒前科，其关于不认识“毒品”的辩称具有合理性。假设案发前一晚购买了毒品（该事实为公诉指控），为什么不是当晚对毒品进行伪装而是要等到第二天前往火车站的时候在网约车上进行伪装。且被告人刘某明知自己系吸毒人员，还将毒品藏匿于自己身上，并不符合常识。被告人刘某让石某明把冰糖放在腰间，但是石某明直接把冰糖很随意放在口袋带进站了。被告人石某明在候车室眼见被告人刘某被公安机关带入执勤室后并未逃走，而是原地不动。综合公诉机关认定的“被告人反常表现”，其实都可以从辩方的立场上作出对被告人有利的解释。至少，这些“反常表现”，不应作为“推定”被告人“明知”的依据。

5. 疑案处理原则

根据《中华人民共和国刑事诉讼法》的规定，“有罪”的标准应当是“事实清楚，证据确实、充分”。该项标准要求达到客观上“事实清楚”、主观上“确信无疑”，重在强调主客观的统一。本案的同案犯供述实施犯罪的关键情节缺乏其他证据印证，在案证据未形成完整证据链证明被告人石某明实施了犯罪行为，公诉机关提出的据以定罪的证据没有达到确实、充分的法定证明标准。一审法院对保障人权与严惩犯罪进行了充分、慎重的考量，严格遵从“疑罪从无”原则，在既不能证明被告人有罪又不能证明被告人无罪的情况下，从法律上判定被告人无罪，依法作出证据不足、宣告被告人无罪的判决。

编写人：长沙铁路运输法院　贺文仪

47

以吸毒为由被行政拘留的根据实际情况考虑刑期折抵

——黎某同容留他人吸毒案

【案件基本信息】

1. 裁判书字号

广东省罗定市人民法院（2019）粤5381刑初333号刑事判决书

2. 案由：容留他人吸毒罪

【基本案情】

2019年7月12日晚，被告人黎某同容留吸毒人员黄某飞、梁某帮、黄某在其位于罗定市罗城街道北区居委苏屋一巷出租屋的房间内吸食毒品吗啡。2019年7月13日凌晨2时许，黎某同、黄某飞、梁某帮、黄某吸食毒品后在罗城街道中区居委水街小崔美食店吃夜宵时被公安民警抓获，随后公安民警在黎某同居住的出租屋内搜获打火机、锡纸等吸毒用具。经对黎某同、黄某飞、梁某帮、黄某的尿液使用吗啡试剂检测，结果均呈阳性。

另查明，被告人黎某同曾因犯贩卖毒品罪于2015年11月17日被法院判处有期徒刑一年八个月，并处罚金5000元，于2017年3月26日刑满释放。被告人黎某同因吸毒于2019年7月13日被公安机关处以行政拘留十五日并强制隔离戒毒二年，同年7月22日被刑事拘留，同年8月1日被逮捕。

以上事实，由公诉机关提交，并经庭审出示、质证的被告人的供述与辩解、证人证言、物证、书证、勘验、辨认笔录、视听资料等证据证实。

【案件焦点】

2019年7月13日至2019年7月22日被采取行政强制措施期间是否折抵刑期。

【法院裁判要旨】

广东省罗定市人民法院经审理认为：被告人黎某同构成容留他人吸毒罪。公诉机关的指控成立。被告人黎某同有累犯、毒品再犯情节，依法从重处罚；被告人归案后能如实供述主要犯罪事实，可以从轻处罚。公诉机关的量刑建议适当，予以采纳。依照《中华人民共和国刑法》第三百五十四条、第六十五条第一款、第三百五十六条、第六十七条第三款、第五十二条、第五十三条，《中华人民共和国刑事诉讼法》第十五条、第二百零一条的规定，作出如下判决：

被告人黎某同犯容留他人吸毒罪，判处有期徒刑九个月，并处罚金 3000 元。所处罚金在本判决发生法律效力之日起十日内向法院缴纳。（刑期从判决执行之日起计算。判决执行以前先行羁押的，羁押一日折抵刑期一日，即从 2019 年 7 月 13 日起至 2020 年 4 月 12 日止。）

宣判后，被告人认罪服判，本案已发生法律效力。

【法官后语】

本案的争议焦点：行政处罚与刑事处罚非给予同一事实，是否可以在刑事处罚中折抵。

《中华人民共和国行政处罚法》（2017 年）第二十八条规定："违法行为构成犯罪，人民法院判处拘役或者有期徒刑时，行政机关已经给予当事人行政拘留的，应当依法折抵相应刑期。违法行为构成犯罪，人民法院判处罚金时，行政机关已经给予当事人罚款的，应当折抵相应罚金。"本案中，被告人被处以行政拘留的违法事由为吸毒，而被告人被处以刑罚的犯罪行为系容留他人吸毒，不符合《中华人民共和国行政处罚法》第三十五条所规定的情形。但被告人及其容留吸毒的吸毒人员均被当场查处，从被告人的供述及证人证言可知，被告人被查获时公安机关经讯/询问已基本掌握被告人犯罪的基本事实，因被告人均系吸毒人员，公安机关为办案需要而以此对其先行采取行政强制措施（行政拘留、强制隔离戒毒等），后再采取刑事强制措施。罪刑相适应不仅包括罪行与量刑相适应，还包括罪行与刑罚执行相适应，虽行政强制措施与刑事强制措施有所区别，但被告人在被采取刑事强制措施之前，已实际被以行政处罚的形式限制人身自由，且公安机关亦已对其犯罪行为进行侦查，从有利于被告人的原则出发，其因犯罪而以行政处罚的名义被限制人身自由的，应予折抵刑期。

编写人：广东省罗定市人民法院　韦栋梁

48

容留他人吸毒罪中被告人坦白如何量刑

——黄某文容留他人吸毒案

【案件基本信息】

1. 裁判书字号

湖北省赤壁市人民法院（2020）鄂1281刑初130号刑事判决书

2. 案由：容留他人吸毒罪

【基本案情】

2019年11月19日17时许，被告人黄某文容留龚某旗、陈某兵、黄某伏在自己舅哥宋某林位于赤壁市第四小学对面商品房7楼的家中吸食毒品甲基苯丙胺（俗称冰毒）和甲基苯丙胺片剂（俗称麻果）。

【案件焦点】

容留他人吸毒犯罪中，被告人黄某文为他人吸毒提供场所，到案后如实供述自己的犯罪事实，如何根据在案证据定罪量刑。

【法院裁判要旨】

湖北省赤壁市人民法院经审理认为：关于被告人黄某文一次容留多人吸食、注射毒品是否成立容留他人吸毒罪，到案后如实供述其容留他人吸毒的犯罪事实能否从轻处罚的问题，经查：根据证人宋某英、黄某伏、陈某兵、龚某旗的证言、辨认笔录、指认笔录、人体毛发生物样本检测等证据证实被告人黄某文为宋某英、黄某伏等多人吸毒提供场所。根据证人陈某兵的证言、到案经过证实，被告人黄某文不存在主动向公安机关投案的自首情节，但是如实供述自己所犯罪行，系坦白，可从轻处罚。故公诉机关指控黄某文容留他人吸毒的犯罪事实成立，对其到案后如实供述自己犯罪事实的行为，依法予以从轻处罚。被告人黄某文容留他人吸毒，其行为已构成容留他人吸毒罪，依法应予惩处。赤壁市人民法院依照《中华人民共和国刑法》第三百五十四条、第六十七条第三款及《中华人民共和国刑事诉讼法》第十五条、第二百零一条之规定，作出如下判决：

被告人黄某文犯容留他人吸毒罪，判处有期徒刑八个月，并处罚金2000元。

当事人未上诉，检察院未抗诉，该判决现已发生法律效力。

【法官后语】

本案处理的重点主要在于被告人为他人提供吸毒场所，并且到案后如实供述犯罪事实，如何通过证据来定罪量刑的问题。《最高人民法院关于审理毒品犯罪案件适用法律若干问题的解释》第十二条第一款对容留他人吸毒如何定罪作出了明确规定。根据《最高人民法院关于审理毒品犯罪案件适用法律若干问题的解释》的规定，一次容留多人吸食、注射毒品的，以容留他人吸毒罪定罪处罚。《中华人民共和国刑法》第六十七条第三款对于坦白作出了明确规定。根据该规定，犯罪嫌疑人虽不具有自首情节，但如实供述自己罪行，可以从轻处罚。

具体到本案，黄某文主动利用自己舅哥的商品房为龚某旗、陈某兵、黄某伏吸食毒品提供场所，满足一次容留和容留多人的情形，符合上述司法解释中关于容留他人吸毒罪的定罪标准。同时，结合被告人到案后，向公安机关如实供述自己的犯罪事实的行为，并且愿意接受处罚，可以依法将其认定为坦白，依法予以从轻处罚。

值得注意的是，在适用《中华人民共和国刑法》第六十七条的规定来认定是否存在坦白情节时，我们需要严格区分犯罪嫌疑人存在准自首情节，还是坦白情节，两种情节下犯罪嫌疑人犯罪后均没有自动到案。我们可以通过犯罪嫌疑人到案后，向司法机关供述的内容进行区分。（1）供述内容是司法机关还未掌握的本人其他罪行的，即成立准自首；（2）供述内容是司法机关已掌握的本人罪行的，即成立坦白。当成立自首后，不再另行认定坦白。另外，根据《中华人民共和国刑法》第三百五十四条的规定，容留他人吸毒罪属于行为犯，只要实施了容留他人吸毒的行为，即构成本罪，容留是否主动、是否有偿，不影响本罪的认定。还需要注意的是，实践中，容留他人吸毒的一般参与贩卖毒品，根据《最高人民法院关于审理毒品犯罪案件适用法律若干问题的解释》第十二条第二款的规定，向他人贩卖毒品后又容留他人吸食、注射毒品或者容留他人吸食、注射毒品后又向其贩卖毒品的，符合容留他人吸毒罪的定罪条件的以贩卖毒品罪和容留他人吸毒罪数罪并罚。

编写人：湖北省赤壁市人民法院　李林晟

49

制造毒品罪中犯罪既遂与未遂的认定

——韦某第等制造毒品、非法持有毒品案

【案件基本信息】

1. 裁判书字号

广西壮族自治区柳州市中级人民法院（2019）桂02刑终402号刑事裁定书

2. 案由：制造毒品罪、非法持有毒品罪

【基本案情】

2018年1月，被告人韦某第、王某宏商量共同制造毒品甲基苯丙胺，制毒原料麻黄碱及资金13万元由王某宏提供，所获利润五五分成。随后，韦某第召集被告人韦某、罗某杰共同制造甲基苯丙胺。

2018年1月29日凌晨，韦某第、韦某、罗某杰在一处水泥砖平房内开始制毒。次日凌晨，公安机关在该处将正在制造毒品甲基苯丙胺的韦某第、韦某抓获，并在现场查获疑似毒品44.431千克（分别编号1号、11号、12号、13号、14号、15号、16号、17号、18号、25号）；查获疑似制毒原料9.015千克以及制毒设备和化学配制一批，并扣押韦某第持有的手机一部、银行卡两张（其中农行卡账号62284××××××××内的133668.66元已被公安机关冻结）、现金2000元；扣押韦某持有的手机一部、银行卡两张。经鉴定，编号为13号、14号、15号（均为晶状体，共计净重0.636千克）、16号（液体状，净重14.694千克）、17号（黑色颗粒含水状物，净重2.761千克）、25号（固液混合物，净重0.043千克）的疑似毒品中均检出甲基苯丙胺成分，共计净重18.134千克；疑似制毒原料中检出麻黄碱成分；编号为1号、11号、12号、18号的疑似毒品中均未检出甲基苯丙胺、麻黄碱成分。经鉴定，编号为13号、14号、15号、16号晶状物及液体中含有甲基苯丙胺成分，定量分析为痕量。

2018年1月31日，被告人韦某第、韦某因涉嫌犯制造毒品罪被刑事拘留。2018年2月1日，被告人罗某杰在他人的陪同下到公安机关投案，并将其持有的手机一部和其驾驶吴某亮所有的中华华晨轿车一辆交由办案民警扣押。次日，被告人罗某杰因涉嫌犯制造毒品罪被刑事拘留，2018年3月9日被该局取保候审，同年4月25日被逮捕。其间，罗某杰已被羁押37天。

【案件焦点】

1. 毒品半成品，是否应当认定为已经制造出毒品，对被告人制造毒品的行为应认定为未遂还是既遂；2. 是否应该将痕量折算出制造出的毒品含量后，再作为量刑的数量。

【法院裁判要旨】

广西壮族自治区柳城县人民法院经审理认为：被告人韦某第、韦某、罗某杰、王某宏违反国家对毒品的管理制度，使用麻黄碱等做原料，结伙非法制造毒品甲基苯丙胺18.134千克，其行为均已构成制造毒品罪且数量大；被告人王某宏违反国家对毒品的管理制度，明知是毒品而非法持有，数量达50克以上，其行已构成非法持有毒品罪。公诉机关指控的罪名成立。王某宏一人犯数罪，依法应当数罪并罚。在制造毒品共同犯罪中，韦某第、王某宏起主要作用，均是主犯，应按其参与的全部犯罪处罚；韦某、罗某杰起次要作用，均是从犯，依法应当从轻或者减轻处罚。被告人韦某第、韦某、王某宏归案后如实供述自己的犯罪事实，依法可以从轻处罚。被告人罗某杰犯罪后虽具有自动投案的情节，但其未如实供述犯罪事实且拒不认罪，不构成自首。综合考虑4名被告人犯罪的性质、事实、情节、各自在共同犯罪中的地位、作用以及本案毒品含量较低等因素，法院决定对韦某第、王某宏从轻处罚，对韦某、罗某杰减轻处罚。公安机关已经冻结的制毒资金和扣押在案的制毒物品，应当予以收缴。另外，对于韦某具有犯罪前科的情形，法院在量刑时予以考虑。

依照《中华人民共和国刑法》第三百四十七条第一款、第二款第一项，第三百四十八条，第六十九条，第六十七条第三款，第六十四条，第五十五条，第五十四条，第五十九条，第五十二条，第五十三条，第二十五条第一款，第二十六条第一款、第四款，第二十七条的规定，作出如下判决：

一、被告人韦某第犯制造毒品罪，判处有期徒刑十五年，剥夺政治权利三年，并处没收个人财产5万元；

二、被告人王某宏犯制造毒品罪，判处有期徒刑十五年，剥夺政治权利三年，并处没收个人财产5万元；犯非法持有毒品罪，判处有期徒刑八年，并处罚金2万元；决定执行有期徒刑二十年，剥夺政治权利三年，并处没收个人财产5万元、罚金2万元；

三、被告人韦某犯制造毒品罪，判处有期徒刑十年，剥夺政治权利一年，并处罚金5万元；

四、被告人罗某杰犯制造毒品罪，判处有期徒刑八年，并处罚金4万元；

五、公安机关依法冻结的制造毒品资金13万元、现场扣押韦某第的现金2000元，予以没收，上缴国库；

六、公安机关依法扣押被告人王某宏的现金1.0162万元，作为王某宏的个人财产予以没收，上缴国库；

七、作案工具手机5台、银行卡4张、制毒工具、制毒原料一批，依法没收。

一审宣判后，韦某第、王某宏、罗某杰不服，提起上诉。

广西壮族自治区柳州市中级人民法院经审理认为：原审对被告人韦某第等人犯制造毒品罪的事实清楚，证据确实、充分，情节认定准确，量刑适当，定罪准确。广西壮族自治区柳州市中级人民法院依照《中华人民共和国刑事诉讼法》第二百三十六条第一款第一项的规定，作出如下裁定：

驳回上诉，维持原判。

【法官后语】

第一，在制造毒品案件中，对于无法再加工出成品、半成品的毒品废液、废料，不应计入毒品的数量，系制造毒品未遂。毒品废液、废料是否属于毒品，关键看其是否具有使用价值。违法犯罪领域毒品的使用价值主要体现在两个方面：一是吸食，主要是指毒品成品；二是可以继续加工提炼出可以吸食的毒品，主要是指毒品粗制品、半成品及其他尚未达到吸食条件的毒品形态。由于毒品废液、废料含量极低，不能用于直接吸食，也不能继续加工、提炼成可以吸食的毒品，故毒品废液、废料不具有毒品的使用价值，不属于毒品，自然不应计入毒品的数量。

第二，根据《全国部分法院审理毒品犯罪案件工作座谈会纪要》（以下简称

《大连会议纪要》）的规定，已经制造出粗制毒品或者半成品的，以既遂论处。《全国法院毒品犯罪审判工作座谈会纪要》（以下简称《武汉会议纪要》）进一步明确，制造毒品案件中，毒品成品、半成品的数量应当全部认定为制造毒品的数量，对于无法加工出成品或者半成品的废液、废料则不应计入制造毒品的数量。从前述两个会议纪要的规定看，对于已经制造出毒品成品或半成品的，均规定应认定为制造毒品既遂。但对于制造出粗制毒品的，《大连会议纪要》规定应认定为制造毒品既遂。

由于法律及司法解释未明确规定粗制毒品和半成品的界限，导致司法实践中对粗制毒品和半成品的把握尚未统一。从两个会议纪要的对比看，粗制毒品与半成品实际上属同一概念，《武汉会议纪要》为了避免大家认识上的混乱，故而将粗制毒品纳入半成品范畴。可见，是否已经制造出半成品是认定制造毒品既遂未遂的界限。所以，制作毒品犯罪既遂未遂的形态，应根据《大连会议纪要》和《武汉会议纪要》精神，结合毒品犯罪形态理论予以认定。

第三，是否应该将痕量折算出制造出的毒品含量后，再作为量刑的数量。《中华人民共和国刑法》第三百五十七条第二款规定，毒品的数量以查证属实的走私、贩卖、运输、制造、非法持有毒品的数量计算，不以纯度折算。同时，《武汉会议纪要》规定，制造毒品案件中，对于无法再加工出成品、半成品的废液、废料不应计入毒品的数量。而毒品成品、半成品的数量应当全部认定为制造毒品的数量。

本案中，公安机关在制毒现场查获的检出含有甲基苯丙胺成分含量虽为痕量、液体、晶体及黑色颗粒状混合物，但4名被告人制造出的毒品已属于毒品半成品，根据法律规定，也不应对毒品的纯度予以折算，其行为依法应认定为制造毒品罪既遂，查获的毒品甲基苯丙胺18.134千克为制造毒品的数量。

编写人：广西壮族自治区柳城县人民法院　韦文武

50

通过麻黄草非法生产麻黄碱类制毒物品数量的认定

——龚某姣、李某焕非法经营，甘某前等非法生产制毒物品案

【案件基本信息】

1. 裁判书字号

广西壮族自治区玉林市中级人民法院（2020）桂09刑终8号刑事裁定书

2. 案由：非法经营罪、非法生产制毒物品罪

【基本案情】

被告人龚某姣、李某焕明知麻黄草为限制买卖物品，在未取得麻黄草专营资格的情况下，由李某焕在外地收购5吨麻黄草后运输回玉林市玉州区，意图销售从中牟利。2019年3月18日12时许，经约定，龚某姣将李某焕收购回来的5吨（82包）麻黄草以10万元的价格卖给了被告人甘某前、周某积、陈某明等人。

原来早在2019年3月初，被告人甘某前、周某积、陈某明伙同吴运福（另案处理）经密谋后，决定各出资3万元购买麻黄草提炼麻黄碱液体，由甘某前、周某积负责购买生产设备和化学原料等物品，陈某明负责联系场地并雇用工人。2019年3月18日，甘某前、周某积、陈某明以10万元的价格向龚某姣购买了5吨（82包）麻黄草后，运至兴业县山心镇大良村泉塘陈某华家旧屋旁边空地处一临时搭建的工棚，通过按比例加水及草酸、盐酸等化学原料熬煮麻黄草的方法，经过滤、沉淀后提炼麻黄碱液体。2019年3月27日，公安机关依法查获该生产制毒物品窝点，现场缴获制毒设备、制毒原料一批及制毒物品麻黄碱液体疑似物3桶（共计净重59.8千克）。经鉴定，上述制毒原料麻黄草渣、麻黄草水、制毒物品麻黄碱液体疑似物中均检出麻黄碱。

【案件焦点】

购买麻黄草而非法生产麻黄碱液体，无法进行含量鉴定的，如何认定制毒物品的数量。

【法院裁判要旨】

广西壮族自治区玉林市兴业县人民法院经审理认为：被告人龚某姣、李某焕违反国家规定，未经许可即经营行政法规规定的专营物品麻黄草，情节严重，其行为已触犯了刑律，构成非法经营罪，依法应在五年以下有期徒刑或者拘役的量刑幅度内处罚，并处罚金。被告人甘某前、周某积、陈某明违反国家规定，非法生产用于制造毒品的原料，情节严重，其行为已触犯了刑律，构成非法生产制毒物品罪，依法应在三年以上七年以下有期徒刑的幅度内量刑处罚，并处罚金。龚某姣、李某焕共同实施非法经营的行为，甘某前、周某积、陈某明共同实施非法生产制毒物品的行为，分别系共同犯罪；在各自的共同犯罪中，龚某姣、李某焕、甘某前、周某积、陈某明均起主要作用，均系主犯，依法应当按照其所参与的全部犯罪处罚。龚某姣、李某焕归案后如实供述自己的罪行，系坦白，并认罪认罚，依法予以从轻处罚；甘某前、周某积、陈某明归案后如实供述自己的罪行，系坦白，依法予以从轻处罚。龚某姣、李某焕的违法所得，依法应予以追缴；缴获的制毒物品及犯罪工具，依法应予以没收。

依照《中华人民共和国刑法》第二百二十五条第一项、第三百五十条第一款、第二十五条、第二十六条第一款和第四款、第五十二条、第五十三条第一款、第六十四条、第六十七条第三款，《最高人民法院关于审理毒品犯罪案件适用法律若干问题的解释》第七条第一款第一项、第八条第一款第一项，《最高人民法院关于适用财产刑若干问题的规定》第一条、第二条第一款、第五条、第八条、第十一条第一款，作出如下判决：

一、被告人龚某姣犯非法经营罪，判处有期徒刑一年二个月，并处罚金10万元；

二、被告人李某焕犯非法经营罪，判处有期徒刑一年二个月，并处罚金10万元；

三、被告人甘某前犯非法生产制毒物品罪，判处有期徒刑四年六个月，并处罚金3万元；

四、被告人周某积犯非法生产制毒物品罪，判处有期徒刑四年六个月，并处罚金3万元；

五、被告人陈某明犯非法生产制毒物品罪，判处有期徒刑四年六个月，并处罚金3万元；

六、扣押在案的犯罪工具及制毒物品，由扣押机关依法予以没收；

七、被告人龚某姣、李某焕退出的共同违法所得2万元，由扣押机关予以没收，上缴国库；继续追缴被告人龚某姣、李某焕未退出的共同违法所得8万元。

上诉人龚某姣、甘某前、陈某明以原判量刑过重等为由提起上诉。

广西壮族自治区玉林市中级人民法院经审理认为：原审判决认定事实清楚，证据确实、充分，定罪准确，量刑适当，审判程序合法，适用法律正确，应予维持。玉林市中级人民法院依照《中华人民共和国刑事诉讼法》第二百三十六条第一款第一项之规定，作出如下裁定：

驳回上诉，维持原判。

【法官后语】

本案中，甘某前、周某积、陈某明以10万元的价格向龚某姣、李某焕购买了5吨（82包）麻黄草后，在兴业县山心镇大良村一临时搭建的工棚内，通过按比例加水及草酸、盐酸等化学原料熬煮麻黄草的方法，经过滤、沉淀后提炼出麻黄碱液体3桶（共计净重59.8千克）。对此查明事实，各方并无争议。

本案争议的焦点在于如何认定甘某前、周某积、陈某明非法生产制毒物品的数量。《中华人民共和国刑法》第三百五十条第一款规定：“违反国家规定，非法生产、买卖、运输醋酸酐、乙醚、三氯甲烷或者其他用于制造毒品的原料、配剂，或者携带上述物品进出境，情节较重的，处三年以下有期徒刑、拘役或者管制，并处罚金；情节严重的，处三年以上七年以下有期徒刑，并处罚金；情节特别严重的，处七年以上有期徒刑，并处罚金或者没收财产。”公诉机关指控甘某前、周某积、陈某明非法生产制毒物品的数量为59.8千克，根据《最高人民法院关于审理毒品犯罪案件适用法律若干问题的解释》第七条第一款第一项、第八条第二款第一项的规定，制毒物品麻黄碱数量在25千克以上的，属于情节特别严重，应处七年以上有期徒刑。甘某前、周某积、陈某明及各辩护人均提出不应将麻黄水的重量认定为麻黄碱的重量。综合本案事实及证据情况，笔者认为，本案中应当认定甘某前、周某积、陈某明非法生产制毒物品数量在5千克以上且不满25千克，属于情节严重，应处三年以上七年以下有期徒刑。主要理由如下：

1. 非法生产制毒物品，应当进行含量鉴定

《中华人民共和国刑法》第三百五十七条第二款规定：“毒品的数量以查证属

实的走私、贩卖、运输、制造、非法持有毒品的数量计算，不以纯度折算。”但对于非法生产、买卖、运输制毒物品、走私制毒物品罪中的制毒物品数量，《中华人民共和国刑法》及相关司法解释并未作出不以纯度计算的规定。制毒物品的定罪量刑数量标准，应当通过含量鉴定，根据缴获制毒物品中有效的制毒物品成分的比例确定其数量。具体到本案中，甘某前、周某积、陈某明利用化学方法熬煮加工麻黄草，后提炼麻黄碱液体，根据《最高人民法院关于审理毒品犯罪案件适用法律若干问题的解释》第七条第一款第一项的规定，其中的麻黄碱（麻黄素）类物质才是制毒物品，才能够制造出毒品，直接按照涉案缴获的麻黄碱液体数量定罪量刑不但缺乏科学性，也会导致处罚过于严厉，有违罪刑相适应原则。因此，在对相关行为按照制毒物品犯罪处罚时，应当通过含量鉴定，将涉案麻黄碱液体中所含麻黄碱类物质的数量认定为制毒物品的数量。

2. 购买麻黄草而非法生产麻黄碱液体，无法进行含量鉴定的，可以按照涉案麻黄草数量折算后认定制毒物品的数量

本案中甘某前、周某积、陈某明违反国家规定，购买5吨麻黄草后，用麻黄草非法生产出制毒原料麻黄碱液体，其行为均已构成非法生产制毒物品罪，且系犯罪既遂，是否对麻黄碱液体进行麻黄碱含量鉴定不影响其犯罪的成立。但关于制毒物品的数量，应当以麻黄碱液体中所含麻黄碱类物质的数量来认定，根据公诉机关补充的办案情况说明，本案中缴获的麻黄碱液体在现有条件下无法进行含量鉴定，故应以有利于被告人的原则，并结合全案各项证据，认定甘某前、周某积、陈某明购买并用于生产的麻黄草共计5吨，依据《最高人民法院、最高人民检察院、公安部、农业部、食品药品监管总局关于进一步加强麻黄草管理严厉打击非法买卖麻黄草等违法犯罪活动的通知》第三条第五项的规定，以制造毒品为目的，采挖、收购麻黄草的，以制造毒品罪定罪处罚。以制造毒品罪、走私制毒物品罪、非法买卖制毒物品罪定罪处罚的，涉案制毒物品的数量按照300千克麻黄草折合1千克麻黄碱计算。故本案涉案制毒物品麻黄碱的数量经折算应认定为16.67千克，又根据《最高人民法院关于审理毒品犯罪案件适用法律若干问题的解释》第七条第一款第一项、第八条第一款第一项之规定，制毒物品数量在5千克以上，不满25千克的，属于情节严重，应处三年以上七年以下有期徒刑。

编写人：广西壮族自治区玉林市兴业县人民法院　尤佳

51

氟氨酮尿液检测为氯氨酮阳性，但毒品成分未检出氯胺酮，能否认定氟氨酮为毒品

——彭某婷贩卖毒品案

【案件基本信息】

1. 裁判书字号

广西壮族自治区南宁市兴宁区人民法院（2019）桂0102刑初116号刑事判决书

2. 案由：贩卖毒品罪

【基本案情】

2018年11月28日10时许，被告人彭某婷在南宁市兴宁区望州路北一里城市名人酒店六楼8××8号房内，贩卖给何某凯1000元的氯氨酮可疑物。同日13时许，被告人彭某婷在上述房间内，以500元价格贩卖给雷某一小包净重为0.98克的氯氨酮可疑物。雷某在酒店房间不远处即被公安民警抓获，公安民警当场从雷某处缴获其从彭某婷处购买的氯氨酮可疑物。随后，公安民警在上述房间内抓获彭某婷，并当场从彭某婷处缴获2小包氯氨酮可疑物，净重分别为13.21克、4.58克。经检验，从雷某、彭某婷处缴获的样本中均未检出氯胺酮成分。

另查明，被告人彭某婷因本案于2018年11月28日被公安机关抓获后，次日因吸食氯氨酮被公安机关处以行政拘留15日，期限为：2018年11月29日至2018年12月14日。彭某婷归案后如实供述其犯罪事实。

【案件焦点】

1. 疑似毒品未检出氯氨酮，但对吸食该可疑毒品的人员进行尿液检测时，检测结果为氯胺酮阳性，此疑似毒品能否认定为刑法上的毒品；2. 本案属于犯罪既

遂，还是犯罪未遂。

【法院裁判要旨】

广西壮族自治区南宁市兴宁区法院经审理认为：被告人彭某婷主观上具有贩卖毒品的故意，客观上实施了贩卖毒品的行为，其行为已构成贩卖毒品罪。公诉机关指控被告人彭某婷犯贩卖毒品罪，事实清楚，证据确实、充分，指控罪名成立。在贩卖毒品过程中，被告人彭某婷在其并不知道所贩卖的毒品不含氯氨酮成分的情况下进行贩卖，是犯罪未遂，可以比照既遂犯从轻或者减轻处罚。被告人彭某婷归案后如实供述其犯罪事实，可以从轻处罚。被告人彭某婷被抓获后因吸食毒品被行政拘留的期间，因与本案不是同一事实，故其被行政拘留期间不予折抵刑期，但其被抓获当天可折抵刑期一日。综上所述，根据被告人的犯罪事实、犯罪性质、情节以及对社会的危害程度，法院对其予以从轻处罚。依照《中华人民共和国刑法》第三百四十七条第一款、第四款，第二十三条，第六十七条第三款，第五十三条，第六十四条之规定，作出如下判决：

一、被告人彭某婷犯贩卖毒品罪，判处有期徒刑七个月，并处罚金3000元；

二、公安机关扣押在案的毒品可疑物3小包共计18.77克、作案工具苹果牌手机一部、电子秤一台依法予以没收；

三、追缴被告人彭某婷贩卖毒品的非法所得1500元，上缴国库。

【法官后语】

氟氨酮作为一种新型毒品，越来越频繁地出现在毒品犯罪中，大有取代氯胺酮的趋势。但现行法律中对氟氨酮是否属于毒品并没有进行明确规定，不利于依法对氟氨酮类毒品犯罪的打击。

1. 关于本案中查获的毒品可疑物能否评定为毒品的问题

本案中，公安机关对缴获的毒品进行检验时，均未检出氯氨酮。对缴获的毒品可疑物属于什么毒品，公安机关出具了一份补充说明，经鉴定，查获的毒品可疑物的成分为氟氨酮。它是一种新的具有麻醉活性的物质，具有与氯氨酮类似的麻醉活性。现场尿液检测也显示为氯氨酮阳性。综上，本案的毒品可疑物为氟氨酮。

氟氨酮是否属于毒品。《中华人民共和国禁毒法》第二条第一款规定："本法所称毒品，是指鸦片、海洛因、甲基苯丙胺（冰毒）、吗啡、大麻、可卡因，以及国家规定管制的其他能够使人形成瘾癖的麻醉药品和精神药品。”其中并没有规定有氟氨酮。

《最高人民检察院关于〈非药用类麻醉药品和精神药品管制品种增补目录〉能否作为认定毒品依据的批复》规定：“根据《中华人民共和国刑法》第三百五十七条和《中华人民共和国禁毒法》第二条的规定，毒品是指鸦片、海洛因、甲基苯丙胺（冰毒）、吗啡、大麻、可卡因以及国家规定管制的其他能够使人形成瘾癖的麻醉药品和精神药品。”

2015年10月1日起施行的公安部、国家食品药品监督管理总局、国家卫生和计划生育委员会、国家禁毒委员会办公室《非药用类麻醉药品和精神药品列管办法》及其附表《非药用类麻醉药品和精神药品管制品种增补目录》，是根据国务院《麻醉药品和精神药品管理条例》第三条第二款授权制定的，《非药用类麻醉药品和精神药品管制品种增补目录》可以作为认定毒品的依据。

经核查，氟氨酮并不在上述目录中。在现行法律体系下，不能认定氟氨酮为毒品。

2. 涉案毒品是氟氨酮，不属于毒品，被告人的行为是否构成犯罪

被告人彭某婷主观上具有贩卖毒品的故意，客观上又实施了贩卖毒品的行为，但其贩卖的毒品不属于刑法上规定的“毒品”，其行为是否构成犯罪。《最高人民检察院关于贩卖假毒品案件如何定性问题的批复》规定：“对贩卖假毒品的犯罪案件，应根据不同情况区别处理：明知是假毒品而以毒品进行贩卖的，应当以诈骗罪追究被告人的刑事责任；不知是假毒品而以毒品进行贩卖的，应当以贩卖毒品罪追究被告人的刑事责任，对其所贩卖的是假毒品的事实，可以作为从轻或者减轻情节，在处理时予以考虑。”该规定虽然已经失效，但最高人民法院关于审理毒品犯罪的相关司法规范性文件，如最高人民法院2000年《关于全国法院审理毒品犯罪案件工作座谈会纪要》（南宁会议纪要）、2008年《全国部分法院审理毒品犯罪案件工作座谈会纪要》（大连会议纪要）、2015年《全国法院毒品犯罪审判工作座谈会纪要》（武汉会议纪要）等都对这一司法理念做了吸收，在毒品犯罪严峻形势下有效解决了办理毒品犯罪案件相关法律适用问题。因此，本案被告人彭某婷的行为已构成贩卖毒品罪，但因其贩卖的毒品不属于刑法上明文规定的毒品，属于对象不能的未遂，可认定为未遂。

经笔者从相关司法机关了解，氟氨酮的制作工艺和成本远低于氯胺酮，并且较氯胺酮更容易使人上瘾。如果不尽快将氟氨酮纳入毒品范畴，将不利于对涉氟氨酮毒品犯罪的打击。因此，笔者建议，国家在立法层面上，加快将氟氨酮纳入毒品的立法进程，从而不断完善打击毒品的法律体系，让毒品犯罪者受到应有的法律制裁。

编写人：广西壮族自治区南宁市兴宁区人民法院　王林

（七）组织、强迫、引诱、容留、介绍卖淫罪

52

为卖淫人员提供进行卖淫活动的处所、与卖淫人员规定分成比例并非构成组织卖淫罪的必要条件

——南某昌容留卖淫案

【案件基本信息】

1. 裁判书字号

广东省韶关市中级人民法院（2018）粤02刑终330号刑事判决书

2. 案由：容留卖淫罪

【基本案情】

被告人南某昌于2003年开始租用位于乳源瑶族自治县乳城镇解放北路的房子经营金谷发廊，并于2008年开始以容留的方式将自愿上门从事卖淫活动的刘某连、吕某、陈某兰、徐某妹等人纠集至其经营的金谷发廊进行卖淫嫖娼活动，在金谷发廊设定固定电话，为卖淫女提供食宿等便利，安排卖淫女供嫖客挑选，规定性交易价格，并从中抽取台费，每次接客150元，台费50元；外出接客一次170元，其中

车费20元，台费50元；包夜一次500元，台费100元；凌晨2时后包夜300元，台费100元。

【案件焦点】

为卖淫人员提供进行卖淫活动的处所，为卖淫女提供食宿等便利，安排卖淫女供嫖客挑选，与卖淫人员规定分成比例，是否构成组织卖淫罪的问题。

【法院裁判要旨】

广东省乳源瑶族自治县人民法院经审理认为：被告人南某昌无视国家法律，明知他人从事卖淫活动，仍进行管理，且卖淫人员在三人以上，其行为触犯了《中华人民共和国刑法》第三百五十八条之规定，构成组织卖淫罪，应依法予以惩处。被告人南某昌归案后如实供述其犯罪事实，并当庭自愿认罪，确有悔罪表现，酌情从轻处罚。

广东省乳源瑶族自治县人民法院依照《中华人民共和国刑法》第三百五十八条、第五十二条、第四十五条、第四十七条、第五十三条、第六十一条、第六十七条第三款，《最高人民法院、最高人民检察院关于办理组织、强迫、引诱、容留、介绍卖淫刑事案件适用法律若干问题的解释》第一条之规定，以组织卖淫罪判处被告人南某昌有期徒刑五年，并处罚金2万元。

南某昌对原判不服提起上诉。

广东省韶关市中级人民法院经审理认为：南某昌并未主动、公开招募失足妇女，在卖淫活动中，卖淫人员为自愿上门从事卖淫活动，卖淫对象及次数、时间均由卖淫人员自主决定，其人身自由、卖淫时间并没有受到南某昌的控制及限制，不具有强迫性。虽然南某昌有规定性交易价格及分成比例，但嫖资在嫖客交给卖淫人员后由卖淫人员自己掌握，再由卖淫人员直接向南某昌交纳台费，并无相关管账人。且为卖淫人员提供进行卖淫活动的处所、与卖淫人员规定分成比例并非构成组织卖淫罪的必要条件。南某昌在容留他人卖淫中虽然有一定的组织管理行为，但管理或者控制他人卖淫的行为不明显，更符合容留卖淫罪的构成要件，宜以容留卖淫罪定罪处罚。韶关市中级人民法院依照《中华人民共和国刑法》第三百五十九条第一款、第六十七条第三款、第五十二条、第五十三条，《最高人民法院、最高人民检察院关于办理组织、强迫、引诱、容留、介绍卖淫刑事案件适用法律若干问题的解释》第八条第一款第二项、第九条第三项及《中华人民共和国刑事诉讼法》第二百三十六条第一款第二项的规定，作出如下判决：

一、维持广东省乳源瑶族自治县人民法院（2018）粤0232刑初78号刑事判决中对上诉人南某昌的量刑部分；

二、撤销广东省乳源瑶族自治县人民法院（2018）粤0232刑初78号刑事判决中对上诉人南某昌的定罪部分；

三、上诉人南某昌犯容留卖淫罪，判处有期徒刑五年，并处罚金2万元。

【法官后语】

组织卖淫罪，是指以招募、雇佣、强迫、引诱、容留等手段，控制多人从事卖淫的行为。组织卖淫罪中的组织行为有安排食宿、提供休息场所、安排车辆接送、规定价格及分成比例等，但为卖淫人员提供进行卖淫活动的处所、与卖淫人员规定分成比例并非构成组织卖淫罪的必要条件。本案中，2008年至2014年，南某昌为牟取非法利益，组织多名卖淫人员进行卖淫活动并从中非法获利超过8万元。南某昌并未主动、公开招募失足妇女，在卖淫活动中，卖淫人员为自愿上门从事卖淫活动，卖淫对象及次数、时间均由卖淫人员自主决定，其人身自由、卖淫时间并没有受到南某昌的控制及限制，不具有强迫性。虽然南某昌有规定性交易价格及分成比例，但嫖资在嫖客交给卖淫人员后由卖淫人员自己掌握，再由卖淫人员直接向南某昌交纳台费，并无相关管账人。南某昌在容留他人卖淫中虽然有一定的组织管理行为，但管理或者控制他人卖淫的行为不明显，更符合容留卖淫罪的构成要件，宜以容留卖淫罪定罪处罚。

编写人：广东省韶关市中级人民法院　欧丽娟

53

准确认定组织卖淫罪和协助组织卖淫罪及其主、从犯

——闫某龙、张某等组织卖淫、协助组织卖淫案

【案件基本信息】

1. 裁判书字号

广东省高级人民法院（2019）粤刑终722号刑事裁定书

2. 案由：组织卖淫罪、协助组织卖淫罪

【基本案情】

被告人闫某龙于2015年至2017年5月，先后纠合被告人何某婷、邓某艳、赵某等人，通过互联网发布高薪招聘信息的方式招聘卖淫人员，并将招聘的卖淫人员输送至被告人钟某飞所在的梅州市宝丰酒店、揭阳市富榕大厦从事卖淫活动。该团伙输送的卖淫人员卖淫情况由被告人邓某会、王某双等人通过微信告知被告人闫某龙，并由闫某龙根据卖淫女的卖淫情况与卖淫场所进行嫖资的分成。被告人闫某龙负责该卖淫团伙的招聘、面试、输送等全面工作；被告人何某婷、邓某艳、赵某协助被告人闫某龙在网上招聘卖淫人员，其中被告人何某婷还根据闫某龙的安排，对所输送的卖淫人员卖淫情况及获利情况进行核对、记录。

被告人张某为非法牟利，于2015年至2017年5月，先后纠合被告人吴某涛、黄某等人，在广州市通过互联网发布信息、张贴广告等方式招聘卖淫人员一批，输送至揭阳市富榕大厦及海南省、湖南省等地的酒店、娱乐场所从事卖淫活动，并与卖淫场所按照约定的比例对卖淫获利进行分成。其中被告人张某负责整个组织卖淫团伙的招聘、面试、输送等全面工作；被告人吴某涛协助被告人张某接送、面试应聘的卖淫人员，并安排卖淫场所……被告人黄某根据被告人张某的安排，在揭阳市富榕大厦管理该团伙输送的卖淫人员，同时将卖淫人员每天的卖淫、提成情况向被告人张某汇报，并将卖淫获利款项转账给被告人张某。

2016年7月至2017年5月，被告人钟某飞为非法牟利，纠合被告人邓某会、徐某生等人租赁宝丰酒店主楼五楼经营沐足，并租赁酒店其他楼层的客房作为卖淫场所，先后雇用数名被告人，接收并组织被告人闫某龙及同案人等人输送的卖淫人员从事卖淫活动。嫖资由业务经理收取后通过被告人徐某生交被告人钟某飞、邓某会，再由被告人钟某飞、邓某会与输送卖淫人员的被告人闫某龙等人按约定分成。2016年7月以来，先后有30多名卖淫人员在宝丰酒店从事卖淫活动，上述卖淫人员在宝丰酒店从事卖淫活动之前，需将身份证交被告人邓某会、徐某生复印、登记。在宝丰酒店组织卖淫团伙中，被告人钟某飞全面负责管理整个卖淫团伙，其妻子被告人邓某会负责管理卖淫人员，并负责和被告人闫某龙的对账工作。

2016年起，同案人及被告人罗某军等人为非法牟利，以揭阳市富榕大厦为组织卖淫据点，先后雇用被告人郑某菊、王某双、黄某、廖某、王某欣、梁某明、赵某等人，接受并组织被告人闫某龙、张某等人输送的卖淫人员从事卖淫活动。

在富榕大厦组织卖淫团伙中，被告人罗某军负责组织、管理“8字头”编号卖淫人员的卖淫活动及分配卖淫所得；被告人郑某菊负责管理、培训全部卖淫人员，并给卖淫人员定价，制定卖淫项目的种类、价格及考勤、奖惩制度，处理嫖客投诉等；被告人王某双根据被告人罗某军的安排，负责管理团伙中“8字头”编号的卖淫人员，负责卖淫人员编号、定价、住宿、发工资，制定考勤、奖惩制度、安排上钟等；被告人廖某负责管理团伙中“6字头”编号的卖淫人员，负责卖淫人员编号、定价、考勤，安排上钟、记钟，向卖淫人员预付工资，接待嫖客、看风等；被告人黄某及同案人一同管理“6字头”编号卖淫人员，负责日常管理、考勤、记钟等。

【案件焦点】

协助组织卖淫罪和组织卖淫罪的区分、转化和主从犯认定问题。

【法院裁判要旨】

广东省广州市中级人民法院经审理认为：关于被告人闫某龙组织卖淫罪的行为认定问题。根据被告人闫某龙的供述证实其输送招聘的女孩去卖淫，其总共输送了十个左右的女孩过去。但根据被告人邓某会、王某双的供述均证实，被告人闫某龙诉讼的卖淫女均超十人以上。根据双方的约定其每送一名卖淫女到富榕大厦、宝丰酒店处，他们要付其500元车费，然后富榕大厦给卖淫女提成的10%，宝丰酒店卖淫女提成的11%给其作为介绍费。根据被告人赵某的供述证实，其去宝丰酒店是帮闫某龙管理送至宝丰酒店的卖淫女。根据被告人何某婷的供述证实，其在闫某龙的安排下和被告人王某双核对被告人闫某龙输送的卖淫女的卖淫情况，并由对方将提成的卖淫款项打至其尾号为6007的银行卡内。该事实还有尾号为6007的银行卡流水和被查获的笔记本予以证实。核对卖淫分成的事实与被告人钟某飞、邓某会的供述相互印证，且王某双供述证实其管理的是“8字头”的女孩卖淫，卖淫女走了闫某龙要责怪他们，所以女孩在这边工作的情况要跟闫某龙说。综上所述，被告人闫某龙在招聘卖淫女并输送至卖淫场所后还与管理卖淫女的人员进行对数、管理并派遣赵某前往管理，故其行为已具备对卖淫人员的管理和控制性，应以组织卖淫罪定罪处罚。

关于被告人张某组织卖淫罪的行为认定问题。根据被告人张某的供述其是与富榕大厦的“明哥”取得联系后将女孩送往富榕大厦卖淫，其约定除去酒店费用及卖淫女所得外，其与“明哥”共同分配剩下的嫖资。同时其安排被告人黄某到富榕大厦核对其所输送的卖淫女上钟的情况，方便其与酒店方面结算，被告人黄某的供述亦与被告人张某的供述相吻合。被告人杨某川供述称被告人黄某在富榕大厦钻石KTV管理卖淫女，张某负责给她发工资。该事实还有公安机关在其家中搜获的笔记本予以印证。故根据相关司法解释的规定，其行为符合组织卖淫的特征，应以组织卖淫罪定罪处罚。

关于各被告人的地位、作用。(1) 在被告人闫某龙团伙中，被告人闫某龙是该团伙的头目，故其是主犯，考虑其行为构成组织卖淫罪，且亦是组织卖淫罪的主犯。被告人何某婷是闫某龙的妻子，主要的职责是记录被告人闫某龙介绍的卖淫女的上钟情况。故其起辅助作用，是从犯……被告人赵某帮助闫某龙发布招聘信息，参与面试，故其起辅助作用，亦是从犯。鉴于被告人何某婷、赵某均只参与招聘的环节，故上述二人均应以协助组织卖淫罪定罪处罚。(2) 在被告人张某团伙中，被告人张某是该团伙的头目，故其是主犯，考虑其行为构成组织卖淫罪，且亦是组织卖淫罪的主犯。(3) 在富榕大厦的卖淫集团中，该集团负责人是酒店副总廖某刚，其下面是郑某菊，负责卖淫的工作，包括开会、介绍嫖客、收取嫖资、指导卖淫女，故其是主犯……被告人王某双协助罗某军管理“8字头”的卖淫女，故其起辅助作用，是从犯……被告人廖某顶替“明哥”管理“6字头”的卖淫女，负责发放工资、带卖淫女看病，看管、叫上钟等行为，故其起辅助作用，是从犯。被告人赵某是叫卖淫女上钟的部长，故其起辅助作用，是从犯。被告人黄某受张某安排负责管理张某输送的“6字头”的卖淫女，故其起辅助作用，是从犯。

被告人闫某龙、张某等人组织未成年人卖淫，依法均应从重处罚。被告人何某婷认罪认罚，依法均从轻处罚。根据各被告人的犯罪情节、地位、作用、悔罪表现及社会危害性，法院决定对被告人王某双、黄某、王某欣、何某婷、赵某等人减轻处罚。综上，广州市中级人民法院于2019年1月23日作出（2018）粤01刑初247号刑事判决，判处：

一、被告人闫某龙、钟某飞犯组织卖淫罪，均判处无期徒刑，剥夺政治权利终身，并处没收个人全部财产；

二、被告人张某犯组织卖淫罪，判处有期徒刑十四年，并处罚金180万元；

三、被告人郑某菊犯组织卖淫罪，判处有期徒刑十三年，并处罚金50万元；

四、被告人廖某犯组织卖淫罪，判处有期徒刑十年，并处罚金10万元；

五、被告人王某双犯组织卖淫罪，判处有期徒刑七年六个月，并处罚金8万元；

六、被告人黄某犯组织卖淫罪，判处有期徒刑五年六个月，并处罚金4万元；

七、被告人王某欣犯组织卖淫罪，判处有期徒刑五年二个月，并处罚金3万元；

八、被告人何某婷犯协助组织卖淫罪，判处有期徒刑二年三个月，并处罚金3万元；

九、被告人赵某犯协助组织卖淫罪，判处有期徒刑一年九个月，并处罚金4000元；

其余被告人均依法以组织卖淫罪或者协助组织卖淫罪判处相应刑罚。

宣判后，被告人闫某龙、钟某飞、张某、郑某菊、廖某、王某双、黄某、王某欣不服提起上诉。公诉机关未提起抗诉。

广东省高级人民法院经审理认为：原判认定事实清楚，证据确实、充分，定罪准确，量刑适当。审判程序合法。各上诉人及其辩护人所提上诉理由和辩护意见据理不足，不予采纳。依照《中华人民共和国刑事诉讼法》第二百三十六条第一款第一项之规定，作出如下裁定：

驳回上诉，维持原判。

【法官后语】

组织卖淫罪是指以招募、雇佣、纠集等手段，管理、控制多人从事卖淫活动的行为。协助组织卖淫罪是指协助他人实施组织卖淫的行为。如何准确认定组织卖淫罪和协助组织卖淫罪，正确区分两罪的主从犯，一直是司法实践中的重点和难点。必须注意的是，应严格按照犯罪构成理论准确定性，绝不能片面地将协助组织卖淫罪理解为组织卖淫罪的特殊从犯，也绝不能错误地认为协助组织卖淫罪无从犯。

1. 有招募、运送人员型协助组织卖淫行为并不必然构成协助组织卖淫罪，亦可转化为组织卖淫罪。《最高人民法院、最高人民检察院关于办理组织、强迫、引诱、容留、介绍卖淫刑事案件适用法律若干问题的解释》第四条将“明知他人实施组织卖淫犯罪活动而为其招募、运送人员”的行为规定为构成协助组织卖淫罪，而实施该行为的被告人是否转化为构成组织卖淫罪，主要看行为人是否为获取其招募、运送卖淫人员的嫖资分成而直接参与管理、控制卖淫人员。本案中，被告人闫某龙、张某均有明知他人实施组织卖淫犯罪活动而为其招募、运送人员的行为，其行为均构成协助组织卖淫罪。除此之外，根据在案证据，被告人闫某龙根据卖淫女的卖淫情况与卖淫场所进行嫖资的分成，并授意其妻子被告人何某婷核对、记录富榕大厦的卖淫情况以及卖淫所得；被告人张某与卖淫场所按照约定的比例对卖淫获利进行分成，安排被告人黄某在揭阳市富榕大厦管理该团伙输送的卖淫人员，同时要求后者将卖淫人员每天的卖淫、提成情况向其汇报，并将卖淫获利款项转账给其，而被告人黄某在管理输送的卖淫人员时会将卖淫人员的身份证收走以防其逃跑。可见，被告人闫某龙、张某在主观上与宝丰酒店、富榕大厦的组织卖淫者有共享卖淫获利的故意，在客观上实施了通过其他被告人对各自招募、运送的卖淫人员进行直接的管理、控制的行为，即实施了安排卖淫人员与嫖客发生关系，并从中牟取非法利益的行为，其二人的行为并非为卖淫场所招募、运送人员的单纯协助行为，均已符合组织卖淫罪的构成要件。针对这一情况，我们认为组织卖淫罪应当属于结合犯，犯罪人同时实施协助组织卖淫与组织卖淫两种犯罪行为的，应当按照组织卖淫罪一罪定罪，而不能定为数罪。同时，当被告人闫某龙、张某同时实施了组织卖淫与协助组织卖淫两个行为时，其所追求的均为获取更多嫖资分成的目的，仅有一个犯罪目的，故亦应根据牵连犯罪的处断原则，按照组织卖淫罪一罪定性处罚，不适用数罪并罚。因此，在司法实践中应特别注意协助组织卖淫行为转化为组织卖淫罪的这种情形，准确定性，严厉打击卖淫类违法犯罪。

2. 根据安排管理、培训卖淫人员，给卖淫人员定价，制定卖淫项目的种类、价格及考勤、奖惩制度的被告人，在卖淫活动中居于核心地位，即使仅收取固定工资，亦应认定构成组织卖淫罪的主犯。在司法实践中，对于根据安排管理、培训卖淫人员的情节能否认定为组织卖淫罪，能否认定为主犯，存在较大争议。我们认为，培训卖淫人员与卖淫活动内容直接相关，关系到组织卖淫活动的成功与否，且对增加嫖资收入起重要作用，有“内在性”，属于组织管理行为，应与一般协助组织卖淫行为区分开来，故对组织卖淫团伙中担任“培训师”的被告人应以组织卖淫罪定罪。在本案中，被告人郑某菊根据同案人廖某刚的安排管理全部卖淫人员，给卖淫人员定价，制定卖淫项目的种类、价格及考勤、奖惩制度，虽然其供述仅收取了固定工资，属于受雇人员，但其在该卖淫团伙中履行管理职责，并掌握卖淫人员的定价权，所起作用积极、主要，宜认定为组织卖淫罪的主犯。换言之，组织卖淫的犯罪目的是获取非法收益，而定价权直接影响卖淫收入，在组织管理行为中居于关键核心地位，因此有对卖淫人员定价权的人员应当认定为主犯。基于对被告人是否收取固定工资的考虑，应作为认定主从犯的辅证。根据共犯理论，应主要从被告人在共同犯罪中的地位作用来进行区分主从犯，而不应以其收取报酬多少作为区分主从犯的关键依据。

3. 应先根据行为性质准确认定构成组织卖淫罪或者协助组织卖淫罪，再根据各被告人的地位、作用作出主从犯的区分，切勿混淆顺序。组织卖淫罪和协助组织卖淫罪是两种不同的犯罪，都存在一人单独犯罪与数人共同犯罪的形态。在主观上，组织卖淫者具有通过控制、管理卖淫人员与嫖客发生性关系后非法获利的主观故意；协助组织卖淫者则仅具有通过协助组织卖淫者而后非法获利的故意，其并不具备控制、管理他人卖淫的主观故意。在客观上，组织卖淫者实施了对卖淫人员的控制、管理，并通过控制卖淫人员与嫖客发生性关系后获利的行为；协助组织卖淫者实施协助组织卖淫者招募、运送卖淫人员或者明知他人组织卖淫而进行管账、望风、充当打手从而获益的行为。只要是数人共同犯罪，除都是主犯或者共同正犯的情况外，也都应当有主犯、从犯之分。每一共同犯罪人是主犯还是从犯，应当根据他们在共同组织卖淫或者协助组织卖淫犯罪活动中起的作用确定。在本案中，被告人王某双、黄某、廖某等人在富榕大厦组织卖淫团伙中按照被告人罗某军的安排分别管理“8字头”和“6字头”的卖淫人员，其在客观上实施了对卖淫人员的控制和管理，但因其在共同犯罪中属于辅助、从属地位，故应认定为组织卖淫罪的从犯；被告人何某婷并未到达卖淫场所，其接受被告人闫某龙的安排通过电脑和微信等工具帮助被告人闫某龙对卖淫情况进行核对、记录，并曾帮助闫某龙在网上发布招聘信息招聘卖淫女子，其主要系对被告人闫某龙协助组织卖淫行为进行了辅助，应认定为协助组织卖淫罪的从犯。在对上述人员的量刑过程中应考虑上述人员参与组织的时间长短、收取非法所得的情况、其在组织中的作用情况进行区别处理。通过对各被告人在卖淫活动中所做行为性质的判断，以及其行为在共同犯罪中所起作用的分析，准确认定各被告人所涉罪名及主从犯地位，体现了罪刑法定原则，能够更全面地打击卖淫类犯罪，做到罪刑罚相适应，实现政治效果、法律效果和社会效果的统一。

编写人：广东省广州市中级人民法院　文方道
广东省广州市花都区人民法院　郑婷婷

54

客观上组织了未成年人卖淫的就应认定法定从重情节

——吉子某某组织卖淫案

【案件基本信息】

1. 裁判书字号

重庆市巴南区人民法院（2019）渝0113刑初534号刑事判决书

2. 案由：组织卖淫罪

【基本案情】

2018年3月，被告人吉子某某为牟取经济利益，将其女友阿呷某某带到重庆后，安排阿呷某某到张某某、朱某（均已判决）经营的卖淫场所卖淫。随后，吉子某某将阿呷某某联系而来的斗布某某、申子某某，分别安排到黄某龙、刘某欣（均已判决）经营的卖淫场所内卖淫。其间，吉子某某为便于管理，租赁房屋，用于自己与阿呷某某、斗布某某、申子某某4人一起居住。吉子某某负责卖淫人员的生活，接送卖淫人员上下班，从黄某龙、朱某等卖淫店老板处结算费用，统一保管并分配卖淫收入。2018年5月，申子某某在卖淫时被查，其从事卖淫活动时未满18周岁。

2018年6月底，吉子某某与阿呷某某因卖淫费用结算发生争吵后，阿呷某某、斗布某某遂离开重庆前往湖北，吉子某某也离开重庆。2018年8月，吉子某某得知阿呷某某在湖北后，找到阿呷某某。在与阿呷某某联系的阿呷子某汇合后，吉子某某联系当地经营宾馆的蔡某梅，安排阿呷某某、阿呷子某在该处卖淫。

【案件焦点】

吉子某某组织申子某某等人卖淫，是否认定吉子某某组织未成年人卖淫这一法定从重情节。

【法院裁判要旨】

重庆市巴南区人民法院经审理认为：吉子某某组织3名以上卖淫人员进行卖淫，并对卖淫活动进行管理和控制，其行为构成组织卖淫罪，公诉机关指控的犯罪事实和罪名成立，法院予以支持。吉子某某组织一名未成年人卖淫，应当从重处罚。

关于吉子某某及辩护人提出其不知道卖淫人员中有未成年人的意见。公民户籍信息是判断年龄的主要法定依据，申子某某系未成年人，在17岁生日聚会时曾明确告诉吉子某某自己未满18周岁，且无相反证据证明吉子某某确实明知或应知申子某某已成年，故应认定吉子某某组织一名未成年人卖淫从重处罚，对吉子某某及其辩护人的意见不予采纳。

重庆市巴南区人民法院依照《中华人民共和国刑法》第三百五十八条第一款、第二款，第五十二条，第五十三条，第四十七条之规定，作出如下判决：

被告人吉子某某犯组织卖淫罪，判处有期徒刑五年十个月，并处罚金6万元。

当事人未上诉，检察院未抗诉，该判决现已发生法律效力。

【法官后语】

本案处理重点在于如何理解“明知或应知”卖淫人员系未成年人。《中华人民共和国刑法》第三百五十八条第一款规定：“组织、强迫他人卖淫的，处五年以上十年以下有期徒刑，并处罚金；情节严重的，处十年以上有期徒刑或者无期徒刑，并处罚金或者没收财产。”第二款规定：“组织、强迫未成年人卖淫的，依照前款的规定从重处罚。”

吉子某某及辩护人提出，吉子某某不明知卖淫人员系未成年人，不应认定为组织未成年人卖淫。

未成年人心智尚不成熟，自护能力不足、自我防范意识不强，对其身心特点要求必须给予特殊的、优先的保护。组织未成年人卖淫严重损害未成年人的身心健康，但在司法实践中，被告人往往以其不知道该卖淫人员是未成年人进行辩解，而证明其“明知或应知”的客观证据确实难以收集，不利于对犯罪的打击和对未成年人的保护。

法院在审理组织吉子某某组织卖淫案件中，在现有法律框架下，对如何认定“明知或应知”卖淫人员系未成年人无明确规定时，结合保护未成年人合法权益的立法本意，认为只要客观上所组织的卖淫人员系未成年人，就认定组织未成年人卖淫这一法定从重情节，这体现了人民法院从严打击侵害未成年人合法权益犯罪的态度和决心。值得注意的是，如果有证据证明被告人已主动审查，但有其他因素介入或卖淫人员故意隐瞒真实年龄让被告人误认为其是成年人的，则不能认定组织未成年人卖淫这一从重情节。

编写人：重庆市巴南区人民法院　乔兴秀

55

容留卖淫人数的司法认定

——张某姿、徐某北容留卖淫案

【案件基本信息】

1. 裁判书字号

福建省宁德市中级人民法院（2019）闽09刑终398号刑事裁定书

2. 案由：容留卖淫罪

【基本案情】

2018年年初至同年7月19日，被告人张某姿、徐某北承租古田县城西街道河圪路××号房屋一楼至三楼，以经营推拿店为名，通过微信或电话联系的方式让欧某玉、罗某勇、黄某银、黄某英、“沉默是金”“我，为你专属”“未来的梦”“懂得珍惜才配拥有”“往事如烟”“小倩”等48人以上女子到古田县从事卖淫活动，并为上述人员提供卖淫场所等便利条件。张某姿、徐某北从每次卖淫所得中抽成30元，以微信或现金方式收取，共获利8790元。

2018年7月19日，古田县公安局干警在古田县城西街道河圪路的房屋内抓获被告人张某姿、失足妇女、嫖娼人员共计9人，次日抓获被告人徐某北。

另查明，古田县公安局干警在现场扣押手机2部、名流牌避孕套6盒100只、现金12955元。

【案件焦点】

被告人容留卖淫女人数的认定。

【法院裁判要旨】

福建省宁德市古田县人民法院经审理认为：被告人张某姿、徐某北以营利为目的，为他人从事卖淫活动提供场所等便利条件，人数达10人以上，情节严重，其行为已构成容留卖淫罪。公诉机关指控罪名成立。被告人徐某北有前科，可酌情从重处罚；到案后如实供述主要犯罪事实，系坦白，依法可从轻处罚，被告人徐某北辩解意见与到案证据相符，予以采纳。

依照《中华人民共和国刑法》第三百五十九条、第二十五条第一款、第六十七条第三款，《最高人民法院、最高人民检察院关于办理组织、强迫、引诱、容留、介绍卖淫刑事案件适用法律若干问题的解释》第九条第一款第一项、第十三条第一款之规定，作出如下判决：

一、被告人张某姿犯容留卖淫罪，判处有期徒刑五年，并处罚金1万元；（刑期从判决执行之日起计算。判决执行以前先行羁押的，羁押一日折抵刑期一日，即自2018年7月20日起至2023年7月19日止。）

二、被告人徐某北犯容留卖淫罪，判处有期徒刑五年，并处罚金1万元；（刑期从判决执行之日起计算。判决执行以前先行羁押的，羁押一日折抵刑期一日，即自2018年7月20日起至2023年7月19日止。）

三、已扣押被告人张某姿12955元中的8790元用于退出违法所得，依法予以没收，上缴国库，剩余4165元用于缴纳罚金，上缴国库；

四、已扣押的手机2部、名流牌避孕套6盒100只，依法予以没收，上缴国库。

张某姿、徐某北不服一审判决提起上诉。

福建省宁德市中级人民法院经审理认为：张某姿、徐某北以营利为目的为他人从事卖淫活动提供场所，人数达10人以上，情节严重，其行为均已构成容留卖淫罪。原判认定事实清楚，定罪准确，量刑适当，适用法律正确，审判程序合法。据此，依照《中华人民共和国刑事诉讼法》第二百三十六条第一款第一项的规定，作出如下裁定：

驳回上诉，维持原判。

【法官后语】

本案处理重点主要在于二被告人容留卖淫女人数的司法认定，容留卖淫女人数的认定直接涉及二被告人的刑期。案发时，公安机关只在现场查获4名卖淫女，在侦查过程中，获得二被告人供述、微信聊天记录、微信转账记录及4名卖淫女的证言。庭审中，被告人张某姿始终否认容留他人卖淫。经查，证人欧某玉、罗某勇、黄某银、黄某英均证实，其是由张某姿联系到店内从事卖淫活动，并由张某姿、徐某北提供吃、住，她们卖淫每次被抽成30元，通过微信或现金方式交付；欧某玉、罗某勇、黄某英还证实，卖淫时所使用的避孕套均由二被告人提供；被告人徐某北供述，张某姿将店铺盘下后，开始招一些外地女子从事卖淫活动。同时，徐某北在庭审中亦供述张某姿应其要求上网购买避孕套供卖淫女使用；张某姿在侦查、审查起诉阶段均供述，部分卖淫女是由其联系到店内从事卖淫活动，且其微信收款共计16260元（为30元的倍数）中有一半是卖淫业务所得款；微信聊天、转账记录证实，徐某北、张某姿联系“沉默是金”“我，为你专属”“未来的梦”“懂得珍惜才配拥有”“往事如烟”“小倩”等人到其店内从事卖淫活动，且“沉默是金”“我，为你专属”“未来的梦”“懂得珍惜才配拥有”“往事如烟”“小倩”在张某姿、徐某北“推拿店”经营期间向张某姿或徐某北转账30元倍数的钱款，张某姿、徐某北亦对上述提取的微信照片进行了辨认；被告人徐某北始终都供述到容留20至30人在其店内卖淫。因此，上述证据足以认定张某姿以营利为目的，为10人以上卖淫提供场所等便利条件的行为。

编写人：福建省宁德市古田县人民法院　游顺智

（八）制作、贩卖、传播淫秽物品罪

56

淫秽物品个数的计算

——邓某玮犯贩卖淫秽物品牟利案

【案件基本信息】

1. 裁判书字号

福建省厦门市同安区人民法院（2019）闽0212刑初697号刑事判决书

2. 案由：贩卖淫秽物品牟利罪

【基本案情】

2019年4月1日至5月15日，被告人邓某玮以牟利为目的，在厦门市同安区西柯镇美人山一里10号2××2室，使用台式电脑和手机等工具，在“小猪发卡”平台网站开设网店，发布“久霸”“终极云播”等淫秽视频链接平台的广告及“小猪发卡”平台的二维码，让网民通过扫描“小猪发卡”平台二维码，购买相应的淫秽视频资源及卡密后观看淫秽视频。经查，被告人邓某玮共计贩卖“久霸”“终极云播”等视频网站中淫秽视频文件61个，非法牟利2706元。经鉴定，被告人邓某玮贩卖的视频文件中共计61部视频为淫秽视频。

【案件焦点】

淫秽物品的个数。

【法院裁判要旨】

福建省厦门市同安区人民法院经审理认为：被告人邓某玮以牟利为目的，贩卖淫秽视频文件61个，其行为已构成贩卖淫秽物品牟利罪。公诉机关指控的罪名成立。被告人邓某玮归案后如实供述自己的犯罪事实，可以从轻处罚；自愿认罪认罚，可以从宽处罚；已经退缴违法所得，可以酌情从轻处罚。综上情节，法院决定对被告人邓某玮从轻处罚。

厦门市同安区人民法院依照《中华人民共和国刑法》第三百六十三条第一款、第六十七条第三款、第六十四条和《中华人民共和国刑事诉讼法》第十五条之规定，作出如下判决：

一、被告人邓某玮犯贩卖淫秽物品牟利罪，判处有期徒刑一年，并处罚金5000元；

二、随案移送的作案工具台式电脑一台、小米手机二部予以没收；被告人邓某玮退缴的违法所得2706元予以没收，上缴国库。

【法官后语】

网络技术的革新对网络犯罪产生重要影响，不断演化的犯罪手段使得传播淫秽物品在司法认定上存在诸多变数。《最高人民法院、最高人民检察院关于办理利用互联网、移动通讯终端、声讯台制作、复制、出卖、贩卖、传播淫秽电子信息刑事案件具体应用法律若干问题的解释（二）》认定淫秽视频、音频数量所使用的计数单位为“个”，除此之外并未明确规定“个”的性质和大小。这在实践中就产生了问题，单个视频、音频的最低时长下限是多少？多个内容重复的淫秽视频、音频数量如何计算？多内容组合的高时长视频、音频文件能否认定为多个文件？

互联网传播淫秽物品犯罪本身利用了网络高复制性，行为人在传播淫秽物品时进行必要的复制活动时在网络空间中留下的复制体依然存储于行为人的个人存储或者云存储空间中，对于这部分重复的淫秽电子信息不宜做重复的数量认定。

对于时长、低存储视频、音频的认定应做实质解释，淫秽视频、音频文件在满足格式和性质等形式要件的同时，其文件的大小和时长所反映出来的淫秽性内容能够作为判断该文件社会危害性足够条件时才认定该视频、音频文件为上述司法解释中个数计量。

除时长极短的视频、音频片段外，实践中还会遇到由几段不同内容的视频、音频组合成的超长视频、音频文件，对这类高时长的视频、音频在认定时做自然意义上的个数认定还是根据内容片段进行拆分认定，司法解释并未作明确规定。在司法实践中应当将组合、高时长的视频和音频文件进行自然个数认定，不宜拆分。

编写人：福建省厦门市同安区人民法院　覃娟

57

对互联网淫秽物品的认定

——宋某蓉制作、贩卖淫秽物品牟利案

【案件基本信息】

1. 裁判书字号

四川省成都市新都区人民法院（2019）川0114刑初737号刑事判决书

2. 案由：制作、贩卖淫秽物品牟利罪

【基本案情】

2018年1月至2019年3月，被告人宋某蓉为获取非法利益，在日本、中国成

都等地，利用手机拍摄制作个人淫秽视频、图片，并上传至本人腾讯微云账号进行贩卖。其间，利用微信、微博、Tumblr、Twitter 等社交网络平台发布照片吸引粉丝添加个人微信，后通过微信向购买者发送自己的微云链接地址及解压密码为其提供下载服务，并从中获利。经鉴定，被告人宋某蓉微云账号内可供下载和观看的视频和图片中有 87 节（段）视频、103 张图片属于淫秽物品。

【案件焦点】

利用互联网贩卖、传播淫秽物品的认定。

【法院裁判要旨】

四川省成都市新都区人民法院经审理认为：被告人宋某蓉以牟利目的，通过制作淫秽物品并利用互联网进行贩卖的行为构成制作、贩卖淫秽物品牟利罪。成都市新都区人民检察院指控被告人宋某蓉犯制作、贩卖淫秽物品牟利罪，事实清楚，证据确实、充分，指控罪名成立，予以支持。

综合被告人的犯罪情节、犯罪后果以及归案后的认罪态度、悔罪表现等因素，依照《中华人民共和国刑法》第三百六十三条第一款、第五十二条、第五十三条、第六十七条第三款、第六十四条之规定，作出如下判决：

一、被告人宋某蓉犯制作、贩卖淫秽物品牟利罪，判处有期徒刑九个月，并处罚金 1 万元；（刑期从判决执行之日起计算。判决执行以前先行羁押的，羁押一日折抵刑期一日，即自 2019 年 3 月 19 日起至 2019 年 12 月 18 日止。罚金在本判决发生法律效力的第二日起十日内缴纳。期满不缴纳的，强制缴纳。）

二、公安机关扣押的作案工具依法予以没收。

当事人未上诉，检察院未抗诉，该判决现已发生法律效力。

【法官后语】

根据《中华人民共和国刑法》第三百六十三条的规定，以牟利为目的，制作、复制、出版、贩卖、传播淫秽物品的，成立制作、复制、出版、贩卖、传播淫秽物品牟利罪。本罪在传统犯罪手段下一般不难认定，而在互联网犯罪高发的背景下，一些被告人利用互联网贩卖、传播淫秽物品，使得传统犯罪与现代犯罪手段相结合，给司法实践带来一定的难度。准确认定传统犯罪手段在互联网场域的表现形式，对于惩治这类犯罪具有重要意义。

1. 该罪行为方式的判定

制作、复制、出版、贩卖、传播淫秽物品牟利罪的客观表现是行为人为了牟利实施了制作、复制、出版、贩卖、传播淫秽物品的行为，其主观目的在于获取非法收益。该罪的传统犯罪手段不难理解，困难在于行为人利用互联网实施犯罪时犯罪手段的认定，重点需要关注网络贩卖和网络传播行为。例如，本案中被告人宋某蓉将个人淫秽视频、图片上传至本人腾讯微云账号进行贩卖，就涉及对网络贩卖淫秽物品的认定。因为网络物品具有虚拟性，其交易常常以一种看不见的方式进行，付款和物品的传递均通过网络完成，其犯罪手段具有隐蔽性，犯罪证据难以固定。本案被告人宋某蓉通过微信向购买者发送自己的微云链接地址及解压密码提供下载服务，完成网络售卖淫秽物品，其犯罪过程高度私密化。在司法实践中，对于部分被告人不承认通过网络售卖淫秽物品的案件，一般可以通过调取被告人的资金往来明细与其他证据相互印证。在互联网场域下，通过网络传播淫秽物品与传统方式传播淫秽物品具有一定的差异性，以电子信息为载体的淫秽物品的传播摆脱了传播途径、距离以及时间的限制，可以随时随地通过互联网实现在线或者离线传播。因此，对于利用网络传播淫秽物品的案件，可以通过接收淫秽物品者来间接地认定行为人实施网络传播淫秽物品的违法行为。

2. 网络淫秽物品的认定

（1）认定淫秽物品关键在于是否传递性和色情的内容。根据有关法律规定，淫秽物品是指描绘性行为或者带有露骨宣扬色情的书刊、影片、录像带、录音带、图片、音频等相关物品。随着互联网犯罪的兴起和发展，利用网络实施制作、复制、出版、贩卖、传播淫秽物品的犯罪行为增加，为了及时应对犯罪的新情况，2004年发布了《最高人民法院、最高人民检察院关于办理利用互联网、移动通讯终端、声讯台制作、复制、出版、贩卖、传播淫秽电子信息刑事案件具体应用法律若干问题的解释（一）》，该解释对利用互联网、移动通讯终端、声讯台制作、复制、出版、贩卖、传播的淫秽电影、表演、动画、音频以及电子刊物、文章和短信息等电子信息的行为，规定按照制作、复制、出版、贩卖、传播淫秽物品牟利罪进行处罚。可见，淫秽物品的范围在互联网犯罪中有扩大的趋势，并随着网络技术手段的不断发展，淫秽物品还会以其他的变种形式出现。尽管网络淫秽物品与传统淫秽物品变异出在外观形态上的差异，但在司法实践中认定某一类物品是否属于淫秽物品，其核心在于甄别该物品是否反映了性行为和色情的内容。只要具有描述和表现性行为和色情的内容，无论其外观形态表现如何都应当认定为淫秽物品。

（2）网络淫秽物品数量的认定。实践中办理制作、复制、出版、贩卖、传播淫秽物品牟利罪的另一个问题在于对淫秽物品的数量准确把握。《中华人民共和国刑法》第三百六十三条规定了本罪的加重处罚情节，对于情节严重的处三年以上十年以下有期徒刑，并处罚金；对于犯罪情节特别严重的处十年以上有期徒刑或者无期徒刑，并处罚金或者没收财产。对本罪加重情节的认定离不开对淫秽物品具体数量的认定，而对于淫秽物品数量的判断分别规定在《全国人民代表大会常务委员会关于维护互联网安全的决定》《最高人民法院关于审理非法出版物刑事案件具体应用法律若干问题的解释》《最高人民法院、最高人民检察院关于办理利用互联网、移动通讯终端、声讯台制作、复制、出版、贩卖、传播淫秽电子信息刑事案件具体应用法律若干问题的解释（一）》等多部法律法规和司法解释中。这些规定共同确立了对涉淫秽物品犯罪数量的认定规则。传统的淫秽物品因其具有物理载体容易识别其数量，而网络淫秽物品因其具有数字化特点，在认定时需要特别注意重复计算问题。例如，一份网络淫秽图片（视频）分别存放在电子邮箱和网络云盘，只是存储位置不一样，就不能认定为多个淫秽图片（视频），这种情形一般不难理解。难点在于同一时间内用不同拍摄设备拍摄的淫秽图片（视频）的数量认定。此种情形下需要注意拍摄设备是否具有拍摄角度的区别，如果设备处于不同的位置，拍摄出的视频（图片）在表现上呈现出明显的角度上的区别，那么就应当认定为多个淫秽视频（图片）。对于确实难以辨别数量的淫秽物品还可以通过专门的鉴定机构对数量进行鉴定和认定。

3. 本罪的罪名选择

本罪是多个犯罪行为组合在一起的选择性罪名，在不同犯罪中应当根据行为人的具体犯罪行为来选择确定罪名。有的犯罪中行为人的犯罪手段仅涉及部分行为的，那么就按其涉及的具体行为定罪处罚。例如，仅涉及制作、复制淫秽物品牟利的，就构成制作、复制淫秽物品牟利罪；只涉及贩卖、传播淫秽物品牟利的，就构成贩卖、传播淫秽物品牟利罪。如果行为人只是在互联网上传播淫秽物品，不具有营利目的，且情节严重，则触犯《中华人民共和犯刑法》第三百六十四条规定的传播淫秽物品罪，不以本罪定罪处罚。

编写人：四川省成都市新都区人民法院　梁康

二、贪污贿赂罪

58

虚列开支挪用公款的行为是否应以贪污罪定罪处罚

——杨某贪污案

【案件基本信息】

1. 裁判书字号

四川省雅安市石棉县人民法院（2019）川 1824 刑初 47 号刑事判决书

2. 案由：贪污罪

【基本案情】

2017 年至 2019 年，被告人杨某利用担任石棉县医疗保险管理局、石棉县医疗保障局医疗保险基金出纳的职务之便，窃取并偷盖财务专用章，开具虚假业务委托书，以“支付基本医疗”“调账”等名义将医保基金转入其个人和前妻账户，用于打游戏、还高利贷、网贷及支付分手费。杨某将医保基金窃取后，将真实的银行对账单扫描成 JPG 图片文件后进行销毁，用图片处理软件将转账给自己和刘某的交易记录删除，并修改医保基金账户余额。之后，杨某将其制作的虚假银行对账单交给会计对账，以掩饰其窃取医保基金的犯罪事实。杨某窃取医保基金的金额共计 350 万元。

杨某及其辩护人对公诉机关指控的事实无异议，但认为杨某的行为属挪用公款，应以挪用公款罪定罪处罚。

【案件焦点】

虚列开支挪用公款的行为是否应以贪污罪定罪处罚。

【法院裁判要旨】

四川省雅安市石棉县人民法院经审理认为：挪用公款罪侵犯的法益是公款的使用权，在主观上是以使用为主观目的而非以非法占有为目的，而贪污罪侵害的是公共财物的所有权，行为人是以非法占有为目的。被告人杨某将公款套出后，采取销毁真实凭证、以修改后的银行对账单平账，使其所窃取的公款在单位财务账目上难以反映出来，且其在窃取公款后将公款用于挥霍和支付分手费等开支。被告人杨某窃取公款时间长达一年以上，先后共窃取公款40次，并无归还公款的行为，由此可见，其在主观上并未有归还意识，其行为是以非法占有为目的，窃取公款为自己使用，因此，应以贪污罪对其定罪处罚。杨某身为国家工作人员，利用职务便利，侵吞、窃取公款，数额特别巨大，其行为已触犯刑律，构成贪污罪。

综上，四川省雅安市石棉县人民法院依照《中华人民共和国刑法》第三百八十二条第一款，第三百八十三条第一款、第二款，第九十三条第一款，第六十七条第一款，第五十二条，第五十三条，第六十四条，第六十一条，《中华人民共和国监察法》第四十四条第三款，《最高人民法院、最高人民检察院关于办理贪污贿赂刑事案件适用法律若干问题的解释》第三条第一款、第十八条、第十九条第一款之规定，作出如下判决：

一、被告人杨某犯贪污罪，判处有期徒刑十一年，并处罚金80万元；（刑期从判决执行之日起计算。判决执行以前先行留置或羁押的，留置或羁押一日折抵刑期一日，即自2019年4月4日起至2030年4月3日止。罚金于本判决生效后十日内向法院缴纳。期满不缴纳的，强制缴纳。）

二、被告人杨某违法所得350万元予以追缴，上缴国库；（实际执行中应扣除已退缴部分。）

三、被告人杨某违法所得的利息6000元予以追缴，上缴国库；

四、扣押在案的作案工具U盘一个予以没收。

当事人未上诉，检察院未抗诉，该判决现已发生法律效力。

【法官后语】

挪用公款罪侵犯的直接客体是公款的使用权，在主观上是以使用为主观目的而非以非法占有为目的；贪污罪侵害的客体是公共财物的所有权，行为人是以非法占有为目的。两者手段相似、结果相同，但目的不同，《中华人民共和国刑法》规定的刑期也不同，因此在此类案件中，辩护人的辩护意见多认为应以挪用公款罪论处。我国刑法的基本理论之一就是主客观相统一，因此要对二者进行审慎区分。

在审理此类案件时，不能简单地定罪量刑。虽然《全国法院审理经济犯罪案件工作座谈会纪要》(2003年11月13日) 第四部分第八条挪用公款转化为贪污的认定中明确规定："……2. 行为人挪用公款后采取虚假发票平账、销毁有关账目等手段，使所挪用的公款已难以在单位财务账目上反映出来，且没有归还行为的，应当以贪污罪定罪处罚……" 已经以纪要的形式统一了认识，对此类行为以贪污罪论处，但是，此条文所规范的行为是挪用公款罪转化为贪污罪的行为，属于转化犯，其规范的行为是将公款挪用后再行平账、销毁账目等行为，则其最初犯意应为挪用公款的意识。而本案中，杨某是在为了打游戏、还高利贷、网贷及支付分手费的主观意识下，通过偷盖财务专用章、开具虚假业务委托书、虚列支出的方式将公款挪用出来，且其对自己的财务状况是十分清楚的，其犯罪之初就明知自己没有归还的能力，且实际上在长达一年的时间内也没有归还的行为，其最初犯意即为以占有为目的，根据主客观相统一原则，行为属于当然的贪污行为，而并非由挪用公款行为转化为贪污行为。虽然罪名和最终刑期一样，但是裁判理由却大不相同。

如果是转化犯，则可以直接以该会议纪要的条文为裁判说理的理由。如果其并非转化犯，在裁判说理部分引用该条文，则是明显的错误，不仅体现出办案人员认定事实的错误，更可能导致案件的发回和改判。因此，在审理的过程中应该综合全案的事实和证据进行审查。

在认定是挪用公款罪还是贪污罪时，应结合被告人的经济状况、犯罪期间、资金流、资金去向等综合性证据全面审查被告人的主观意图是否属于以非法占有为目的，判定被告人是否是挪用公款罪转化为贪污罪。

编写人：四川省雅安市中级人民法院　周恒旭

59

将国有财产转为本人为股东的公司占有，并以该财产为他人借款提供抵押担保致该国有财产被处置的，以贪污罪定罪处罚

——胡某军等贪污案

【案件基本信息】

1. 裁判书字号

安徽省合肥市中级人民法院（2019）皖01刑终459号刑事裁定书

2. 案由：贪污罪

【基本案情】

新型公司系全民所有制企业。被告人胡某军、龚某、赵某华、方某均系其员工。该公司职工集资成立绿城公司及顺欣公司，四被告人均是股东。

2000年前后，新型公司投资开发建设合肥市淠河路飞虹小区，其中A区、B区400个摊位及A区6号楼夹层、7号楼夹层房产未出售，也未办理房产确权登记，书面委托顺欣公司对上述房产进行管理。

2001年，新型公司与建材一厂合作，以昆仑公司的名义开发住宅楼，设立共管账户，所有投入均由新型公司支出，时任新型公司法定代表人杨某，为转移开发利润，与建材一厂法定代表人何某商议，将绿城公司纳入开发主体签订三方联合开发的虚假协议，并用所获利润以昆仑公司的名义购买淠河路集贸市场A区、B区400个摊位，新型公司收款后开具发票，但未办理房产确权登记。胡某军安排龚某调取该发票原件，将购房缴款单位篡改成“绿城公司”“顺欣公司”并复印数份，手写注明“此发票原件遗失，开票日期为2002年11月11日”，并加盖新型公司财务专用章。

2004年11月，新型公司申请破产，在破产清算期间及破产清算组临近解散时，胡某军分别请求清算组组长及案涉财产主管单位资产管理部部长将集贸市场A区、B区400个摊位留下，导致该财产未被纳入破产财产，继续由顺欣公司实际经营管理。

在绿城公司、顺欣公司被吊销营业执照后，胡某军、龚某、赵某华在其他股东不知情的情况下，以三人名义投资成立顺兴公司，接管顺欣公司业务，实际控制并继续经营管理上述资产。

此后，胡某军安排方某伪造购房合同、房产产权证明，安排员工私刻新型公司印章加盖于伪造合同、篡改顺兴公司营业执照成立日期，安排方某持有上述伪造材料及飞虹小区商品房预售许可证等，通过合肥市房产局产权登记科窗口受理人员、产权登记科副科长关照的方式将上述资产办理至顺兴公司名下。

2011年前后，胡某军又以该4套房产证先后为他人借款提供抵押担保。后因借款人未归还借款，导致上述国有资产被判决裁定偿还债务。

【案件焦点】

1. 被告人胡某军、龚某、赵某华是否属于受国有企业委托管理、经营国有财产的主体；2. 涉案资产是否属于国有财产；3. 各被告人是否具有贪污的主观故意。

【法院裁判要旨】

安徽省合肥市庐阳区人民法院经审理认为：顺欣公司之所以一直控制并实际经营管理案涉财产，正是基于国有企业（包括新型公司、破产清算组、主管单位工业投资公司）的委托，包括书面形式的委托（物业委托管理合同）、口头形式明示或者默示的委托（破产清算组及主管单位主要负责人员的口头明示或者默认），胡某军、龚某、赵某华作为顺欣公司的管理人员，依法应认定为受委托管理、经营国有资产的人员。

案涉资产由新型公司开发建设，原始所有权归属于新型公司，不论杨某等人采取签订虚假联合开发协议、虚假交易转账的手段，还是胡某军等人采取制造虚假发票、提交虚假发票、不纳入破产资产等手段，该资产的性质从未被改变，一直属于国有财产。

胡某军、龚某、赵某华为更好地实际控制案涉资产，在原绿城公司、顺欣公司其他股东不知情的情况下成立顺兴公司；为将案涉资产占为己有，伙同方某等人采取欺骗手段登记在顺兴公司名下，后又将该部分资产随意为他人借款抵押担保，所得借款被随意处分（包括借贷给他人、将案涉资产转包等重大事项），有非法占有目的，具有贪污的主观故意。

综上，被告人胡某军、龚某、赵某华在受委托管理、经营国有财产期间，利用职务上的便利，采取欺骗的手段将国有财产非法占为己有，其行为均符合贪污罪的犯罪构成要件，被告人方某在明知案涉资产系国有财产，不属于顺兴公司所有的情况下，仍为被告人胡某军、龚某等人的贪污行为提供帮助，其行为构成贪污罪的共犯。依照《中华人民共和国刑法》第三百八十二条第二款、第三款，第三百八十三条第一款，第二十五条第一款，第二十六条第一款，第二十七条，第六十七条第三款，第六十四条，第七十二条第一款、第三款，第七十三条第二款、第三款，《最高人民法院、最高人民检察院关于办理贪污贿赂刑事案件适用法律若干问题的解释》第三条第一款、第十八条、第十九条之规定，作出如下判决：

一、被告人胡某军犯贪污罪，判处有期徒刑十五年，并处罚金200万元；

二、被告人龚某犯贪污罪，判处有期徒刑七年，并处罚金60万元；

三、被告人赵某华犯贪污罪，判处有期徒刑六年，并处罚金50万元；

四、被告人方某犯贪污罪，判处有期徒刑三年，缓刑三年，并处罚金30万元。

宣判后，被告人胡某军、龚某、赵某华提出上诉。安徽省合肥市中级人民法院同意一审法院裁判意见，裁定驳回上诉，维持原判。

【法官后语】

《中华人民共和国刑法》第三百八十二条第二款规定："受国家机关、国有公司、企业、事业单位、人民团体委托管理、经营国有财产的人员，利用职务上的便利，侵吞、窃取、骗取或者以其他手段非法占有国有财物的，以贪污论。"现实的案情往往比法条预想的复杂得多，有限的法律语言永远无法将无穷多变的生活事实完全纳入其中，此时就需要法官解释法律，因为"法律的生命在于理解、解释和运用。法律的生命开始于法官的法律解释"。

具体到本案，从表象上看各被告人并非受国有公司直接委托管理国有财产的人员，各被告人也确以此为由进行申辩，但深究本案的演变过程、层层抽丝剥茧，不难发现各被告人一直基于最初的委托实际管理经营案涉资产，本案法官通过目的解释探寻立法者的本意，得出"'受委托管理、经营国有财产'的委托主体应当是对国有财产负有管理职责的主体，包含国家机关、国有公司、企业、事业单位及人民团体；委托的形式可表现为行政上的委托，也可表现为民事上的委托、承包、租赁、聘用等，既可以是书面委托，也可以是口头委托；委托的对象既包括公司等法人，也包括个人"的结论，既符合立法者的本意，又适度能动司法，克服法律语言的僵硬性。

关于本案中的涉案财产是否系国有资产，同样地从表象上看，案发时案涉资产的权属登记在顺兴公司名下，但通过阅卷发现，在案证据表明其在办理房产证之前一直处于无权无证状态，且原始性质系国有财产并未发生过变动，该案涉资产仅有一次买卖记录，也系因虚假转账产生，各被告人在代为管理案涉资产的公司被吊销营业执照以后，在其他股东不知情的情况下成立谐音相似的公司掩人耳目，并通过伪造购房合同、虚假的产权证明，篡改发票、营业执照公司设立日期，请托房产登记部门窗口人员给予关照等方式，将案涉资产偷梁换柱至以行为人为股东注册成立的新公司名下，然涉案资产虽经过了多道流转，仍未改变其国有资产的性质，故对于财产原始性质系国有财产的，虽经非法手段转移至个人或公司占有，使该资产为个人或公司实际控制，其性质仍应当认定为国有资产。

此外，本案中的各被告人申辩称其并无贪污的主观故意，而在案的证据证实，其先是将案涉资产通过伪造虚假的产权登记材料登记至以行为人为股东注册成立的公司名下，后又以该国有资产为他人借款提供抵押担保并导致该国有资产被处置，其随意处分国有资产的行为，可以认定其具有非法占有国有资产的主观故意，应当以贪污罪定罪处罚。

该案为类案的处理提供了指引，无论犯罪事实、情节多么复杂，万变不离其宗，处理此类案件必须牢牢抓住问题的本质，抓住一条主线和脉络形成审查思路，条分缕析并通过证据相互印证形成证据链，探寻事件本身的真相。

该案既能实现法的特殊预防又可以起到一般预防之效用，无论犯罪分子多么处心积虑、费尽心机，也难逃严密的法网，最终不仅房产登记部门窗口人员被另案处以刑罚，本案各犯罪分子亦受到了严厉的处罚，承办人也充分考虑各被告人在案件中的行为、情节和作用做到了量刑均衡。

编写人：安徽省合肥市庐阳区人民法院 刘文文

60

单位基本了解犯罪事实未向司法机关报案前贪污自首的认定

——陈某萃贪污案

【案件基本信息】

1. 裁判书字号

广西壮族自治区崇左市中级人民法院（2020）桂14刑终26号刑事判决书

2. 案由：贪污罪

【基本案情】

2013年12月至2019年2月，被告人陈某萃利用担任扶绥县妇幼保健院出纳、财务科小组长、财务科副主任的职务便利，在制作单位职工绩效发放工资表给院领导审批后，擅自修改提供给银行用于发放绩效工资明细表的数字，虚增其个人的绩效工资金额，使银行按照其修改后的个人绩效金额转款到其个人账户，陈某萃多次以修改增加其个人的绩效工资金额的方法，共侵吞单位资金1065497.04元。所得赃款用于购买保险、邮票、旅游、个人用品等个人生活开支。案发后，其家属已将全部赃款退出，上缴到县纪委账户。

【案件焦点】

行为人陈某萃在其所在单位已基本掌握其贪污的犯罪事实，即将移送至监察机关时，行为人向所在单位负责人交代其贪污事实，是否属于自首。

【法院裁判要旨】

广西壮族自治区崇左市扶绥县人民法院经审理认为：被告人陈某萃身为国家工作人员，利用职务便利，虚增其个人绩效工资，侵吞公款1065497.04元，数额巨大，其行为已构成贪污罪，依法应当处三年以上十年以下有期徒刑，并处罚金或者没收财产。对于被告人陈某萃的辩护人提出被告人陈某萃具有主动投案自首的量刑情节，应当给予从轻处罚的辩护意见。单位基本了解被告人陈某萃的犯罪事实但未向司法机关报案前，陈某萃主动向所在单位汇报自己实施的犯罪行为，符合犯罪嫌疑人犯罪事实未被司法机关发觉，而向其所在单位、城乡基层组织或者其他有关负责人员自动投案的自首情形，法院予以确认，可以从轻或减轻处罚。被告人陈某萃的辩护人提出被告人陈某萃及时退回了全部赃款，应适用缓刑的辩护意见。陈某萃积极主动退出全部赃款，可作为减轻处罚的量刑情节，但不能作为适用缓刑依据，不予认可。本案适用认罪认罚从宽制度，依法可对陈某萃从宽处罚。

广西壮族自治区崇左市扶绥县人民法院依照《中华人民共和国刑法》第三百八十二条第一款、第三百八十三条第一款第二项、第五十二条、第五十三条、第六十四条、第六十一条、第六十七条第一款，《最高人民法院、最高人民检察院关于办理贪污贿赂刑事案件适用法律若干问题的解释》第二条第一款、第十八条、第十九条，《最高人民法院关于处理自首和立功具体应用法律若干问题的解释》第一条，《中华人民共和国刑事诉讼法》第二百零一条之规定，作出如下判决：

一、被告人陈某萃犯贪污罪，判处有期徒刑四年，并处罚金20万元；

二、被告人陈某萃退出的违法所得1065497.04元，返还扶绥县妇幼保健院。

陈某萃不服一审判决，提起诉讼。

广西壮族自治区崇左市中级人民法院经审理认为：上诉人陈某萃利用职务便利，侵吞单位资金1065497.04元的事实与原判认定的事实一致，原审据以认定事实的证据链已充分证实本案的事实存在，法院予以确认。另查明，案发前，陈某萃主动与扶绥县妇幼保健院负责人供述自己贪污的犯罪事实，后扶绥县妇幼保健院将陈某萃涉嫌犯罪的线索移交扶绥县监察委调查；本案在上诉审理期间，扶绥县公安局通过扶绥县看守所向二审法院提交一份上诉人陈某萃在押期间具有立功情节的《情况说明》，经开庭质证，证实陈某萃在被羁押期间协助扶绥县公安局侦破一起重大案件起关键作用。上诉人陈某萃身为国家工作人员，利用职务便利侵吞公款，数额巨大，其行为已构成贪污罪，案发前，陈某萃主动向原所在单位负责人如实供述自己的犯罪行为，可视为其自动投案，并构成自首；陈某萃在被羁押期间协助扶绥县公安局侦破其他重大案件起实行作用，且经查证属实，属立功；陈某萃主动退回全部赃款；从接受调查之日起认罪、认罚，有悔罪表现。陈某萃具有法定和酌定从轻、减轻处罚情节。根据全案事实，综合考虑陈某萃依法的数额和具有从轻、减轻处罚的具体情节，决定对其从轻处罚，且不适用缓刑。上诉人提出其有自首、立功情节，应以从轻处罚的上诉意见成立，予以采纳，但请求对其减轻处罚并适用缓刑的意见，不予采纳。

广西壮族自治区崇左市中级人民法院依照《中华人民共和国刑事诉讼法》第三百八十二条第一款、第三百八十三条第一款第二项、第六十七条第一款、第六十八条、第五十二条、第五十三条、第六十四条、第六十一条，《最高人民法院、最高人民检察院关于办理贪污贿赂刑事案件适用法律若干问题的解释》第二条第一款、第十八条、第十九条，《最高人民法院关于办理职务犯罪案件认定自首、立功等量刑情节若干问题的意见》第一条第一款、第二款，第二条第二款及《中华人民共和国刑事诉讼法》第二百三十六条第一款第三项、第二百四十四条之规定，作出如下判决：

一、撤销广西壮族自治区扶绥县人民法院（2019）桂1421刑初130号刑事判决第一项，即被告人陈某萃犯贪污罪，判处有期徒刑四年，并处罚金20万元；

二、维持广西壮族自治区扶绥县人民法院（2019）桂1421刑初130号刑事判决第二项，即被告人陈某萃退出的违法所得1065497.04元，返还扶绥县妇幼保健院；

三、上诉人陈某萃犯贪污罪，判处有期徒刑三年，并处罚金20万元。

【法官后语】

本案中，行为人陈某萃身为国家工作人员，利用职务便利，虚增其个人绩效工资，侵吞公款1065497.04元，数额巨大，其行为已构成贪污罪，利用职务便利侵吞公款，数额巨大，其行为已构成贪污罪，控辩双方对此均无争议。

本案争议的焦点在于行为人陈某萃在所在单位已基本掌握其贪污的犯罪事实，即将移送至监察机关时，行为人陈某萃向所在单位负责人交代其贪污事实，是否属于自首。行为人陈某萃的辩护人提出陈某萃具有主动投案自首的量刑情节，应当给予从轻处罚。而公诉机关则认为，行为人陈某萃在向该单位扶绥县妇幼保健院辞职时，财务人员经过审核相关材料，已经掌握了行为人陈某萃贪污的情况。行为人投案的原因是其知道单位决定要在2019年7月2日将其犯罪行为移交纪委的消息，才于同一天中午向单位领导交代贪污事实，公诉机关认为行为人陈某萃没有投案的主动性，也没有主动投案的意图，其只是想让单位给其一个退赃、挽回的机会。而笔者认为，结合本案中行为人陈某萃的行为应属于自首，主要理由如下：

1. 成立自首需同时具备自动投案和如实供述自己的罪行两个要件。犯罪事实或者犯罪分子未被办案机关掌握，或者虽被掌握，但犯罪分子尚未受到调查谈话、讯问，或者未被采取调查措施或者强制措施时，向案件机关投案的，是自动投案。在此期间如实交代自己的主要犯罪事实的，应当认定为自首。犯罪分子向所在单位等办案机关以外的单位、组织或者有关负责人员投案的，应当视为自动投案。

本案中，被告人陈某萃在犯罪事实已被单位基本了解但未向司法机关报案前，主动向所在单位汇报自己实施的犯罪行为，虽时间前后在同一天，但仍符合犯罪嫌疑人的犯罪事实未被司法机关发觉，而向其所在单位、城乡基层组织或者其他有关负责人员自动投案的自首情形。

2. 被告人陈某萃在犯罪事实已被单位基本了解但未向司法机关报案前，承认自己所犯的特定之罪，必须置于有关机关或个人控制之下，并交代犯罪事实。行为人陈某萃向单位负责人交代了犯罪事实是否属于自首，关键点是行为人在交代犯罪事实的过程中有没有请求单位领导不要将自己移送司法机关，表示自动归案的意图。本案中行为人陈某萃因为害怕，向单位分管领导和院长如实交代，承认错误，表示要退赃，且没有不要将自己移送司法机关的明确表示，应属于承认自己所犯特定之罪，并置于有关机关或个人控制之下，交代犯罪事实。

3. "自动投案"是成立自首的重要条件，在办理贪污贿赂案件的司法实践中，主要应把握对立案前归案情况的认定。对于嫌疑人来说，立案前尚未进入刑事诉讼程序，不存在讯问，也不允许采取强制措施，嫌疑人在这种情况下到案，一般应认定为"自动投案"，如能交代自己的罪行，不论犯罪事实是否被发觉，应认定为自首。对于侦查机关以直接通知、口头或者电话通知行为人到案的情况，不论是否告知"审查"内容，只要不是以与案件无关的方法"欺骗"其到案，笔者认为这种归案符合《最高人民法院关于处理自首和立功具体应用法律若干问题的解释》第一条的规定，符合自首的立法本意，因为"通知"不具有强制性，嫌疑人完全有条件回避，甚至可以逃之夭夭，所以这种归案具有主动性、自愿性，可以认定为"自动投案"，嫌疑人进而如实供述的可以认定为自首。

结合本案，行为人在向单位交代犯罪事实后，在第二天公安机关到其父母家通知其接受调查时，主动跟公安人员到公安机关接受调查，并于当日退回一半赃款，也应属于自动投案的情形，可认定为自首。

编写人：广西壮族自治区崇左市扶绥县人民法院　许皓景

61

村基层组织人员的职务犯罪认定

——周某斌贪污案

【案件基本信息】

1. 裁判书字号

湖南省岳阳市云溪区人民法院（2019）湘0603刑初67号刑事判决书

2. 案由：贪污罪

【基本案情】

2011年年初至2014年9月，被告人周某斌利用其担任经开区康王乡新元村村主任兼出纳、协助人民政府从事公务的职务之便，以非法占有为目的，采取重复报账的手段涉嫌贪污经开区康王乡财政所给新元村的财政专项征地拆迁补偿款846087元，用于冲抵其在新元村项目征地拆迁补偿款中已挪用的私人开支。

具体事实如下：

2011年年初，经开区在康王乡新元村范围内先后启动“赛拉维”等多个征拆项目，新元村村委会分工安排村主任被告人周某斌兼任出纳工作，由其经手协助人民政府发放征拆补偿款给相关村民。周某斌利用职权，严重违反财务管理制度，擅自将几千万元的本村征拆项目补偿款转至本人及村民王某和、邓某树、连某等人的个人储蓄卡中，且全部由其掌控使用，由此周某斌手里就掌握了大量现金，且相关部门疏于对其经手的资金进行监督。时间一长，周某斌见有空子可钻，即利用职务之便，先后多次从其掌管的项目征拆补偿款中挪用40多万元用于自己因交通事故所赔之款和挪用30多万元用于私人招待朋友、日常开支及人情往来，共计80多万元。

2013年5月29日，康王乡新元村木里港路项目征拆户梅某清之父梅某成找被告人周某斌领取征拆补偿款，周某斌当即转了征拆补偿款846087元到梅某清的账户上，随后梅某成即以其子梅某清的名义写了一张领取征拆补偿款846087元的白纸收条给了周某斌，落款时间为2013年5月29日。此后，周某斌见自己掌管的征拆补偿款过手有几千万元，但自己辛苦一年工资仅几万元，心里失衡，且加之已私自挪用征拆补偿款达80多万元，便产生了利用这次机会以梅某清领取征拆补偿款的名义在新元村征拆项目账中重复报账来冲抵个人开支造成的现金亏空。没过多久，周某斌用村里专用的领款凭单又亲手填写了一张梅某清领取846087元的征拆补偿款领条，并有意将领款时间写成2013年5月26日，且将这两张条据（收条和领款凭单）都放在了要报账的新元村项目账票据中。

2014年上半年，新元村村支两委换届后，新元村村委会安排王某兵接任村出纳工作。自2011年年初被告人周某斌接手出纳工作以来，新元村项目开支的票据就一直未按规定交康王乡经管站做账，导致开支票据积压严重，项目账复杂难做，时任康王乡经管站站长刘某文便安排了该乡经管站返聘会计鲁某波做新元村项目账。2014年7月至8月，周某斌又见有机可乘，遂将早已起意欲重复报账的846087元的两张条据混杂于大量的新元村项目账要做账的开支票据中一并交给了鲁某波，后鲁某波在做账过程中发现了梅某成写的白纸收条不符合财务规定，但其又未发现另一张以梅某清名义由周某斌亲笔填写的领款凭单亦在要做的票据中，周某斌便骗得鲁某波将此两张条据均做入了新元村项目账中。到2014年9月12日，周某斌与王某兵办理了出纳交接工作。至此，周某斌利用重复报账的手段顺利地冲抵了其在新元村项目征拆补偿款中私自挪用的且用于私人开支的846087元的亏空。

2016年4月至5月，开区木里港管理处清理被征地拆迁人员名单时（2016年4月，康王多新元村划归木里港管理处为新元社区），新元社区出纳王某兵发现梅某清有两张补偿金额相同的条据都做了账，被告人周某斌重复报账之事败露，在经管站召集周某斌及相关人员碰头核实情况时，周某斌担心组织上追究其涉嫌贪污公款数额巨大的责任，更担心受到刑事处罚，便谎称是自己忘了将白纸收条取出来，导致后续做错了账，只是工作失职，并当即表示愿意退回846087元。2016年12月8日，周某斌征得其表弟许某的同意，从新元村预付许某的征地拆迁补偿款中借支了846087元，用于退还自己的重复报账款。

被告人周某斌的违法所得为846087元，其已于岳阳市云溪区监察委员会对其立案调查前全额退还给了被害单位。

另外，被告人周某斌所在居委会出具了100多名村民签名的谅解书，认为被告人周某斌担任村主任、书记期间，为所在单位作出过重要贡献，请求法院对其从轻处罚。

【案件焦点】

村委会等基层组织人员“利用职务上的便利，将本单位财物非法占为己有”时，职务侵占罪、挪用公款罪与贪污罪之间如何认定。

【法院裁判要旨】

湖南省岳阳市云溪区人民法院经审理认为：被告人周某斌利用其担任经开区康王乡新元村村主任、出纳的职务便利，以非法占有为目的，采取重复报账的手段骗取公共财物，数额巨大，其行为已构成贪污罪。公诉机关指控的事实清楚，证据确实、充分，罪名成立。被告人周某斌在提起公诉前如实供述自己罪行，属坦白，其真诚悔罪，积极退赃，依法可以从轻处罚。被告人周某斌认罪态度较好，取得居委会及村民谅解，可酌情从轻处罚。

关于被告人周某斌的辩解意见及其指定辩护人提出的辩护意见，法院综合评判如下：

1. 关于被告人周某斌应为挪用公款罪的辩解及辩护意见，经查，被告人周某斌作案时任岳阳市经开区康王乡新元村村主任兼出纳，主要工作职责是：（1）主管经济工作和征拆项目协调工作；（2）根据村级财务制度管理村级现金。其在负责发放征拆补偿款的工作中，利用职务之便，采取虚报冒领的手段，填写一张梅某清领取846087元的征拆补偿款收条，重复领取款项后据为己有，此过程说明被告人周某斌主观上有非法占有的故意，符合贪污罪的构成要件。故此辩解及辩护意见法院不予采纳；

2. 关于被告人周某斌有自首情节的辩护意见，经查，被告人周某斌重复报账领取846087元的征拆补偿款后，虽经其所在的岳阳市经开区康王乡经管站发现问题后及时组织经费进行填补退还，但事后并未主动向有关纪检监察部门投案。群众举报后，在纪委调查期间亦未如实交代问题，仅在云溪区监察委员会的后期问话及岳阳市云溪区人民检察院审查起诉阶段的讯问中，才如实供述其罪行。故其自首不能成立。该辩护意见，法院不予采纳。

3. 关于被告人周某斌认罪态度好，主观恶性小，且所在居委会出具了100多名村民签名的谅解书，可酌情从轻处罚的辩护意见，与事实相符，法院予以采纳。

依照《中华人民共和国刑法》第三百八十二条第一款，第三百八十三条第一款第二项、第三款，第六十七条第三款之规定，作出如下判决：

被告人周某斌犯贪污罪，判处有期徒刑三年六个月，并处罚金25万元。

宣判后，被告人周某斌未提起上诉，检察院亦未抗诉，判决已发生法律效力。

【法官后语】

1. 关于村基层组织人员法律属性的判断

《全国人民代表大会常务委员会关于〈中华人民共和国刑法〉第九十三条第二款的解释》中规定了以下七种情形：“（一）救灾、抢险、防汛、优抚、扶贫、移民、救济款物的管理；（二）社会捐助公益事业款物的管理；（三）国有土地的经营和管理；（四）土地征收、征用补偿费用的管理；（五）代征、代缴税款；（六）有关计划生育、户籍、征兵工作；（七）协助人民政府从事的其他行政管理工作。”明确村民委员会等村基层组织人员协助人民政府从事上述七项行政管理工作时，属于“其他依照法律从事公务的人员”，将村干部从事公务活动与基层自治活动进行了区分。因此在村基层组织人员涉嫌犯罪时要考虑其是犯罪过程中的主体“身份”，是属于协助人民政府从事公务活动还是属于自身基层自治活动，从而确定被告人触犯的罪名。本案中，被告人系经开区康王乡新元村村主任兼出纳，属于村基层组织人员。行为人管理着当时新元村项目征地拆迁补偿款的发放，属于《中华人民共和国立法法》中村民委员会等村基层组织人员协助人民政府从事“土地征收、征用补偿费用的管理”时的“其他依照法律从事公务的人员”。

2. 结合职务侵占罪、挪用公款罪与贪污罪的构成要件对本案罪名法律释义

（1）职务侵占罪，是指公司、企业或者其他单位人员，利用职务上的便利，将本单位财物占为已有，数额较大的行为。其主体为“公司、企业或者其他单位人员”，因此村基层组织人员可构成该罪，但该罪的犯罪行为是利用职务的便利，侵占本单位财物的行为。其犯罪对象是自己职权范围内或者是工作范围内经营的本单位的财物。本案中被告人采取重复报账冲抵的财务属于新元村项目征地拆迁的补偿款，其侵犯的财产性法益是公共财物，并非新元村的单位集体财产权，因此不能构成本罪。

（2）挪用公款罪，本罪的主体是特殊主体，即国家工作人员，这里所说的国家工作人员可以是从事公务的人员，因此本案被告人在协助政府管理征收款属于从事公务的人员，可构成本罪。但本罪的客观方面表现为三种情况，①行为人利用了职务上的便利，挪用公款归个人使用，进行非法活动。②挪用数额较大的公款进行营利活动。③挪用数额较大的公款超过3个月未还的行为。本案中被告人周某斌先后多次从其掌管的项目征拆补偿款中挪用了40多万元用于自己因交通事故所赔之款和挪用30多万元用于私人招待朋友、日常开支及人情往来，并且事后采取重复报账的行为进行冲抵，想将此款占为己有。既没有从事营利活动也没有从事非法活动，而是用于个人挥霍且没有归还的意思，故不能构成本罪。

（3）贪污罪，是指国家工作人员利用职务上的便利，侵吞、窃取、骗取或者其他非法占有公共财物的。该工作人员亦可以是从事公务的人员。贪污罪侵害的财产性法益是公共财产所有权。本案中被告人采取重复报账的手段是经开区经康王乡财政所下拨给新元村的财政专项征地拆迁补偿款，属于公共财物，并非单位集体财产，因此其符合贪污罪的犯罪构成，应当认定为贪污罪。

3. 贪污罪与职务侵占罪、挪用公款罪的关系

根据对贪污客观行为的理解，可以认为，贪污罪与职务侵占罪、挪用公款罪在犯罪的构成要件上有重合之处。贪污罪中的侵吞行为，也符合职务侵占罪的犯罪构成；贪污中的挪用行为，亦符合挪用公款罪的犯罪构成；贪污罪中的侵吞行为与职务侵占罪是特别法条与普通法条的法条竞合关系（贪污罪对身份和对象的要求高于职务侵占罪）。构成贪污罪的行为，必然符合职务侵占罪的犯罪构成，但应当认定为贪污罪，而不认定为职务侵占罪。当然，如果行为人没有认识到自己的国家工作人员身份，则可能成立职务侵占罪。

编写人：湖南省岳阳市云溪区人民法院　丁咪

62

扶贫资金的认定

——吴某贪污案

【案件基本信息】

1. 裁判书字号

湖南省张家界市中级人民法院（2019）湘08刑终134号刑事裁定书

2. 案由：贪污罪

【基本案情】

2014年12月至2015年1月，被告人吴某利用担任桑植县空壳树乡陈家坪村村书记、协助乡政府从事行政管理工作的职务便利，虚构工程量、伪造各种单据，骗取扶贫资金和社会捐赠资金共计17.927万元。案发后，被告人吴某向桑植县监察委退交了全部赃款。

具体事实如下：

1. 2013年至2014年，桑植县空壳树乡陈家坪村是张家界市发展和改革委员会（以下简称发改委）的建设扶贫联系村。2014年，市发改委组织资金为该村实施组道硬化、路灯安装等项目建设。组道硬化项目完工后，2014年12月下旬，吴某持虚假施工合同，以及伪造的项目竣工验收单等资料，分两次从乡财政所报出合计94.627万元工程款，在支付了82.7万元工程款后，吴某将剩余的11.927万元扶贫资金据为己有，全部用于家庭开支。

2. 2014年12月24日，被告人吴某以村委会名义打报告向桑植县公路局申请解决8万元公路整修资金，该局领导同意解决6万元资金。2015年1月28日，县公路局的6万元资金拨付到位。之后，吴某伪造一份《陈家坪村新修整修公路承包合同》，并持伪造的合同、村乡项目资金报账单、项目竣工验收表以及虚开的建筑业统一发票等资料，在乡政府办理了相关手续，并于2015年2月3日从空壳树乡财政所套出县公路局为该村支持的 6 万元修路资金为个人使用。

【案件焦点】

1. 被告人吴某认罪认罚，并积极退缴全部赃款，桑植县人民检察院建议判处缓刑或者免予刑事处罚是否支持；2. 国家单位向扶贫村拨付的资金是否都为扶贫资金。

【法院裁判要旨】

湖南省张家界市桑植县人民法院经审理认为：被告人吴某担任村支部书记，在协助乡人民政府从事对扶贫、社会捐助资金行政管理工作期间，利用职务上的便利，采取虚增工程量和虚构工程的骗取手段，非法占有对口帮扶资金 11.927 万元，非法占有社会捐赠公益事业资金 6 万元，其行为已构成贪污罪。犯罪事实清楚，证据确定、充分，公诉机关指控的罪名成立。被告人吴某贪污数额为 17.927 万元，该资金属于扶贫和社会捐助资金，应当认定为《中华人民共和国刑法》第三百八十三条第一款规定的“其他严重情节”；被告人吴某归案后如实供述自己的犯罪事实，可以从轻处罚；被告人吴某积极退赃，认罪认罚，真诚悔罪，可以从轻处罚。关于被告人的辩护人认为被告人吴某贪污的款项不是国家扶贫资金的辩护意见，因该资金系村扶贫单位筹集的资金，用于村里的扶贫项目（组道硬化），应当认定为扶贫资金，故该辩护意见法院不予支持。根据被告人吴某的犯罪事实、情节及悔罪表现，依照《中华人民共和国刑法》第九十三条第二款，第三百八十二条第一款，第三百八十三条第一款第二项、第二款、第三款，第六十七条第三款，第六十四条，第五十二条，第五十三条，《最高人民法院、最高人民检察院关于办理贪污贿赂刑事案件适用法律若干问题的解释》第一条第二款、第二条、第十九条之规定，作出如下判决：

一、被告人吴某犯贪污罪，判处有期徒刑三年，并处罚金 20 万元；

二、已扣押在案的被告人吴某的赃款 17.927 万元，予以没收，上缴国库。

被告人吴某不服一审判决提出上诉。

湖南省张家界市中级人民法院经审理认为：吴某作为桑植县空壳树乡陈家坪村村书记，在协助履行扶贫、公共基础建设等行政管理工作过程中，将从扶贫责任单位张家界市发改委出资实施的项目中套取的资金 11.927 万元及桑植县公路局拨付的公路整修资金6万元占为己有，其行为符合贪污罪的构成要件。吴某及其辩护人对资金性质及数额提出异议，经查，吴某报账后，将上述资金存入个人账户用于私人开支的事实有在卷证据予以证明，足以认定。陈家坪村作为张家界市发改委建设扶贫联系村，张家界市发改委为该村的基础设施建设出资，其资金的支出目的是履行扶贫主体责任，资金的用途也在扶贫建设的范围内，通过该扶贫项目套取的资金应当认定为扶贫资金。关于公路整修资金，其拨付单位是桑植县公路局，该资金的用途与拨付单位的职责联系紧密，将该资金认定为社会捐助性质在本案中证据并不充分，应不认定为特定款物为宜。上诉人吴某贪污金额共计17.927万元，其中11.927万元系扶贫资金性质，依照司法解释规定属于具有严重情节情形，依法应当在三年以上十年以下有期徒刑量刑，还需并处20万元以上犯罪数额二倍以下的罚金或者没收财产，原审法院根据查明的犯罪事实，结合吴某具体量刑情节，判处吴某有期徒刑三年，并处罚金20万元，虽在部分资金性质上的认定与法院的观点不符，但考虑到非法占有了扶贫资金及贪污总额接近20万元数额巨大的标准，上述量刑作为起点刑并无不当。故吴某及其辩护人提出的量刑方面意见不能成立，法院不予采纳。综上，原判决认定犯罪事实清楚，适用法律正确，量刑适当，审判程序合法。依照《中华人民共和国刑事诉讼法》第二百三十六条第一款第一项之规定，作出如下裁定：

驳回上诉，维持原判。

【法官后语】

推进精准脱贫攻坚，逐步实现共同富裕，是党中央从战略全局高度作出的重大决策部署，党政机关定点扶贫是我国扶贫开发战略部署的重要组成部分，是新阶段扶贫开发的一项重大举措，对推动贫困地区经济社会的发展有着积极意义。本案中，张家界市发改委作为该村的扶贫责任单位，由其出资对该村的基础设施进行建设，履行扶贫主体责任，被告人吴某在协助履行扶贫、公共基础建设等行政管理工作过程中，通过虚构工程量、伪造各种单据的方式，骗取扶贫资金套取张家界市发改委资金，应当认定套取的资金系扶贫资金；桑植县公路局作为公路部门的主管单位，拨付公路整修资金，该资金的用途与拨付单位的职责联系紧密，将该资金认定为社会捐助性质的特定款物确实不妥，不能将普通行政机关的行政职责范围内的行为再赋予其特殊含义。本案中，虽然被告人吴某贪污数额未超过20万元，但因贪污扶贫资金，故根据法律规定，贪污数额在10万元以上不满20万元，具有贪污救灾、抢险、防汛、优抚、扶贫、移民、救济、防疫、社会捐助等特定款物的情形之一的，依法判处三年以上十年以下有期徒刑，并处罚金或者没收财产。公诉机关在审查量刑时未将该资金的特殊用途纳入考虑范畴，故出现公诉机关的量刑建议与法院的实际判决存在偏差的情况。另外，根据有关司法解释的规定，属于具有严重情节情形的，依法应当在三年以上十年以下有期徒刑量刑，还需并处20万元以上犯罪数额2倍以下的罚金或者没收财产，故对被告人吴某并处了罚金20万元。从本案可以看出，国家对于扶贫过程中出现的贪污腐败是零容忍，也给广大管理或者协助管理扶贫资金的工作人员敲响了警钟。

编写人：湖南省张家界市桑植县人民法院　吴杨慧

63

监察委调查案件中“自动投案”的认定

——周某枢受贿、徇私舞弊不征、少征税款案

【案件基本信息】

1. 裁判书字号

北京市通州区人民法院（2019）京0112刑初155号刑事判决书

2. 案由：受贿罪，徇私舞弊不征、少征税款罪

【基本案情】

2012年至2013年，被告人周某枢在通州区地方税务局第一税务所驻房地产交易中心工作期间，利用其负责初审个人住房转让纳税材料的职务便利，明知房屋交易中介人员朱某明、崔某伟、张某提供的材料存在作假伪造情况而仍予以审核通过，先后多次收受朱某明给予的40万元，收受崔某伟给予的40万元，收受张某给予的20万元，造成国家税款损失达7496931.05元。2018年6月22日，北京市通州区地税局接到电话通知后，陪同被告人周某枢至监察机关，被告人周某枢到案后

如实供述了上述基本犯罪事实。

【案件焦点】

接到监察委电话通知后行为人在单位陪同下到监察委接受调查是否属于“自动投案”。

【法院裁判要旨】

北京市通州区人民法院经审理认为：关于被告人周某枢及辩护人马某庆所提辩解、辩护意见，根据审理查明的事实及相关法律规定，被告人周某枢在单位人员的陪同下前往监察机关接受调查，并未在法律上被采取任何强制措施、亦未受到办案机关的实际控制，应当视为自动投案；其到案后如实供述自己的罪行，符合自首的成立要件，依法构成自首，可以对其所犯受贿罪从轻处罚，对其所犯徇私舞弊不征、少征税款罪予以减轻处罚。其并具有退赃、当庭认罪悔罪等情节，依法可酌予从轻处罚。被告人周某枢及辩护人马某庆所提相应辩解、辩护意见，予以采纳。

北京市通州区人民法院根据被告人周某枢犯罪的事实、犯罪的性质、情节和对社会的危害程度等，依照《中华人民共和国刑法》第三百八十五条第一款、第三百八十六条、第三百八十三条、第四百零四条、第六十七条第一款、第六十一条、第五十二条、第五十三条、第六十九条、第六十四条和《中华人民共和国监察法》第四十四条第三款和《最高人民法院、最高人民检察院关于办理贪污贿赂刑事案件适用法律若干问题的解释》第二条、第十九条之规定，作出如下判决：

一、被告人周某枢犯受贿罪，判处有期徒刑三年，罚金60万元；犯徇私舞弊不征、少征税款罪，判处有期徒刑四年；决定执行有期徒刑六年，罚金60万元；

二、已交至监察机关的100万元，予以没收。

【法官后语】

司法实践中自首的情形千差万别，光是一个到案经过就会呈现出不同的情形，作为自首成立首要条件的“自动投案”如何认定就争议极多。

本案中，被告人周某枢的到案经过，在目前监察机关的调查案件实践中，具有一定的典型性。2018年6月21日，经通州区监察委会议研究决定，决定对周某枢涉嫌职务犯罪问题立案审查调查并采取留置措施。次日，通州区监察委工作人员通知地税局纪检监察部门将周某枢带至通州区监察委接受谈话，后周某枢在地税局纪检监察人员陪同下到了通州区监察委。基于上述到案经过，控辩双方对被告人周某枢是否属于自动投案给出了截然相反的答案。

虽然自动投案的表现形式千差万别，但还是应当基于其本质属性进行判断。自动投案的本质属性，是投案的主动性和自愿性。这种主动、自愿，应当理解为与犯罪嫌疑人的人身尚未受到强制、控制时，其处于相对的自由、自主状态，在这种状态下到案即应视为主动、自愿；这种主动、自愿与日常生活中的主动、自愿并不完全相同，如很多犯罪嫌疑人自动投案都是经过分析客观形势、充分权衡利弊之后作出的无奈、被迫的选择，但只要犯罪嫌疑人在其人身未受到强制和实际控制的状态下自行到案并将自己置于办案机关的控制之下，就应当认定为自动投案。

具体到本案中，被告人周某枢是否符合自动投案的本质属性主动性和自愿性。据了解，类似通州区的地税局等各委办局单位以及各乡镇大多设有纪检部门，负责单位内部违纪行为的监督、处理，但这些单位内设纪检部门是本单位的一个部门，与通州区纪委监察委之间并不存在隶属、领导关系，只是职能、业务有些重合、交叉而已。也就是说，这些单位内设纪检部门，并不受通州区纪委监察委的领导、指挥；只是因为属于业务对口部门，所以实践中常常会配合通州区纪委监察委做一些工作。在办理违纪案件时，并无人身强制权；通州区监察委成立后，根据《中华人民共和国监察法》的规定，可以决定对被调查人留置，也就是采取强制措施。一般情况下，都是电话通知被调查人到监察委配合调查，或者委托各委办局或乡镇的纪检部门代为通知，或者代为将被调查人带到监察委。当然，通知时通常不会明确告知被调查人具体事项，是调查别人的事情还是其本人的事情，是调查其本人的哪件、哪些事情。因此，如果是被调查人接到通州区监察委或单位纪检部门工作人员电话后自行到单位或监察委配合调查，自然符合主动性、自愿性的要求；即使是由单位纪检部门工作人员通知后陪同到监察委，如上所述，因为单位纪检人员在法律上并无人身强制权，事实上也不会采取强制手段，而且社会上一般人也都这样认为，包括本案被告人周某枢也认识到："单位纪检人员没有权力强制我，也不会强制我。"

因此，在单位纪检人员客观上没有强制，被告人周某枢主观上也认为自己没有受到强制的情况下，应当认为周某枢到通州区监察委符合主动性、自愿性，属于"自动投案"。

编写人：北京市通州区人民法院　蒋为杰

64

非国家工作人员构成受贿罪的要件及量刑情节

——杨某生受贿案

【案件基本信息】

1. 裁判书字号

湖南省衡阳市中级人民法院（2019）湘04刑终351号刑事裁定书

2. 案由：受贿罪

【基本案情】

2007年4月至2014年7月，被告人杨某生伙同程某建（另案处理）、宋某杰（现代投资公司原董事长，另案处理），利用宋某杰的职务便利，帮助长沙监理公司顺利承揽现代投资公司新基地建设项目的工程监理业务，收受洪某华（另案处理）所送的60万元。具体犯罪事实如下：

2006年，现代投资公司开始筹建现代投资综合楼项目，宋某杰系现代投资公司董事长，程某建系宋某杰的弟弟，被告人杨某生系宋某杰、程某建的表姐夫。2007年4月，程某建跟杨某生讲，现代投资综合楼项目有个监理标要开标了，要杨某生去找一家监理公司来参与该工程监理，杨某生同意了。经朋友万某介绍，被告人杨某生认识了洪某华，洪某华向被告人杨某生提议两种方案：方案一为杨某生他们自己做，洪某华提供资质和相关人员，长沙监理公司收取管理费；方案二为洪某华以长沙监理公司的名义做，洪某华支付监理合同价款四成作为好处费给杨某生一方，但是招投标费用及中标前的相关风险由杨某生自己承担。杨某生答说要向程某建汇报后再定。

此后杨某生把该情况向程某建进行了汇报，程某建同意由洪某华以长沙监理公司的名义做，支付监理合同价款四成作为好处费，二人就好处费进行了分配，程某建占60%，被告人杨某生占40%。此后，程某建找到宋某杰，请宋某杰与该工程项目部经理张某打招呼，将该工程监理业务交给长沙监理公司，并告知监理公司承诺给40%分成。宋某杰向张某打了招呼，经张某关照，长沙监理公司中标，合同金额为166.94万元。2008年1月至2014年7月，被告人杨某生先后8次收受洪某华所送的60万元。在此期间，被告人杨某生告诉程某建，说洪某华送了40万元的好处费给他，应分给程某建24万元，程某建要杨某生保管分给他的钱，并将这些情况告诉了宋某杰，后杨某生把应分给程某建的钱用于其个人和家庭开支了，并把情况向程某建作了说明，表示以后再跟程某建算账，程某建同意了。至案发时止杨某生尚未与程某建进行结算。

另查明，2015年8月4日，被告人杨某生因犯开设赌场罪被长沙市开福区人民法院判处有期徒刑三年，缓刑三年，并处罚金10万元。

【案件焦点】

1. 非国家工作人员杨某生是否为受贿罪的共犯；2. 杨某生在共同犯罪中是否为从犯；3. 杨某生犯罪数额的认定。

【法院裁判要旨】

湖南省常宁市人民法院经审理认为：被告人杨某生伙同程某建、宋某杰，利用国家工作人员宋某杰的职务便利，为他人谋取利益，非法收受他人财物，数额巨大，其行为已构成受贿罪。被告人杨某生将收受的60万元用于个人及家庭开支，至今未退赔，应酌情从重处罚。但其如实供述了受贿的基本事实，属坦白，可从轻处罚。被告人杨某生犯开设赌场罪于2015年8月4日被宣告缓刑，在宣告缓刑前还有受贿罪没有判决，应当撤销缓刑，数罪并罚。公诉机关指控的罪名成立。在共同受贿犯罪中，被告人杨某生与程某建、宋某杰作用相当，不宜区分主犯和从犯。被告人杨某生虽然不具备国家工作人员身份，但是其伙同程某建与国家工作人员宋某杰相勾结，利用宋某杰的职务便利，共同收受他人巨额财物，属受贿共犯，应以受贿罪惩处，故辩护人辩称被告人杨某生应构成非国家工作人员受贿罪而非受贿罪的意见，法院不予采纳。本案属共同受贿犯罪，被告人杨某生应对其参与的60万元受贿金额负责，故辩护人辩称被告人的受贿金额应该是33万元的意见，与法律规定不符，法院不予采纳。被告人杨某生积极联系行贿人，同时直接收受贿赂款，故辩护人辩称其系从犯的意见，与事实法律不符，法院亦不予采纳。

湖南省常宁市人民法院依照《中华人民共和国刑法》第三百八十五条第一款、第三百八十六条、第二十五条第一款、第七十七条第一款、第六十九条、第六十七条第三款、第六十四条,《最高人民法院、最高人民检察院关于办理贪污贿赂刑事案件适用法律若干问题的解释》第二条、第十八条、第十九条之规定,作出如下判决:

一、撤销湖南省长沙市开福区人民法院(2015)开刑初字第00353号刑事判决主文中,被告人杨某生犯开设赌场罪判处有期徒刑三年,缓刑三年,并处罚金10万元的缓刑部分;

二、被告人杨某生犯受贿罪,判处有期徒刑四年,并处罚金20万元;与原犯开设赌场罪判处有期徒刑三年,并处罚金10万元并罚,决定执行有期徒刑六年,并处罚金30万元;(刑期自判决执行之日起计算,判决执行以前先行羁押的,羁押一日折抵刑期一日;指定居所监视居住的,监视居住二日折抵刑期一日,即自2017年12月15日起至2023年9月26日止;罚金限判决生效后十日内缴纳。)

三、追缴被告人杨某生违法所得60万元,上缴国库。

杨某生以一审认定事实错误和适用法律错误为由提起上诉。

湖南省衡阳市中级人民法院经审理认为:杨某生伙同他人,利用国家工作人员的职务便利,收取他人财物,为他人谋取不正当利益,数额巨大,其行为已构成受贿罪。

针对上诉人杨某生的上诉理由,经查:杨某生与宋某杰、程某建系受贿罪的共同犯罪,受贿金额应以受贿人的全部受贿金额计算,原审法院认定的受贿金额正确。故杨某生提出实际受贿金额应为33万元的辩解理由不能成立,法院不予采纳。杨某生在共同犯罪中,积极主动,与宋某杰、程某建的作用相当,不宜区分主犯和从犯,故杨某生关于其“系共同受贿从犯”的辩解理由不能成立,法院不予采纳。杨某生虽然不是国家工作人员,但是根据其在共同受贿中利用国家工作人员宋某杰的职务便利,共同收受他人财物,为他人谋取不正当利益,系受贿犯罪的共犯,应以受贿罪论处。根据杨某生的犯罪事实、性质、情节以及对社会的危害程度,原审判决认定的事实清楚,证据确实充分,适用法律正确,量刑适当。

湖南省衡阳市中级人民法院依照《中华人民共和国刑事诉讼法》第二百三十六条第一款第一项的规定,作出如下裁定:

驳回上诉,维持原判。

【法官后语】

1. 非国家工作人员能构成受贿罪的共犯

二人以上共同故意实施了受贿行为的，为受贿共犯。在受贿行为中，国家工作人员和非国家工作人员往往表现为分工不同，参与度不同，但所实施的行为有机联系形成一个不可分割的整体，造成共同的犯罪结果，在这种情况下一般主体应当以特殊主体犯罪的共犯论处。本案中，宋某杰、程某建和杨某生三人在犯罪行为中的分工：宋某杰利用职务便利“打招呼”，程某建负责三人间的联络，杨某生与行贿者接洽、交易，受贿金额再按比例分配。整个犯罪行为是三人利用国家工作人员宋某杰的职务便利，为他人谋取利益，非法收受他人财物，三人的共同行为结果构成了受贿罪。故本案中，杨某生与国家工作人员勾结，伙同受贿，应以受贿罪共犯定罪，而不能单独构成非国家工作人员受贿罪。

2. 杨某生不能认定为共同犯罪的从犯

根据《中华人民共和国刑法》第二十七条的规定，在共同犯罪中起次要或者辅助作用的，是从犯。对于从犯，应当从轻、减轻处罚或者免除处罚。即主从犯的量刑上是不同的。主要从以下几个方面认定主从犯：(1) 在事前共谋的共同犯罪中，提出犯意者、策划、指挥犯罪活动者一般为主犯，随声附和、被动服从者一般为从犯，但在犯罪活动中，原本从属行为者积极实行犯罪活动，对危害结果起重要作用的亦为主犯。(2) 从参与共同犯罪情节看，多次参与共同犯罪者或参与全部共同犯罪活动者一般为主犯，而首次参与共同犯罪、参与次数少或参与共同犯罪活动一部分的一般为从犯。(3) 从犯罪结果的作用看，对犯罪危害结果作用较大或造成犯罪危害结果主要原因的为主犯，对犯罪结果作用小或起次要原因的为从犯。本案中，虽然宋某杰、程某建和杨某生三人都是利用了宋某杰国家工作人员的职务便利实施了犯罪活动，但杨某生积极主动地实施了与行贿者联络、交易等行为，且参与了受贿行为的全过程，对犯罪结果的产生也起较大的作用，两人在共同犯罪中作用相当，不应区分主犯和从犯，故法院对其辩护人辩称杨某生系从犯的意见，不予采纳，与事实法律相符。

3. 杨某生的犯罪数额以共同犯罪总额计算

受贿数额不同，量刑亦有不同，具体有受贿数额较大、巨大和特别巨大三种情节，多次受贿未经处理的，按照累计受贿数额处罚，故受贿数额是受贿犯罪定罪量刑的重要标准。本案中，杨某生受贿金额为其个人分配所得33万元还是共同犯罪受贿总额60万元成为争议焦点之一。具体可从以下几个方面分析：（1）从立法精神看，若所得受贿数额较少，一般在共同犯罪中作用较小，可认定为从犯。按法律规定，应当从轻、减轻处罚或者免除处罚，即受贿数额较少的，已在从犯的基础上从宽处罚，若还在参与的全部犯罪数额基础上减少，显然会导致罪刑失衡。（2）从处理类似犯罪的普遍做法来看，在共同盗窃、贪污犯罪中都不以个人实际分得的赃款数额处罚，而是以所参与的共同犯罪总额确定量刑幅度，那么对于共同受贿罪，原则上也应按照共同犯罪的总额计算，否则执法就不能统一。（3）从犯罪构成看，整个受贿行为是一个有机的整体，无论受贿金额如何分配，共同犯罪者对其参与的整个犯罪活动都有着共同的故意，侵害了共同的客体，造成了共同的危害结果，所以，受贿罪共犯以其所参与的共同受贿总额处罚，不因其内部分赃而改变。本案中，杨某生虽然仅分赃33万元，但是受贿总额为60万元，法院按照60万的受贿总额认定受贿数额巨大，对杨某生的定罪量刑，符合法律规定。

编写人：湖南省常宁市人民法院　郭淑容

65

以明显低于市场价值的价格购买房产的受贿行为应如何正确判断系既遂还是未遂

——夏某平受贿案

【案件基本信息】

1. 裁判书字号

山东省淄博市中级人民法院（2019）鲁03刑终97号刑事裁定书

2. 案由：受贿罪

【基本案情】

被告人夏某平于2015年5月，在担任淄博市淄川区洪山镇社会治安综合治理办公室主任期间，利用其负责洪山镇综合服务楼工程招标、施工监管、结算的职务便利，向个体施工队负责人李某索取贿赂共计1.4万元。

被告人夏某平于2015年至2017年，在担任淄博市淄川区洪山镇社会治安综合治理办公室主任、负责人期间，利用其负责洪山镇综合服务楼工程施工监管、工程款结算的职务便利，分5次收受李某的现金共计4000元。

被告人夏某平于2016年2月，在担任淄博市淄川区区洪山镇政府社会治安综合治理办公室主任期间，利用职务便利，向文志公司董事长刘某远提出以明显低于市场价的每平方米4000元的价格购买建筑面积136平方米的商铺一套，经刘某远同意后，被告人夏某平于2016年12月共支付购房款54.4万元并以李某佩的名义与文志公司签订《商铺订购协议书》一份，协议书约定交房日期为2016年12月1日前，至今文志公司未向被告人夏某平交付商铺，也未与夏某平办理网签手续。经评估核实，夏某平购买的该商铺评估总价值为1126168元，夏某平支付的购房款与市场价差额共计582168元。

综上，认定被告人夏某平受贿既遂金额1.8万元，受贿未遂金额582168元。被告人夏某平亲属在案发后代为上缴涉案赃款1.8万元。

【案件焦点】

以明显低于市场价值的价格购买房产的受贿行为系受贿既遂还是未遂。

【法院裁判要旨】

山东省淄博市淄川区人民法院经审理认为：根据被告人夏某平与文志公司签订的《商铺订购协议书》的约定，文志公司应当于2016年12月1日前将该商铺交付夏某平使用，文志公司出具的说明材料证实因为消防手续等问题至今未将该商铺交付夏某平使用，也未与夏某平向房管部门办理网签手续。2018年11月26日，淄博市淄川区监察委员会对夏某平职务犯罪一案进行立案调查，并于同日对夏某平采取留置措施，后于2018年12月6日将案涉商铺查封，夏某平虽与文志公司签订了《商铺订购协议书》，并按协议约定支付了全部购房款，但由于文志公司未按协议约定如期向夏某平交付商铺使用，也未与夏某平在房管部门办理网签登记，夏某平因为意志外的原因未实现对该商铺的实际占有、控制和处分，未实现其期待得到的贿赂利益，因此对该部分事实应当认定为受贿未遂。据此，山东省淄博市淄川区人民法院依照《中华人民共和国刑法》第十二条、第三百八十五条第一款、第三百八十六条、第三百八十三条、第二十三条、第九十三条、第六十七条第三款、第五十二条、第五十三条、第六十四条、第六十一条，《最高人民法院、最高人民检察院关于办理受贿贿赂刑事案件适用法律若干问题的解释》第二条第一款、第十九条第一款，作出如下判决：

一、被告人夏某平犯受贿罪，判处有期徒刑二年，并处罚金10万元；

二、涉案赃款依法予以没收，上缴国库。

被告人夏某平提起上诉，后在二审审理过程中申请撤回上诉。

山东省淄博市中级人民法院经审理认为：夏某平撤回上诉的申请符合法律规定。依照《最高人民法院关于适用〈中华人民共和国刑事诉讼法〉的解释》第三百零五条第一款之规定，作出如下裁定：

准许上诉人夏某平撤回上诉。

【法官后语】

本案涉及的主要问题在于，对以明显低于市场价值的价格购买房产等的受贿行为，应当如何正确判断被告人系受贿既遂还是未遂。

本案中，公诉机关认为夏某平该部分事实构成受贿既遂的依据是其指控的夏某平的受贿数额是房屋的实际价值与其支付的购房款之间的差价，而不是房屋；夏某平与文志公司签订的协议书系双方真实意思表示，且夏某平按协议约定支付了全部购房款，合同已经生效，虽然房屋没有交付和过户，但夏某平取得了合同权利，因此构成受贿既遂。尽管公诉机关如此认为，但是人民法院在认定这部分事实时应结合刑法与民法的相关法理，尤其要深入理解和适用关于合同的相关规定。在司法实践中对于争议环节的处理，刑法和民法有不少相通之处，最终人民法院在审查后认定被告人的该部分受贿系未遂而非既遂。其具体理由如下：

第一，根据刑法上的既遂理论，行为人受贿既遂，应当是得到了期待的贿赂利益，虽然本案中被告人受贿的数额是房屋的实际价值与其支付的购房款的差价，但被告人得到贿赂利益的表现形式应当体现为其利用职务便利，付出比他人小很多的代价就能得到对房屋享有占有、使用、收益、处分等实体上与他人同等的权利，只有得到这些权利，才能体现出这个“差价”的价值所在，才能被认定为受贿既遂。

第二，夏某平与文志公司签订的购房合同应为无效合同。原《中华人民共和国合同法》第五十二条规定："有下列情形之一的，合同无效……（三）以合法形式掩盖非法目的；（四）损害社会公共利益……"首先，夏某平以李某佩的名义与文志公司签订购房合同，掩盖的是其本人受贿的非法目的。其次，从刑法理论上讲，受贿罪侵害的客体主要是国家机关的正常管理活动和国家工作人员职务行为的廉洁性，这两个方面都具有社会公共利益的性质。因此，夏某平与文志公司签订的这份购房合同显然属于合同无效的情形。

第三，对于合同无效的处理方式，原《中华人民共和国合同法》第五十八条明确规定："合同无效或者被撤销后，因该合同取得的财产，应当予以返还；不能返还或者没有必要返还的，应当折价补偿……"因此，从该规定不难看出，对于合同无效处理的两种方式，恰恰是对以低价购买房屋或者其他财产作为受贿方式之未遂和既遂的处理方式。从审判实践的大量相关案例来看，像这种以明显低于市场价格的价格购买房产、车辆的方式受贿既遂（已经交付或者过户），对于案涉赃款，也就是受贿数额（购买差价），人民法院都会判决予以追缴，这就符合合同无效的第二种处理方式：不能返还或者没有返还必要的，应当折价补偿。而对于没有交付或者没有过户的，合同无效就应当适用第一种处理方式，即因该合同取得的财产，应当予以返还。本案中，夏某平在房屋未交付和过户的情况下即被监察机关查处，案涉房屋也被监察机关查封，在认定夏某平的行为系受贿的基础上，应当认定合同无效，既然认定合同无效，那么在房屋未交付和过户的前提下，就应当首先适用合同无效的第一种处理方式，即文志公司返还夏某平购房款，房屋仍归文志公司所有，这种处理方式恰恰体现的是夏某平的行为系受贿未遂，也更能保护夏某平和文志公司合法的民事权益。

编写人：山东省淄博市淄川区人民法院　李佳霖

66

“合作投资型”受贿的认定

——须某受贿案

【案件基本信息】

1. 裁判书字号

江苏省无锡市中级人民法院（2019）苏02刑初19号刑事判决书

2. 案由：受贿罪

【基本案情】

须某于2003年至2017年，利用担任中共江阴市委常委、政法委书记，江阴市政协副主席、公安局局长等职务上的便利，为他人在企业经营融资、房产开发拆迁纠纷处置、承接工程项目、结算工程款项等方面谋取非法利益，先后收受薛某、任某、雷某的贿赂款共计2480万元。具体事实分述如下：

1. 2009年至2013年，须某利用担任中共江阴市委常委、政法委书记、江阴市政协副主席等职务上的便利，为薛某在江阴同创公司经营融资、房产开发拆迁纠纷处理等方面提供帮助，以资金周转需要借款、合作开办公司获取“利润”等名义，通过公司银行账户转账和收取现金的方式，收受薛某贿赂的1850万元。

2. 2003年至2017年，须某直接或默许其母亲成某利用其担任中共江阴市委常委、政法委书记、江阴市公安局局长等职务上的便利，为任某在承接建筑工程、建筑工程款结算等方面提供帮助。2011年，成某以购房、资金周转为由向任某借款450万元，2012年还款120万元，余款330万元一直未归还。后任某向须某表示为感谢须某之前的帮助，余款330万元不需要归还，须某表示同意。

3. 2009年至2014年，须某利用担任中共江阴市委常委、政法委书记、江阴市政协副主席等职务上的便利，为雷某在公司经营融资、承接工程等方面提供帮助，以购房需要借款的名义，通过银行账户转账的方式，收受雷某贿赂的300万元，购买了江阴市弘建国际花园一处房屋。

【案件焦点】

国家工作人员出面筹集资金与他人“合作收购”公司股权，后由合作者代为偿还资金的，并在公司生产、经营中解决公司困难的，能否认定为与他人合作开办公司。

【法院裁判要旨】

江苏省无锡市中级人民法院经审理认为：薛某出于利用须某的职务之便能解决融资等，提出与须某一起合作收购同创公司，并许诺给予公司50%的利润，须某亦明知薛某和其合作是解决融资等，二人之间并非正常的“合作关系”。2009年7月，须某利用职权向他人借款收购了该公司。在江阴同创公司的翡翠城小区施工时，须某利用职权与相关人员打招呼解决拆迁纠纷等，且在小区施工资金紧张期间，多次向薛某“借款”，共计1850万元。故须某未实际参与公司的经营活动，利用其职权从中获取“利润”，其行为符合受贿罪的法律特征。须某身为国家机关工作人员，利用职务上的便利，非法收受他人财物，为他人谋取利益，数额特别巨大，其行为构成受贿罪，依法应予处罚。

江苏省无锡市中级人民法院依照《中华人民共和国刑法》第三百八十五条第一款、第三百八十六条、第三百八十三条第一款第三项和第二款、第九十三条第一款、第六十七条第一款、第六十四条，《中华人民共和国刑事诉讼法》第十五条、第二百零一条及《最高人民法院、最高人民检察院关于办理贪污贿赂刑事案件适用法律若干问题的解释》第三条第一款、第十二条、第十三条、第十五条、第十九条第一款，《最高人民法院关于处理自首和立功具体应用法律若干问题的解释》第一条之规定，作出如下判决：

一、被告人须某犯受贿罪，判处有期徒刑九年，并处罚金40万元；

二、无锡市监察委员会暂扣的被告人须某亲友代为退回的500万元，被告人须某亲友代为退回的100万元，用于购买案涉弘建国际花园房屋的300万元及孳息予以没收，上缴国库。不足部分1580万元继续追缴，上缴国库。

一审宣判后，须某未提出上诉，该判决现已发生法律效力。

【法官后语】

本案争议焦点在于国家工作人员出面筹集资金与他人“合作收购”公司股权，后由合作者代为偿还资金，并在公司生产、经营过程中利用职务之便帮助解决公司的经营困难的定性。笔者认为，本案中的行为构成“合作投资型”受贿罪。

一方面，国家工作人员以本人或者亲属及其他关系人员名义，与他人合作开办公司或者进行其他合作投资的，首先看其是否实际出资。如果国家工作人员实际出资，即使其未参与经营管理，也不能认定为受贿罪，因为根据《中华人民共和国公司法》“谁出资，谁受益”的原则，公司股东享有投资收益权。

具体到本案，2009年，薛某获悉同创公司欲转让其子公司及名下地块的消息后，认为该地块开发项目有利可图，但其无资金和资质开发该地块，遂邀请须某共同合作开发，并事先约定各占公司50%股份。须某负责出面处理融资收购股权的前期事宜。同年7月，薛某与同创公司签订收购协议，股东登记为薛某和须某宇（须某的弟弟，帮须某代持公司股份）。同年8月，须某向曾受过其职权帮助的诸某明等人借款3000万元，从须某宇的公司借款450万元，共计3450万元认购该公司全部股权，后由薛某负责开发该地块。同年11月，薛某作为该公司法定代表人，用公司的土地向银行抵押贷款3000万元，归还须某之前的借款3000万元。2010年，薛某归还须某宇公司450万元借款及利息50万元。可见，须某借得的3450万元款项全部由薛某负责归还，须某筹集的资金实为帮助薛某借款，实际的出资人是薛某，须某仅为名义出资。

另一方面，国家工作人员在名义出资的情况下，是否构成受贿罪，需要考察其是否参与公司的管理、经营：是否在公司中实际履行组织、领导、监督、管理等职责，承担投资风险；参与管理、经营行为是否独立于其职务，系额外的体力、智力的付出。因为国家工作人员与他人合作投资时，其身份兼具国家公职人员和民事投资主体的双重性。如果在合作投资中其利用职务上的便利为合作投资者及投资项目获得便利条件、解决纠纷，实际是利用职务便利为他人谋取利益，行为人的“参与管理、经营”不再具有独立性，也就不被法律认可。

本案中，不能认定须某参与同创公司的实际管理、经营。原因有：（1）须某未实际参与同创公司业务的经营管理。根据现有证据，须某与挂名股东须某宇均未实际参与同创公司案涉地块的开发、管理和销售，地块的开发完全由薛某独自推进。

(2) 须某不具备参与同创公司经营管理的独立性。在同创公司面临涉嫌抽逃出资，开发拆迁纠纷处置、小区通道封闭等问题时，须某利用其职务之便出面与他人打招呼，解决上述问题，利用的不是其普通的股东身份和智力、体力的付出，而是利用其以地方领导职务或地位形成的便利条件，通过本人或其他国家工作人员的职务行为为同创公司和薛某谋利，该行为不属于正常的市场经营行为范畴，不能认定为参与公司管理、经营。

综上所述，须某对同创公司既无实际出资，也未实际参与管理、经营，其从中索取钱款的行为应当认定为受贿罪。

编写人：江苏省无锡市中级人民法院　楼炯燕　蔡连德　袁红玲

67

高息型受贿如何计算受贿数额

——吴某才受贿案

【案件基本信息】

1. 裁判书字号

福建省福鼎市人民法院（2019）闽0982刑初98号刑事判决书

2. 案由：受贿罪

【基本案情】

2012年年底，时任蕉城法院党组成员、审判委员会专职委员的被告人吴某才结识在宁德市从事高利放贷的张某生（因涉嫌犯罪，另案起诉），并获知张某生将有大量债务纠纷拟提起民事诉讼。2013年2月，张某生为了之后在蕉城法院审理的案件能得到被告人吴某才的关照，便与被告人吴某才约定以月利率4%向吴某才借款，被告人吴某才明知张某生有上述请托，仍于2013年2月至7月陆续向张某生出借资金共计190万元。至2014年5月，被告人吴某才共非法收受张某生超出月利率3%计息部分的款项9.65万元。其间，被告人吴某才利用其蕉城法院党组成员、审委会专职委员的职务便利，为张某生亲属在蕉城法院审理的刑事案件判处缓刑提供帮助；利用其党组成员的职务便利，为张某生及其亲属从2014年1月起在蕉城法院审理的部分借贷纠纷案件及执行案件提供及时审理、加快执行等方面的帮助。

【案件焦点】

被告人吴某才受贿数额如何计算问题。

【法院裁判要旨】

福建省福鼎市人民法院经审理认为：被告人吴某才身为国家工作人员，利用职务便利以出借钱款收取利息的方式，非法收受财物9.65万元，并为他人谋取利益，其行为已构成受贿罪，公诉机关指控罪名成立。被告人吴某才归案后能如实供述犯罪事实，属坦白，可从轻处罚；积极退回全部违法所得，可酌情从轻处罚。对于辩护人提出从轻处罚的辩护意见，法院予以采纳，但吴某才犯罪情节不属显著轻微，依法不应免予刑事处罚，对于辩护人提出免予刑事处罚的辩护意见，不予采纳。

福建省福鼎市人民法院依照《中华人民共和国刑法》第三百八十五条第一款，第三百八十六条，第三百八十三条第一款第一项、第二款，第六十四条及《最高人民法院、最高人民检察院关于办理贪污贿赂刑事案件适用法律若干问题的解释》第一条第一款、第十九条的规定，作出如下判决：

一、被告人吴某才犯受贿罪，判处有期徒刑一年三个月，并处罚金12万元；

二、扣押在案的被告人吴某才退赃款9.65万元，由法院予以没收，上缴国库。其他扣押物由扣押机关依法处置。

【法官后语】

关于高息型受贿案件受贿数额认定在司法实践中存在着一定难度。根据《最高人民法院、最高人民检察院关于办理受贿刑事案件适用法律若干问题的意见》第四条“国家工作人员利用职务上的便利为请托人谋取利益，以委托请托人投资证券、期货或者其他委托理财的名义，未实际出资而获取‘收益’，或者虽然实际出资，但获取‘收益’明显高于出资应得收益的，以受贿论处”的规定，本案被告人吴某才利用其蕉城法院党组成员、审委会委员等职务便利为张某生及其亲属在刑事、民事、执行案件中提供帮助，获取明显高于借款应得收益的“高息收益”，其行为已构成受贿犯罪，其应得收益应参照普通民间借贷的利息收益计算。根据《最高人民法院关于审理民间借贷案件适用法律若干问题的规定》(法释〔2015〕18号)第二十六条的规定，其收取的张某生所支付的利息款中按年利率36%(即月利率3%)计算的部分即应得收益，超出该部分收益共计9.65万元即为受贿犯罪数额。至于吴某才在当期将收取的部分高息又支付给其亲属朋友，并不影响其受贿数额的认定。本案中张某生系基于被告人吴某才的职权身份而向其高息借款并支付高额利息，其间均系吴某才单独与张某生联系，商定借款利率，并由吴某才向张某生收取利息款。因此，辩护人提出应按借款周期内收取利息总额平均计算月利率及应扣减吴某才亲戚获得的超法定利率利息额的辩护意见无法律依据。

编写人：福建省福鼎市人民法院　潘其雄

68

收取超约定利息后在工作上给予便利亦构成受贿罪

——杨某受贿案

【案件基本信息】

1. 裁判书字号

四川省自贡市贡井区人民法院(2019)川0303刑初5号刑事判决书

2. 案由：受贿罪

【基本案情】

汇东公司系国有控股公司，杨某自2004年2月起任财务部经理，负责公司的资金审核与拨付。2009年至2017年5月，杨某在汇东公司管理的工程项目中，利用职务之便，为项目施工方在资金划拨、介绍保险业务等方面提供便利，并收受桂某芳、肖某超、叶某、罗某艳等人的贿赂款共计13.3万元。具体如下：

1. 2009年至2015年，杨某利用其职务之便，收受项目施工方负责人桂某芳所送现金共计6万元；

2. 2014年至2015年，杨某利用其职务之便，收受项目施工方负责人肖某超所送现金共计0.8万元；

3. 2014年4月，杨某出借叶某20万元，并多次向叶某表示按照2.5%的月息收取利息，叶某为得到杨某在工程款支付方面的帮助，按照月息5%的利率通过向杨某配偶的银行卡上存现或向以他人名义办理的银行卡存现并交由杨某使用等隐蔽方式向杨某多支付利息。2014年5月至2015年3月，杨某通过上述方式多收受叶某的利息共计5.5万元；

4. 杨某利用其职务之便，为保险公司工作人员罗某介绍建筑施工人员团体意外伤害保险业务。杨某于2017年的一天在其办公室收受罗某所送现金1万元。

杨某到案后向监察机关如实供述了上述受贿的犯罪事实。案发后，杨某向监察机关上缴了受贿款13.3万元。

【案件焦点】

在民间借贷中，若出借人因身份特殊且借款双方关系特定，以高于法律规定的利率收受利息，该行为是否构成受贿。

【法院裁判要旨】

四川省自贡市贡井区人民法院经审理认为：杨某身为国有公司工作人员，利用职务之便，非法收受他人贿赂共计13.3万元，并为他人谋取利益，其行为确已构成受贿罪。公诉机关指控罪名成立，应予以支持。本案中杨某犯受贿罪的法定刑为三年以下有期徒刑或者拘役，并处罚金。杨某到案后向监察机关如实交代受贿的犯罪事实，系坦白，依法可以从轻处罚。杨某自愿认罪认罚，可以依法从宽处理。鉴于杨某如实供述自己的罪行，自愿认罪认罚，真诚悔罪，积极退赃，情节轻微，可以免予刑事处罚。据此，为维护国家工作人员职务行为的廉洁性不受侵犯，依照《中华人民共和国刑法》第三百八十五条、第三百八十三条、第三百八十六条、第三十七条、第六十四条、第六十七条第三款之规定，作出如下判决：

一、被告人杨某犯受贿罪，免予刑事处罚；

二、被告人杨某违法所得13.3万元予以追缴，并上缴国库。

【法官后语】

在特殊关系当事人之间进行的民间借贷中，若出借方以高利率收取借款方的利息后在工作上给予一定便利，那出借方的行为是否构成受贿。因《中华人民共和国刑法》中并未对“高利放贷”单独定罪，如何对个案中高利收息行为进行定性就成为法官需要思考的问题。

本案中杨某向叶某表示按2.5%收取月息，叶某却每月按5%的利率支付，杨某收到后也并无口头上的反对或行为上的退还。此外，双方也从未约定多支付的利息可作为借款本金的抵扣。本案中，月息5%明显超过合法范畴。

主审法官认为，杨某的行为应认定为受贿，理由如下：其一，叶某和杨某的借款属于自然人之间的借款，故借款的利率不得违反国家有关限制利率的规定。叶某与杨某达成共识的利率为每月2.5%，而叶某支付的月息为5%，明显高于关于民间贷款利率的规定，杨某虽表示利率过高但并未拒收或予以退还；其二，杨某与叶某存在工作上的制约关系，叶某给予杨某高息是想以此作为维系两人关系的方式，以期在工程款回款中杨某能向其提供相应的便利，事实上杨其也确实利用职务之便为叶某提供了业务上的帮助。综上，杨某每月收取叶某按约定外2.5%的月息支付的利息属于非法收受他人财物，同时，杨某还利用职务之便为叶某谋取了利益，故二人的行为看似是合法的民间借贷实则为行贿受贿。

通过这个案例引发了我们的一些思考：自然人之间的民间借贷可以集中社会闲散资金，对金融借贷起到互补的作用。但民间借贷活动所引发的刑事犯罪也越来越常见。为了对民间借贷行为进行规范，我国也出台了一些相应的规定，但在审理因民间借贷活动而引发的各类刑事犯罪时却常常需要探讨。第一，民间借贷作为一种融资方式可能会直接引发一些刑事犯罪，常见的有敲诈勒索、诈骗、非法拘禁、非法集资等，这些显而易见的犯罪行为比较容易进行认定，但在审判中偶尔会遇到一些以民间借贷作为合法外衣而进行的犯罪行为，如受贿、虚假诉讼等行为，这些须放在整个案件关系中综合评判，对是否构成犯罪务必须谨慎对待；第二，我国对民间借贷的利率虽作了限制性规定，但对单纯的高利放贷还没有明确的处罚规则，目前，《最高人民法院关于审理民间借贷案件适用法律若干问题的规定》第二十六条规定了双方约定的利率超过合同成立时一年期贷款市场报价利率四倍的，法院不予认可，但并未从刑事上单独定罪量刑，除非出借人本身触犯了其他罪名才能予以处罚。只有完善立法才能以法律的手段确保民间借贷各方的合法权益，审判工作才能更加有法可依。

编写人：四川省自贡市贡井区人民法院　林柳英

69

介绍贿赂罪与行受贿共同犯罪的区分

——刚某受贿、伪造国家机关证件，吴某受贿案

【案件基本信息】

1. 裁判书字号

江苏省宜兴市人民法院（2019）苏0282刑初386号刑事判决书

2. 案由：受贿罪、伪造国家机关证件罪

【基本案情】

1. 关于受贿部分的事实：刚某、吴某均系宜兴市交通警察大队和桥中队辅警。2017年7月初，刚某调至宜兴市交通警察大队综合中队，负责材料、信息工作。2017年10月，吴某至宜兴市交通警察大队和桥中队交通违章处理窗口工作，负责处理非现场交通违法行为。吴某在刚某的怂恿和劝说下同意帮助张甲违法处理他人交通违法行为，并接受刚某提出的给予好处的方案。自2017年10月至2018年6月，刚某伙同吴某利用吴某负责非现场交通违法处理的职务之便，帮助张甲违法处理交通违法行为，从而收受张甲给予的钱款共计472500元。刚某分给吴某135609元，分给涉案期间提供帮助的张乙、张丙93980元，刚某自己分得242911元。

2. 伪造国家机关证件部分的事实：2018年3月至6月，刚某在伙同吴某共同帮助张甲处理他人交通违法行为过程中，为便于处理违章事宜，受张甲指使，伙同张乙、张丙等人，伪造机动车行驶证共计100余本，用于上传交通违章处理系统，后均被销毁。

2018年6月19日上午，徐甲、徐乙受张丙指使携带伪造的违章车辆行驶证至宜兴市公安局交警大队和桥中队吴某处处理违章时被民警查获，后移交宜兴市公安局和桥派出所处理；宜兴市公安局从徐甲、徐乙处扣押伪造的机动车行驶证14本。

【案件焦点】

被告人刚某的行为应认定为受贿共犯，还是行贿共犯，抑或介绍贿赂罪。

【法院裁判要旨】

江苏省宜兴市人民法院经审理认为：对刚某的辩护人提出刚某不构成受贿罪的辩护意见，经查，吴某作为和桥交警中队合同编制的工作人员，按照单位领导的安排，在违法处理窗口负责非现场道路交通违章，虽然违反《江苏省非现场查处道路交通安全违法行为工作规范（试行）》中辅警只能从事辅助性工作的规定，但不影响吴某从事公务的性质，其属于从事公务的国家工作人员，符合受贿罪的犯罪主体。刚某伙同被告人吴某利用吴某的职务之便收受贿赂，系共同犯罪，其行为构成受贿罪。对辩护人提出的该辩护意见，不予采纳。

江苏省宜兴市人民法院依照《中华人民共和国刑法》第三百八十三条第一至第三款，第三百八十五条第一款，第三百八十六条，第二百八十条第一款，第九十三条，第二十五条第一款，第六十九条第一款、第三款，第二十七条，第六十七条第一款、第三款，第六十八条，第六十四条以及《最高人民法院、最高人民检察院关于办理贪污贿赂刑事案件适用法律若干问题的解释》第二条第一款、第十五条第一款、第十九条第一款的规定，作出如下判决：

一、被告人刚某犯受贿罪，判处有期徒刑二年，并处罚金15万元；犯伪造国家机关证件罪，判处有期徒刑一年六个月，并处罚金1万元，决定执行有期徒刑三年，并处罚金16万元；

二、被告人吴某犯受贿罪，判处有期徒刑一年六个月，并处罚金12万元；

三、扣押在案的被告人刚某、吴某及张乙、张丙的违法所得458520元，予以没收，上缴国库；尚未追缴的违法所得13980元，继续予以追缴，上缴国库。

宣判后，刚某、吴某均未提出上诉，该判决已发生法律效力。

【法官后语】

对于刚某的行为定性问题，在审理过程中形成三种意见。第一种意见认为刚某与吴某构成共同受贿犯罪。第二种意见认为刚某帮助张甲为谋取非法利益向国家工作人员行贿，应构成行贿罪的共犯。第三种意见认为刚某在吴某与张甲之间牵线搭桥、撮合引荐，情节严重，应构成介绍贿赂罪。我们同意第一种意见。理由如下：

1. 从主观认识区分介绍贿赂与行受贿共犯

介绍贿赂行为的目的本身不是行贿也不是受贿，而是旨在帮助行贿受贿双方建立贿赂联系，即起到牵线搭桥、沟通联络和撮合的作用。而行贿受贿共犯是行为人与行贿人或受贿人形成了共同故意，认识到自己是在帮助行贿人行贿或受贿人受贿。

本案中，张甲是专门从事车辆相关中介代理业务，包括帮人处理非现场查处交通违章的“黄牛”。刚某调到宜兴市交通警察大队后，从事内勤工作，不接触处理违章业务。张甲遂要求刚某介绍同事帮其处理交通违章。刚某同意并介绍在业务窗口处理违章事务的吴某给张甲认识，张甲答应给刚某、吴某相应好处费。刚某虽在张、吴之间牵线搭桥，但其所扮演的远非单纯的中间人的角色，其与吴某之间存在受贿通谋，包括谋利事项、收受贿赂的数额标准、分配贿赂的形式等内容，两人均进行了商量。可见，刚某与吴某就受贿的内容与形式、分配贿赂的方式等达成了一致，并不是简单地居间介绍或是站在行贿人张甲的立场向吴某行贿。

2. 从客观行为区分介绍贿赂与行受贿共犯

介绍贿赂行为是在行受贿双方之间起到提供信息、引荐、沟通、撮合的作用；行贿共犯是为谋取不正当利益共同向国家工作人员行贿；受贿共犯是以各自的行为共同为行贿人谋取利益，并收受财物。本案中，刚某、吴某的行为更符合受贿共犯的特征。(1) 刚某与吴某通过各自的行为，共同帮助张甲开展代办业务。刚某、吴某、张甲建立了共同的微信群，先由张甲把要处理的违章信息发到群里，吴某按照张甲的要求进行业务处理，刚某负责结算并通过微信转账给吴某好处费。后期交通违章处理新系统正式运行，要求被处罚驾驶人本人携带驾驶证、身份证、行驶证原件到窗口办理，刚某一方面安排“群众演员”假冒真实的驾驶人到窗口办理业务，另一方面安排他人伪造行驶证。吴某明知上述“群众演员”系假冒身份，且行驶证是伪造的，仍然予以办理。(2) 刚某与吴某共同收受财物。由张甲专门办理一张银行卡交给刚某保管，然后按照双方事先约定的收取好处费标准，张甲不定期存入钱款到银行卡，刚某从银行卡内取款后再与吴某分配。(3) 从行贿人的角度看，张甲没有将好处费分别交给两人，而是全部交给刚某，由刚某进行分配。即在张甲与刚某之间，并不是转交行贿款的关系。

因此，根据2007年《最高人民法院、最高人民检察院关于办理受贿刑事案件适用法律若干问题的意见》的规定，特定关系人以外的其他人与国家工作人员通谋，由国家工作人员利用职务上的便利为请托人谋取利益，收受请托人财物后双方共同占有的，以受贿罪的共犯论处。本案即为该规定的适例。

编写人：江苏省无锡市中级人民法院　楼炯燕

70

经一审庭审质证过的供述二审翻供，要求非法证据排除的认定

——陈某建受贿案

【案件基本信息】

1. 裁判书字号

福建省福州市中级人民法院（2019）闽01刑终322号刑事裁定书

2. 案由：受贿罪

【基本案情】

2012年年初至2018年2月，被告人陈某建在先后担任福清市公安局音西派出所民警、副中队长、中队长、交警大队音西中队负责人期间，利用其查处道路交通违法、交通管理、道路治安巡逻等职责的职务便利，为土方工程承接商郑某瑜、诚运公司负责人吴某平谋取利益，并收受二人送款共计40.5万元及价值5000元的中石化加油卡，用于个人及家庭日常开支。

【案件焦点】

关于上诉人陈某建提出在侦查期间受到刑讯逼供，在控制压力下做出有罪供述，要求排除非法取证的证据的意见是否成立。

【法院裁判要旨】

福建省福清市人民法院经审理认为：被告人陈某建身为国家工作人员，利用职

务上的便利，为他人谋取利益，非法收受他人财物计41万元，其行为构成受贿罪，数额巨大。根据陈某建的到案情况和供述情况，不宜认定为自首情节。陈某建到案后，退出全部赃款，酌情予以从轻处罚。

综上，原判根据被告人的犯罪事实、犯罪的性质、情节和对社会的危害程度，依照《中华人民共和国刑法》第三百八十五条第一款、第三百八十六条、第三百八十三条第一款第二项、第六十四条的规定，作出如下判决：

一、被告人陈某建构成受贿罪，判处有期徒刑三年三个月，并处罚金25万元；

二、未随案移送的被告人陈某建非法所得41万元，予以没收，上缴国库。

上诉人陈某建诉称其在侦查阶段受到刑讯逼供，所做笔录并非其真实意思表示，要求予以排除。请求二审改判无罪。

福建省福州市中级人民法院经审理认为：关于上诉人陈某建提出在侦查期间受到刑讯逼供，在控制压力下作出有罪供述，要求排除非法取证的证据的意见。经查，陈某建在一审庭审前以及庭审中均未提出非法证据排除，二审期间提出非法证据排除，却未提供有效线索或者证据。二审法院依职权对原判所采信供述的合法性进行审查后，认为本案定案证据与非法取证无关，法院对原判采信的其本人供述的真实性予以确认，不需要再适用非法证据排除规则。该上诉意见无理，不予采纳。

二审法院认为，上诉人陈某建身为国家工作人员，利用职务上的便利，为他人谋取利益，非法收受他人财物计41万元，其行为已构成受贿罪且数额巨大。陈某建及其辩护人的无罪辩解和辩护意见均不能成立，不予采纳。原判认定事实清楚，适用法律正确，量刑适当，审判程序合法。据此，作出如下判决：

驳回上诉，维持原判。

【法官后语】

本案中，被告人陈某建在一审庭审之后提出侦查人员刑讯逼供问题，涉及证据合法性审查范围、庭前有罪供述转化为当庭重复性供述的条件及其标准，刑讯逼供行为的审查与处理等。

首先，证据的合法性审查范围，必须是用于定案的证据才需要进行合法性审查。二审期间，证据合法性审查的对象应当是一审作为定案根据的证据和拟作为二审定案根据的证据。因此，与人民法院审判职权行使无关的证据，尽管可能发生在刑事诉讼中，并作为其他司法机关实施刑事诉讼活动的依据，但只要不用于案件审判，就不需要法院进行合法性审查。

其次，被告人的庭前供述转化为当庭供述的合法性审查。根据“两高三部”2017年发布的《关于办理刑事案件严格排除非法证据若干问题的规定》第五条第二项的规定，审查逮捕、审查起诉和审判期间，检察人员、审判人员讯问时告知诉讼权利和认罪的法律后果，犯罪嫌疑人、被告人自愿供述的，不受之前刑讯逼供的影响。即庭前受到刑讯逼供的，其当庭供述独立于庭前供述，属于自愿供述。在此种情况下，其当庭供述不受之前刑讯逼供的影响，两者之间的联系被阻断。因此，只要被告人自愿确认侦查期间的供述，即使属于庭前供述的重复性供述，所转化形成的当庭供述也不存在合法性问题。

最后，与证据合法性审查无关的刑讯逼供问题的处理。人民法院是国家的审判机关而非法律监督机关，在刑事诉讼中仅能对涉及证据合法性审查的刑讯逼供等非法取证行为进行调查、确认并对相关证据的效力予以否定。本案中，对被告人陈某建供述的合法性进行审查是人民法院行使审判职权的重要内容，由此不可避免地需要对获取其供述的司法行为的合法性进行评价。合法性审查的内容应当是当庭供述的合法性，而不是侦查阶段供述的合法性，人民法院既无必要也无职权对侦查阶段获取供述的合法性进行独立审查。

综上，笔者认为，二审期间，证据合法性审查的对象应当是原审作为定案根据的证据。本案中，无论被告人陈某建在侦查阶段是否受到刑讯逼供，但在一审庭审时其应当享有的诉讼权利被明确告知并得到充分保障，其本人对自己行为的法律后果也能够正确认识。相应地，其所作的供述已属于任意性供述，对侦查阶段供述的真实性的确认亦属于自愿确认。由此形成的有罪供述，虽然属于侦查阶段供述的重复性供述，但是显然已不受先前获取有罪供述的侦查行为影响，不再是侦查阶段的有罪供述，而是由其转化而来的独立的当庭有罪供述。因此，原判采信的被告人陈某建有罪供述不再是侦查阶段有罪供述，不需要适用非法证据排除规则。

编写人：福建省福州市中级人民法院　武林

71

检察机关认罪认罚从宽量刑建议“明显不当”的调整

——姚某曙受贿案

【案件基本信息】

1. 裁判书字号

安徽省马鞍山市中级人民法院（2019）皖05刑终273号刑事裁定书

2. 案由：受贿罪

【基本案情】

2009年7月至2018年6月，被告人姚某曙担任马鞍山市医疗工伤生育保险管理服务中心稽核管理科科长，负责全市定点零售药店、规定病种药店协议管理；对全市定点零售药店、规定病种药店日常检查和年度考核；对定点零售药店、规定病种药店违规行为提出处理意见。在此期间，被告人姚某曙利用职务便利，先后多次索取、非法收受被监管辖区内的多家医保定点零售药店负责人现金共计58万元，购物卡共计面值7.2万元，其中被告人姚某曙主动索要财物35.6万元，并在负责监督检查、处罚、举报调查等方面，为上述药店的违规经营行为谋取利益。

【案件焦点】

如何认定和调整认罪认罚案件中检察机关“明显不当”的从宽量刑建议。

【法院裁判要旨】

安徽省马鞍山市和县人民法院经审理认为：被告人姚某曙利用其担任马鞍山市医疗工伤生育保险管理服务中心稽核管理科科长，负责全市定点零售药店、规定病种药店协议管理、对全市定点零售药店、规定病种药店日常检查和年度考核、对定点零售药店、规定病种药店违规行为提出处理意见的工作职务便利，先后多次索取、非法收受被监管辖区内的多家医保定点零售药店负责人所送的财物价值共计

65.2万元，数额巨大，并在负责监督检查、处罚、举报调查等方面，为上述药店的违规经营行为谋取利益，其行为已触犯刑律，构成受贿罪。其中，被告人姚某曙主动索要财物价值35.6万元，依法应从重处罚。被告人在提起公诉前如实供述自己罪行、真诚悔罪、积极退赃，庭审中能如实供述犯罪事实，属坦白，均可依法从轻处罚。被告人姚某曙虽在向公诉机关签署认罪认罚具结书，其没有主动缴纳罚金，在财产刑上没有做到认罚，故对被告人姚某曙不适用认罪认罚，对公诉机关提出被告人姚某曙认罪认罚的量刑建议不予采纳。一审法院依照《中华人民共和国刑法》第三百八十五条，第三百八十六条，第三百八十三条第一款、第二款，第六十七条第三款，第五十二条，第五十三条第一款，第六十四条，《最高人民法院、最高人民检察院关于办理贪污贿赂刑事案件适用法律若干问题的解释》第二条第一款，第十三条第一款第一项、第二项，第十五条第一款，第十八条，第十九条第一款之规定，作出如下判决：

一、被告人姚某曙犯受贿罪，判处有期徒刑三年七个月，并处罚金22万元；

二、所退赃款65.2万元依法没收，并上缴国库，其中扣押在和县人民检察院的赃款64万元由扣押机关上缴国库。

安徽省马鞍山市和县人民检察院认为和县人民法院审理该案程序严重违法、量刑不当，确有错误，提起抗诉。

安徽省马鞍山市中级人民法院经审理认为：原审被告人姚某曙利用职务便利，收受财物价值共计65.2万元（其中索贿35.6万元），在监督检查、处罚、举报调查等方面为他人违规经营谋取利益，其行为已经触犯刑律，构成受贿罪，且数额巨大。原审法院认定坦白等量刑情节正确。原审根据其犯罪事实、性质、情节以及对社会的危害程度，所确定的刑罚是恰当的。抗诉意见和辩护意见均不能成立，法院不予采纳。

安徽省马鞍山市中级人民法院依照《中华人民共和国刑事诉讼法》第二百二十五条第一款第一项的规定，作出如下裁定：

驳回抗诉，维持原判。

【法官后语】

认罪认罚从宽作为我国刑事司法改革中一项较为系统之制度，涉及的问题纷繁复杂，尤其是其赋予了量刑建议新的内容，使得检察机关的量刑建议一跃成为认罪认罚从宽制度乃至整个认罪案件刑事诉讼程序的核心焦点。检察机关在认罪认罚从宽案件中提出的量刑建议，是处理此类案件最为重要的司法意见，人民法院要把审查量刑建议作为重中之重。在认罪认罚案件的量刑裁判中，最容易产生分歧的是如何处理“量刑建议明显不当”的案件。所谓“量刑建议明显不当”有两种情况：一是“明显偏重”，即检察机关建议的量刑幅度下限超出可能判处的刑罚；二是“明显偏轻”，即检察机关建议的量刑幅度上限低于可能判处的刑罚。如何把握认罪认罚案件量刑建议效力，《最高人民法院、最高人民检察院、公安部、国家安全部、司法部关于适用认罪认罚从宽制度的指导意见》第四十条第一款从正面进行了规定，即除法定5种不采纳的情形外，对于事实清楚，证据确实、充分，指控的罪名准确，量刑建议适当的，人民法院应当采纳。

在司法实践中，对于量刑建议，首先要审查是否具有5种法定除外情形。没有法定除外情形的，再审查量刑建议是否符合上述要求，全部符合的应当予以采纳，不符合的不予采纳，该调整的予以调整。因此，人民法院对认罪认罚案件的量刑建议以及协商过程仍要严格审查，发现量刑建议存在明显违反罪责刑相适应原则、违反类案同判和法律统一适用、背离司法公正或者人民群众公平正义观念、违背一般司法认知等明显不当情形的，要告知人民检察院调整量刑建议并说明理由，检察机关不调整或者调整后的量刑建议法院仍认为不适当的，应当依法作出公正判决。

本案中，被告人姚某曙利用职权受贿65.2万元，法定从重的量刑情节主要为索贿35.6万元；从轻处罚的情节主要有：全案退赃65.2万元、认罪坦白。对于公诉机关指控的这些量刑情节，一审法院根据事实和法律均予以认定，但对判处有期徒刑三年的量刑建议不予采纳。根据《最高人民法院、最高人民检察院关于办理贪污贿赂刑事案件适用法律若干问题的解释》第二条第一款的规定，贪污或受贿数额在20万元以上不满300万元的，应当认定为《中华人民共和国刑法》第三百八十三条第一款规定的“数额巨大”，依法判处三年以上十年以下有期徒刑，并处罚金或者没收财产。另外根据相关量刑规定，受贿60万元以上，可判处四年以上五年以下有期徒刑，综合考虑其索贿从重情节以及坦白退赃从宽情节，判处三年七个月并无不当。

综上，人民法院应依法审查量刑建议是否适当，对于程序合法、量刑适当的，坚决支持；发现量刑建议不适当的，简单采纳量刑建议会严重影响司法公正的，应当依法调整并及时作出判决，既不诿责扯皮，也不失职放水。

编写人：安徽省马鞍山市中级人民法院　金磊　陈曼

72

行贿罪共犯的认定是否仅依据双方是“不正当利益共同体”

——武某行贿案

【案件基本信息】

1. 裁判书字号

北京市丰台区人民法院（2017）京0106刑初1549号刑事判决书

2. 案由：行贿罪

【基本案情】

2016年，孙某忠（另案处理）经营的龙合公司违法改建本市丰台区嘉园一里×号锅炉房煤库的工程被丰台区相关行政机关查处，为了使违法工程继续进行并取得相关手续，孙某忠通过他人介绍认识了本案被告人武某及武某的丈夫尤某霞（另案处理）。孙某忠请托被告人武某及其丈夫尤某霞找关系协调煤库改建工程事宜。被告人武某及尤某霞将时任本市丰台区委讲师团办公室主任郑某法（已判刑）介绍给孙某忠认识，孙某忠请托郑某法帮忙联系丰台区与工程有关的单位或者个人协调说情，促成煤库改建工程顺利进行。被告人武某为了促成孙某忠请托郑某法联系协调说情事宜，多次伙同尤某霞向郑某法给予孙某忠提供的钱款共计290万元，郑某法接受请托后向多个单位有关负责人请托说情。

2017年4月28日，被告人武某被北京市公安局丰台分局经济犯罪侦查大队查获。当日，被告人武某主动供述了伙同孙某忠、尤某霞向郑其法行贿290万元，用于请托孙某忠位于马家堡嘉园一里×号锅炉房煤库改建工程事宜。2017年5月27日，北京市公安局丰台分局将武某案移送北京市丰台区监察委员会，被告人武某于2017年5月28日被北京市丰台区监察委员会采取留置措施。

【案件焦点】

在行贿罪犯罪中，行贿罪共犯的认定能否仅依据双方是“不正当利益共同体”，行为主体的主、客观表现是否也应作为刑法规范评价的内容。

【法院裁判要旨】

北京市丰台区人民法院经审理认为：被告人武某伙同他人为谋取不正当利益，给予国家工作人员财物，其行为已构成行贿罪，情节严重，应予处罚。北京市丰台区人民检察院指控被告人武某犯行贿罪的事实清楚、证据确实充分，罪名成立。在量刑方面，被告人武某在被追诉前主动交代行贿犯罪行为，具有从轻、减轻处罚情节，另鉴于被告人武某始终如实供述犯罪事实，认罪态度较好，综上，法院对被告人武某减轻处罚。

北京市丰台区人民法院依照《中华人民共和国刑法》第三百八十九条、第三百九十条、第二十五条、第六十七条、第五十二条、第五十三条、第六十一条之规定，作出如下判决：

被告人武某犯行贿罪，判处有期徒刑四年六个月，并处罚金20万元。

【法官后语】

本案被告人介绍行贿请托人与国家工作人员认识，并多次向国家工作人员给予行贿请托人提供的钱款。本案的争议焦点是被告人的行为定性，行贿罪共犯的认定能否仅依据双方是“不正当利益共同体”，行为主体的主、客观表现是否也应作为刑法规范评价的内容。即应当认定为行贿请托人的行为是行贿罪共犯还是认定为介绍贿赂罪。

行贿罪是指“为谋取不正当利益，给予国家工作人员以财物的，是行贿罪。在经济往来中，违反国家规定，给予国家工作人员以财物，数额较大的，或者违反国家规定，给予国家工作人员以各种名义的回扣、手续费的，以行贿论处。因被勒索给予国家工作人员以财物，没有获得不正当利益的，不是行贿”。

《中华人民共和国刑法》界定了行贿罪的三个种类的客观表现：一是行为人给予国家工作人员财物是给予谋取不正当利益，其主观上有明知和故意。二是行为人只要违反了国家规定给予国家工作人员财物，就构成行贿罪。三是行为人因国家工作人员的强行索要被动给予其财物，在没有获得不正当利益的条件下不受刑法约束。因此，行贿罪的成立，不能局限于行贿行为对“不正当利益”的追求。

行贿罪共犯，应当认识到自己的行为是在帮助行贿者或者受贿者，因此其行为目的在于为其中一方提供服务，行贿共犯主观上具有共同谋取与己方密切相关的不正当利益目的，对不正当利益的实现是有强烈希望的直接故意。因此，行贿罪共犯的认定不仅依据双方是“不正当利益共同体”，行为主体的主、客观表现也应作为刑法规范评价的内容。

介绍贿赂行为与行贿、受贿行为有一定的关联，其本是行贿、受贿的帮助行为。但有一定区别，具体表现有：介绍贿赂以“居间身份”为行贿人寻找受贿对象；通过联系、沟通，以牵线搭桥的方式撮合条件，促使行贿、受贿得以实现；不直接参与行贿与受贿行为活动，是独立于行贿与受贿之外的“第三人”；行为人主观上有向国家工作人员介绍贿赂的故意。

本案中，被告人武某向国家工作人员贿赂的钱款虽源于孙某忠，但其积极参与，其行为目的是为孙某忠谋取不正当利益；其客观上多次实施了帮助孙某忠向国家工作人员行贿的行为，主观上明知自己的行为，也明知孙某忠行贿的目的，可以认定其行为已经超出了帮助行贿人和受贿人的居间行为，是与行贿请托人共同为行贿请托人谋取不正当利益而共同实施的基于贿赂的行为，被告人武某的行为与孙某忠构成行贿罪的共犯。因此，本案被告人武某应定为行贿罪，而不是介绍贿赂罪。

编写人：北京市丰台区人民法院　薛碧晗

73

村干部在拆迁诈骗类案件中是否利用职务便利的认定

——黄某、董某斌诈骗、非国家工作人员受贿案

【案件基本信息】

1. 裁判书字号

北京市高级人民法院（2019）京刑终115号刑事判决书

2. 案由：诈骗罪、非国家工作人员受贿罪

【基本案情】

被告人黄某自2007年8月始任北京市朝阳区金盏乡曹各庄村党支部书记，其间曾任北京市朝阳区金盏乡城乡一体化领导小组下设金盏乡金融园区拆迁腾退工作办公室后勤保障组负责人；自2010年4月始任北京市朝阳区金盏乡东村党支部书记。2009年，在北京市朝阳区金盏乡城乡一体化拆迁腾退过程中，被告人黄某伙同上诉人董某斌抢建房屋、虚增房屋面积及附属物数量，骗取腾退补偿补助款共计1202.38万元，其中黄某实际分得946.38万元，董某斌实际分得256万元。

2008年至2014年，被告人黄某利用担任北京市朝阳区金盏乡曹各庄村党支部书记、北京市朝阳区金盏乡东村党支部书记的职务便利，为周某、杜某、李某等人在承揽乡村建设工程、申请拆除违章建筑补偿、土地租赁等事项提供帮助，多次收受周某等人给予的钱款共计130万元。

公诉机关认为，被告人黄某作为受国家机关委托代表国家机关行使职权的组织中从事公务的人员，在协助乡政府负责金盏乡金融园区土地储备项目拆迁腾退工作过程中，伙同他人骗取国家拆迁补偿资金，数额特别巨大，其行为已经构成贪污罪，被告人董某斌构成贪污罪的共犯。被告人黄某作为村党总支书记，利用其管理村集体事务的职务便利，为他人谋取利益并非法收受财物，数额巨大，其行为已构成非国家工作人员受贿罪。

被告人黄某辩称公诉机关指控其贪污拆迁补偿款的行为应当构成职务侵占罪；被告人董某斌辩称其不知道也没有参与黄某在其租赁的集体土地抢建房屋。

被告人黄某的辩护人的辩护意见是，被告人黄某不具有国家工作人员身份，其与被告人董某斌骗取国家拆迁补偿款的行为应认定为职务侵占罪；被告人董某斌的辩护人的辩护意见是，被告人董某斌未与黄某串通，仅是帮助黄某贪污拆迁补偿款，应认定为从犯。

【案件焦点】

村干部在协助政府进行土地征收管理过程中，通过抢栽抢建、虚构地上物面积等手段骗取拆迁补偿款的行为构成贪污罪还是诈骗罪。

【法院裁判要旨】

北京市第三中级人民法院经审理认为：被告人黄某作为村基层组织人员协助人

民政府从事土地征收、征用补偿费用的管理工作，利用职务便利单独并伙同被告人董某斌骗取国家拆迁补偿资金，数额特别巨大，其行为已构成贪污罪；被告人黄某还作为其他单位的工作人员利用职务便利，非法收受他人财物，为他人谋取利益，数额巨大，其行为已构成非国家工作人员受贿罪。据此，依照《中华人民共和国刑法》的相关规定，作出如下判决：

被告人黄某犯贪污罪，判处有期徒刑十一年，罚金50万元；犯非国家工作人员受贿罪，判处有期徒刑五年；决定执行有期徒刑十二年，罚金50万元；被告人董某斌犯贪污罪，判处有期徒刑三年，罚金20万元。

一审宣判后，被告人董某斌不服，以量刑过重为由提出上诉。

北京市高级人民法院经审理认为：原审被告人黄某伙同上诉人董某斌以非法占有为目的，虚构事实、隐瞒真相，骗取国家拆迁补偿资金，数额特别巨大，其行为均已构成诈骗罪；同时黄某身为村基层组织人员，利用管理村集体事务工作的职务便利，为他人谋取利益，非法收受他人财物，数额巨大，其行为已构成非国家工作人员受贿罪。依照《中华人民共和国刑法》的相关规定，作出如下判决：

一、撤销北京市第三中级人民法院（2018）京03刑初142号刑事判决；

二、原审被告人黄某犯诈骗罪，判处有期徒刑十一年，并处罚金20万元；犯非国家工作人员受贿罪，判处有期徒刑五年；决定执行有期徒刑十二年，并处罚金20万元；

三、上诉人董某斌犯诈骗罪，判处有期徒刑三年，缓刑五年，并处罚金6万元。

【法官后语】

本案系一起村干部在协助政府进行拆迁工作的过程中，通过抢栽抢建、虚构地上物面积等行为骗取拆迁补偿款的典型案例。区分该行为构成贪污罪还是诈骗罪，关键在于村干部在骗取拆迁补偿款的过程中是否利用了职务便利。可以从以下几个方面综合认定：

1. 被告人的主体身份

根据《全国人民代表大会常务委员会关于〈中华人民共和国刑法〉第九十三条第二款的解释》的规定，村民委员会等村基层组织人员协助人民政府从事下列行政管理工作，属于刑法第九十三条第二款规定的“其他依照法律从事公务的人员……（四）土地征收、征用补偿费用的管理”。

在朝阳区土地储备非住宅拆迁腾退工作中，被告人黄某作为村党支部书记，担任拆迁腾退办公室内设的后勤保障组的负责人，负责对村民和宅基地进行核实确认，并提供给拆迁公司、评估公司相关证明材料及相关联系组织工作。因此，黄某作为村基层组织人员，其在协助政府从事土地征收、征用补偿费用的管理工作时具有国家工作人员身份。

2. 被告人的职务范围

贪污罪在客观上要求国家工作人员利用职务便利，侵吞、窃取、骗取或者以其他手段非法占有公共财物。最高人民法院发布的指导案例11号（杨某虎等贪污案）明确指出，贪污罪中的“利用职务上的便利”，是指利用职务上主管、管理、经手公共财物的权力及方便条件，既包括利用本人职务上主管、管理公共财物的职务便利，也包括利用职务上有隶属关系的其他国家工作人员的职务便利。不是任何利用职务上的便利非法占有公共财物的行为都能成立贪污罪，只有当国家工作人员现实地对公共财物享有支配权、决定权，或者对具体支配财物的人员处于领导、指示、支配地位，进而利用了职务上的便利的，才能认定为贪污罪。否则，只能认定为盗窃、诈骗等罪。

根据北京市朝阳区金盏乡人民政府拆迁腾退办公室提供的书证材料，拆迁补偿款由资金结算组负责发放，而黄某的职务范围并不包括主管、管理、经手拆迁补偿款，因此，黄某在本案中不具有管理、经手拆迁补偿款的职务便利。

3. 被告人骗取钱款的手段及方式

本案中董某斌系涉事土地的承租人，承租协议真实有效，二人虚构的事实主要涉及房屋的合法性、房屋面积及树木的数量和种类。二人能够成功骗取拆迁补偿主要通过两个手段：一是以非法占有为目，在征地公告发出后抢建房屋；二是通过指使负责非住宅入户调查、评估的人员虚报房屋面积、附属物种类和数量，进而骗取了拆迁腾退补偿款。从“抢栽抢建、虚构地上物面积等行为”本身来看，该行为并没有利用黄某作为国家工作人员的职务便利，因此，该骗取拆迁补偿款的手段行为并非利用职权进行的组织行为，而是黄某、董某斌的个人劳作行为。

综上，在认定村干部是否利用了职务便利骗取拆迁补偿款时，要结合村干部主体身份、是否具有管理经手钱款的职责及便利条件、骗取钱款的手段及方式几个方面来认定。当村干部并非利用管理、经手拆迁补偿款的职务便利骗取公共财物时，其行为构成诈骗罪，而非贪污罪。

编写人：北京市第三中级人民法院　马新健　张元元

74

企业注册登记中的资金来源与实际出资不符情况下的"国有资产"界定

——冯某岭、王某私分国有资产案

【案件基本信息】

1. 裁判书字号

河南省郑州市中级人民法院（2019）豫01刑终248号刑事判决书

2. 案由：私分国有资产罪

【基本案情】

河南省药材公司原系国有企业，被告人冯某岭系该公司总经理，被告人王某系该公司财务科科长。1998年3月5日，李某国注册成立海尔森药业并担任法定代表人，企业性质为有限责任公司，工商注册资料显示海尔森生物出资70万元占有海尔森药业70%股份，省药材公司出资30万元占有海尔森药业30%股份（省药材公司并未实际出资）。2001年6月18日，海尔森生物将其持有的海尔森药业的股份转让给康地公司；2005年3月20日，康地公司又将股份转让给陈某亭。

2003年12月，省药材公司进行改制，未将该公司持有的海尔森药业30%的股份纳入清产核资及资产评估的范围。2005年6月8日，省药材公司完成企业改制，企业性质变更为有限责任公司，企业名称变更为省医药公司。2009年12月21日，陈某亭以45万元的价格收购了省医药公司所持有的海尔森药业30%的股份，同日，陈某亭将股本转让金45万元交付于省医药公司。

【案件焦点】

未实际出资的股份是否属于国有资产，本案的行为是否构成私分国有资产罪。

【法院裁判要旨】

河南省郑州市金水区人民法院经审理认为：根据《最高人民法院、最高人民检察院关于办理国家出资企业中职务犯罪案件具体应用法律若干问题的意见》第二条第一款的规定，国有公司、企业违反国家规定，在改制过程中隐匿公司、企业财产，转为职工集体持股的改制后公司、企业所有的，对其直接负责的主管人员和其他责任人员，以私分国有资产罪定罪处罚。被告人冯某岭、王某作为省药材公司改制期间直接负责的主管人员和直接责任人，其行为符合上述规定，构成私分国有资产罪，二人犯罪情节轻微，可以免予刑事处罚。综上，判决认定被告人冯某岭、王某犯私分国有资产罪，均免予刑事处罚；赃款45万元依法追缴后上缴国库。

冯某岭上诉及其辩护人辩护称，省药材公司未向海尔森药业实际出资，30%的股权不属于国有资产，后期45万元的股权转让款也不属于国家投资产生的收益；省药材公司在企业改制过程中没有隐匿资产，且45万元的股权转让款全部用于为离退休人员发放工资补贴和缴纳医疗保险，其不构成私分国有资产罪。

河南省郑州市中级人民法院经审理认为：根据《最高人民法院、最高人民检察院关于办理国家出资企业中职务犯罪案件具体应用法律若干问题的意见》第七条第二款的规定，是否属于国家出资企业不清楚的，应遵循“谁投资，谁拥有产权”的原则进行界定。企业注册登记中的资金来源与实际出资不符的，应根据实际出资情况确定企业的性质。企业实际出资情况不清楚的，可以综合工商注册、分配形式、经营管理等因素确定企业的性质。鉴于省药材公司未对海尔森药业实际出资，也未参与该公司的经营管理，因此海尔森药业不能被界定为国家出资企业，省药材公司所持有的股权也不能被界定为国有资产。同时，现有证据也不足以认定省药材公司在企业改制过程中故意隐匿涉案股权，因此原判认定冯某岭、王某犯私分国有资产罪的证据不足。依照《中华人民共和国刑事诉讼法》第二百条第三款、第二百三十六条第一款第三项之规定，作出如下判决：

一、撤销河南省郑州市金水区人民法院（2017）豫0105刑初2341号刑事判决；

二、上诉人（原审被告人）冯某岭无罪；

三、原审被告人王某无罪。

【法官后语】

本案属于国有企业改制期间产生的职务犯罪问题，因此具有一定的特殊性和复杂性，需要结合企业改制的特定历史条件，依法妥善地进行审理。案件争议的焦点问题是省药材公司在改制前持有的海尔森药业30%的股份是否属于国有资产。

关于企业资产属性的界定，自20世纪90年代初，应集体企业清产核资和企业国有资产界定之需要，国务院及相关部委相继出台过一系列文件，归纳这些文件的核心精神，就是“三谁”，即“谁投资、谁所有、谁受益”，也称“谁投资，谁拥有产权”。这实际上明确了企业产权界定的标准和依据。2010年，《最高人民法院、最高人民检察院关于办理国家出资企业中职务犯罪案件具体应用法律若干问题的意见》沿用了这一标准。其在“关于国家出资企业的界定”第一款规定：“本意见所称‘国家出资企业’，包括国家出资的国有独资公司、国有独资企业，以及国有资本控股公司、国有资本参股公司。”第二款还规定：“是否属于国家出资企业不清楚的，应遵循‘谁投资、谁拥有产权’的原则进行界定。企业注册登记中的资金来源与实际出资不符的，应根据实际出资情况确定企业的性质。企业实际出资情况不清楚的，可以综合工商注册、分配形式、经营管理等因素确定企业的性质。”

本案中，根据工商登记资料显示，省药材公司出资30万元持有海尔森药业30%的股份，但根据海尔森药业时任法定代表人李某国的证言和时任省药材公司法定代表人冯某岭的供述，省药材公司并未兑现该笔出资，同时省药材公司的多名管理人员也证明公司不仅没有实际出资也没有参与海尔森药业的日常管理。在这种情况下，按照《最高人民法院、最高人民检察院关于办理国家出资企业中职务犯罪案件具体应用法律若干问题的意见》的规定，既然海尔森药业不能被界定为国家出资企业，那么省药材公司所持有的海尔森药业股权也就不能被界定为国有资产。

一审法院认定冯某岭、王某构成私分国有资产罪的主要理由是省药材公司在改制过程中，未将登记在省药材公司名下的海尔森药业股权进行申报，后又将股份转让款用于改制后的企业。但是，由于省药材公司并未实际出资，也未参与海尔森药业的经营管理，认定案涉股份为国有资产的依据明显不足。同时，在案证据也不足以认定省药材公司在企业改制过程中故意隐匿案涉股权，因此一审判决认定被告人冯某岭和王某犯私分国有资产罪的证据不足。二审法院据此改判二人无罪。

编写人：河南省郑州市中级人民法院　张兴成

75

利用职务便利违规购买安置房的犯罪数额认定

——叶某霞贪污案

【案件基本信息】

1. 裁判书字号

浙江省丽水市中级人民法院（2019）浙11刑终243号刑事裁定书

2. 案由：私分国有资产罪、贪污罪、受贿罪

【基本案情】

2012年6月，时任云和县农办（扶贫办）、县下山转移办主任即被告人叶某霞假借不符合云和县普光小区购房条件的侄子谢某之名义，向县农办（扶贫办）申请购买普光小区安置房，并以县农办（扶贫办）班子扩大会议的形式决定由谢某购买普光小区12幢××室安置房。2012年6月12日，叶某霞指使其亲属谢某强（谢某的父亲）代表谢某，与云和县下山转移办签订该室的《买卖合同》，并按2005年云和县政府对困难群众下山脱贫的政策价格计算房款为15.0668万元。嗣后，叶某霞又以"对谢某、谢某清、唐某梅三人直补"的方式直接抵扣购房款2.4万元，实际支付购房款12.6668万元。2012年7月10日，叶某霞指使驾驶员汤某谦将该房款交至"紧水滩库区困难群众异地脱贫项目资金专户"。经价格认定，叶某霞购得的安置房在2012年6月12日的市场价值为35.5575万元，实际支付购房款12.6668万元，购买价与实际价值的差额为22.8907万元。2016年3月16日，叶某霞通过辉煌房屋中介服务部将该房屋以64.9万元的价格出售给周某、季某夫妇。2018年3月29日，在得知云和县委巡察组将对县农办（扶贫办）巡察后，叶某霞将41.8万元转至谢某的建设银行账户。见未被发现，同年5月2日，叶某霞又指使谢某将该41.8万元转至谢某女儿的温州银行账户。

【案件焦点】

1. 被告人的行为是否构成贪污犯罪；2. 贪污犯罪的数额认定问题。

【法院裁判要旨】

浙江省丽水市云和县人民法院经审理认为：被告人叶某霞及其侄子谢某均不具备以政府定价购买普光小区安置房的资格，叶某霞利用职务之便，购得原本无法购买的房屋，系非法占有的行为；贪污罪对象系“公共财物”，案涉房屋系国有不动产，属于“公共财物”；叶某霞所付购房款与案涉房屋实际价值的差额为 22 万余元，达贪污罪数额巨大标准。公诉机关将叶某霞非法占有案涉房屋而未支付的差额认定为贪污数额并无不当。叶某霞利用职务之便非法占有公共财物，数额巨大，符合贪污罪的犯罪构成。

综上，被告人叶某霞在担任上述职务期间，利用职务上的便利，非法占有公共财物，价值共计 22 万余元，数额巨大，构成贪污罪，浙江省云和县人民法院依照《中华人民共和国刑法》第三百八十二条、第三百八十三条、第六十七条第三款、第五十二条、第六十四条之规定，作出如下判决：

一、被告人叶某犯贪污罪，判处有期徒刑二年六个月，并处罚金 10 万元；

二、违法所得予以追缴，上缴国库。

被告人叶某霞持原审辩解提起上诉。

浙江省丽水市中级人民法院经审理认为：叶某霞违规获取案涉安置房的行为非法侵占了国家脱贫政策优惠利益，以此手段侵占公共财物，构成贪污罪。原判以购房价与涉案房屋市场价之间的差额认定叶某霞贪污数额正确。故驳回上述，维持原判。

【法官后语】

本案就贪污部分的争议焦点在于对被告人购买安置房的行为，如何确定其贪污的犯罪数额。

被告人叶某霞利用职务便利侵占公共财物，违规购买安置房。在案发当时，市场上已存在同地区安置房的二手交易信息，以这些实际存在的数据为基准作出的价格鉴定能反映出案涉房屋的市场价，与被告人所付购房款形成的差价即被告人的贪污金额。《中华人民共和国刑法》条文中规定了贪污数额达到何种程度符合什么量刑幅度，从其文义上看，贪污数额不等同于国家损失额，只有在判处无期徒刑或死刑时需要同时考虑贪污数额及造成国家及人民的损失。可见，国家是否遭受损失不是本罪的构成要件。从司法实践看，贪污犯罪的被告人在案发前退清赃款的情况颇为常见，如果以国家没有损失（甚至有盈余）为由认为不构成贪污罪，显然与司法实践不符。另外，贪污罪不仅侵犯公共财物，也侵犯国家机关工作人员的职务廉洁性。被告人叶某霞以其职权在审批程序上为自己购买案涉房屋大开绿灯，严重侵犯了职务廉洁性，故仅以不造成国家损失就认定其不构成贪污罪，不能完整评价其行为违法性。

本案中价格认定机关为云和县价格认证中心，同时云和县价格认证中心又委托房地产评估公司出具房产估价报告。考虑到价格认定的复杂性，应允许鉴定机关寻求其他资料做参考；而价格认定人员以价格认证中心的名义得出结论，也实现了责任的吸收与转化。最终价格认定机关采纳了房产估价报告认定的价值，并写入价格认定结论书。

关于前述房产评估报告的真实性问题，评估报告选取了普光小区内3套房屋的二手房交易信息为参照案例，说明当时普光小区的二手房交易客观存在。市场价与叶某霞所付购房款之间的差价，也正是叶某霞通过合法程序购买该房屋时本应支付，现通过非法手段占有而未支付的对价，以此认定叶某霞的贪污数额具有合理性。

编写人：浙江省丽水市云和县人民法院　朱晨咏　杨文博

三、渎职罪

76

农村基层组织成员是否符合滥用职权的主体身份

——刘某受贿、滥用职权案

【案件基本信息】

1. 裁判书字号

福建省福州市中级人民法院（2019）闽01刑终691号刑事判决书

2. 案由：受贿罪、滥用职权罪

【基本案情】

2009年3月至2016年5月，被告人刘某在担任福州市长乐区湖南镇湖滨村土地管理员、经济合作社主任、村委会主任期间，作为湖南镇清理整治违法建设工作领导小组的成员，负有巡查、制止、上报湖滨村辖区内违法建筑的职责。被告人刘某明知湖滨村村民黄某祥、刘某富、黄某财、黄某景、刘某林、黄某官、刘某俤、刘某春等人未经相关部门审批进行违章建筑，在收受上述请托人贿赂款共计33万元后，未履行制止、上报的职责，放纵请托人继续违法建设，致使该辖区11栋违建楼房建成，违法占地面积3900多平方米、违法建筑面积1万多平方米，严重损害政府执法公信力，在当地造成了恶劣的社会影响。

2012年至2016年，被告人刘某在担任湖南镇湖滨村经济合作社主任、村委会主任期间，在协助政府征地过程中，为黄某增、陈某辉、刘某华在湖滨村征地建厂相关事宜提供帮助，并收受上述请托人贿赂款共计16万元。

【案件焦点】

刘某在担任村委会主任期间是否符合滥用职权的主体身份。

【法院裁判要旨】

福建省福州市长乐区人民法院经审理认为：被告人刘某系受国家机关委托从事公务的人员，在履行国家机关职权的过程中，滥用职权致使湖滨村11栋违法建筑建成，严重损害了政府执法公信力，造成了恶劣的社会影响，其行为构成滥用职权罪；其在行使上述职权以及协助政府征地过程中，利用职务上的便利，非法收受他人财物，为他人谋取利益，数额巨大，其行为构成受贿罪，应依法追究刘某的刑事责任，并予二罪并罚。刘某归案后如实供述了自己的受贿罪行且退缴全部受贿所得赃款，可以依法分别从轻和酌情从宽处罚。综合考虑刘某的犯罪事实、性质、情节、对于社会危害程度及其认罪态度等，依照《中华人民共和国刑法》第三百九十七条第一款、第三百八十五条第一款、第三百八十六条、第三百八十三条第一款第二项、第六十九条、第六十七条第三款、第六十四条及《最高人民法院、最高人民检察院关于办理贪污贿赂刑事案件适用法律若干问题的解释》第二条、第十五条、第十九条的规定，作出如下判决：

一、被告人刘某犯滥用职权罪，判处有期徒刑一年；犯受贿罪，判处有期徒刑三年，并处罚金20万元，二罪并罚决定执行有期徒刑三年三个月，并处罚金20万元；

二、被告人刘某退缴的受贿所得赃款49万元，予以没收，上缴国库。

刘某不服一审判决提起上诉，认为其不具备“滥用职权罪”主体身份，一审判决认定其构成滥用职权罪定性错误。

福建省福州市中级人民法院经审理认为：刘某系受国家机关委托从事公务的人员，对其辖区内“两违行为”负有管理和查处职责，因刘某的滥用职权和失职行为，放松对村民违法建房的监管，致使辖区内的违建现象严重，政府执法公信力受到群众严重质疑，在当地造成了恶劣的社会影响，其行为构成滥用职权罪。刘某作为国家工作人员，利用职务之便，为他人谋取利益，非法收受他人财物共计49万元，数额巨大，其行为构成受贿罪。刘某犯滥用职权罪和受贿罪，应依法惩处，并数罪并罚。刘某犯受贿罪，具有坦白情节，可以从轻处罚。刘某退出全部受贿赃款，可以从轻处罚。原判认定的犯罪事实清楚，证据确实、充分，定罪准确，量刑适当，审判程序合法。依照《中华人民共和国刑事诉讼法》第二百三十六条第一款第一项的规定，作出如下裁定：

驳回上诉，维持原判。

【法官后语】

本案的焦点问题是上诉人刘某是否符合滥用职权罪的主体身份的问题。《全国人民代表大会常务委员会关于〈中华人民共和国刑法〉第九章渎职罪主体适用问题的解释》规定："在依照法律、法规规定行使国家行政管理职权的组织中从事公务的人员，或者在受国家机关委托代表国家机关行使职权的组织中从事公务的人员，或者虽未列入国家机关人员编制但在国家机关中从事公务的人员，在代表国家机关行使职权时，有渎职行为，构成犯罪的，依照刑法关于渎职罪的规定追究刑事责任。"本案中，根据当时的长乐市人民政府、长乐市委、湖南镇下发的《湖南镇关于成立（调整、充实）"两违"整治工作领导小组的通知》《关于建立清理整治违法建设工作责任追究制度的通知》《湖南镇打击违法建设工作实施方案》《湖南镇关于加强两违日常巡查监管工作的通知》《湖南镇2016年两违综合治理目标管理责任书》《长乐市开展违法建房专项治理工作方案》《长乐市两违综合治理专项行动工作方案》《长乐市关于加强两违查处工作及责任追究的实施意见（试行）》等文件通知及各村与镇签订的责任状，其中明确了刘某作为村主任、书记对辖区内"两违"行为负有管理和查处职责，系防止和制止"两违"行为的主要责任人，可以认定刘某系受国家机关委托代表国家机关行使职权的组织中从事公务的人员，且刘某也实际上履行着查处辖区内违章建筑的职责，故刘某符合滥用职权罪的主体身份。因刘某的滥用职权和失职行为，放松对村民违法建房的监管，致使其辖区内的违建现象严重，政府执法公信力受到群众严重质疑，在当地造成了恶劣的社会影响。综上，可以认定其行为构成滥用职权罪。

编写人：福建省福州市中级人民法院　李平盛

77

农村基层组织人员渎职罪主体的认定

——崔某河贪污、滥用职权，李某庆滥用职权案

【案件基本信息】

1. 裁判书字号

河北省邯郸市涉县人民法院（2020）冀0426刑初163号刑事判决书

2. 案由：贪污罪、滥用职权罪

【基本案情】

2018年3月，按照A县政府安排，B镇启动第二家园项目土地征收工作，B镇制订了《第二家园暨文化产业园建设项目征拆实施方案》，确定了征地的组织机构和工作方式。C村召开村委会研究制订了《2018年征地暂草拟实施方案》，确定了征地补偿标准，并于3月23日正式开始征地工作。B镇根据工作进度，分批次向C村拨付征地补偿款。被告人崔某河作为村委会主任、被告人李某庆作为村党支部书记负责协助镇政府工作人员对被征土地进行丈量、造表等工作。根据征地款发放的程序，被征地村民同意土地被征收后，二被告人应审批征地补偿登记表，二人共同签字后，向被征地村民兑付征地补偿款。

2018年12月，被告人崔某河制作补偿登记表，经被告人崔某河和被告人李某庆签字同意后，应被告人崔某河要求村会计从海龙洼征地补偿款中支付35.9816万元，被告人崔某河的妻子获得该款项后，将其中10万元支付给崔某河连襟，剩余部分归其个人所有。

2018年5月，被告人崔某河、李某庆二人商定，借用李某庆姑父的名义，虚造征地补偿款领取登记表，将李某庆给村委会垫资的3万元和借给崔某河的4.5万元从征地补偿款中套取出来。

此外，在征地过程中，被告人崔某河、李某庆明知被征土地中有5户系个人租

赁的村集体或村民小组土地，二人仍签字将地款支付给租赁户，造成征地补偿款损失25.08135万元。

被告人李某庆、崔某河明知B镇D村在C村海龙洼各有小部分土地，分别租赁给C村村民，二人签字审批将地款支付给租赁户，造成征地补偿款损失7.1877万元。本起事实所涉及案款造成的损失，案发后已退还。

被告人崔某河在未经村委会研究的情况下，擅自将二人的果园补偿标准由最高标准7万元提高至每亩11万元，经崔某河和李某庆签字同意，造成征地补偿款损失30.306万元。案发后上述损失已全部退还。

另查明，被告人崔某河在A县监察委调查期间上缴违法所得9.6万元，在审查起诉阶段上缴违法所得10.4万元，共计20万元。

【案件焦点】

在渎职罪犯罪中，被告人崔某河、李某庆是否符合滥用职权罪的主体要件。

【法院裁判要旨】

河北省邯郸市涉县人民法院经审理认为：被告人崔某河在征地补偿款发放过程中，明知征地补偿款应专款专用，工作严重不负责任，滥用征地补偿审批发放权，造成征地补偿款损失59万余元，其行为已构成滥用职权罪。被告人李某庆在协助人民政府征地工作的过程中，明知征地补偿款应专款专用，工作严重不负责任，滥用征地补偿审批发放权，共造成征地补偿款损失106万余元，其行为已构成滥用职权罪。

河北省邯郸市涉县人民法院依照《中华人民共和国刑法》第三百八十二条、第三百八十三条、第三百九十七条、第六十七条、第六十九条、第六十四条、第七十二条，《中华人民共和国监察法》第四十四条之规定，作出如下判决：

一、被告人崔某河犯贪污罪，判处有期徒刑三年二个月，并处罚金20万元；犯滥用职权罪，判处有期徒刑八个月；数罪并罚，决定执行有期徒刑三年五个月，并处罚金20万元；

二、被告人李某庆犯滥用职权罪，判处有期徒刑一年五个月，缓刑二年；

三、追缴被告人崔某河违法所得20.4816万元。

【法官后语】

本案的处理重点主要在于被告人崔某河、李某庆是否符合滥用职权罪的主体要件。刑法规定渎职罪的犯罪主体为国家机关工作人员。《全国人民代表大会常务委员会关于〈中华人民共和国刑法〉第九章渎职罪主体适用问题的解释》在一定程度上扩大了渎职罪的主体范围，但对于村民委员会等农村基层组织人员这类比较特殊的群体，立法和相关解释均未明确将其纳入渎职罪主体的范围。但我们认为根据立法解释的本意，农村基层组织人员应当成为渎职罪的犯罪主体。理由如下：

首先，上述司法解释规定："在依照法律、法规规定行使国家行政管理职权的组织中从事公务的人员，或者在受国家机关委托代表国家机关行使职权的组织中从事公务的人员，或者虽未列入国家机关人员编制但在国家机关中从事公务的人员，在代表国家机关行使职权时，有渎职行为，构成犯罪的，依照刑法关于渎职罪的规定追究刑事责任。"可以看到，上述立法解释集中明确了一点：主体是否属于国家机关工作人员，身份并不重要，重要的是行为人是否享有职权，是否依法履行职责，这是一种"实质"合理性的要求超过形式合理性要求的法律解释态度。农村基层组织人员协助人民政府从事7种法定工作时，其工作的性质并没有因其与政府工作人员的身份不同而改变，应当认定为"在受国家机关委托代表国家机关行使职权的组织中从事公务的人员"。

其次，从后果上看，农村基层组织人员在协助人民政府从事行政管理过程中，因其渎职行为所造成的危害后果程度并不比一般国家机关工作人员的渎职行为所造成的后果程度低，并且其渎职行为与国家机关工作人员的渎职行为在形式上、本质上并没有很大区别。农村基层组织人员的渎职行为除给基层群众利益造成严重损失外，还严重损害党和政府的现象，直接关系到惠民利民各项方针政策的贯彻落实，以及基层社会的和谐稳定。因此，对于农村基层组织人员从事法定受权性工作时因渎职构成犯罪的，应当追责。

最后，要认定农村基层组织人员是"在受国家机关委托代表国家机关行使职权的组织中从事公务的人员"，需满足三个条件：一是农村基层组织人员从事公务；二是农村基层组织人员受国家机关委托；三是农村基层组织人员行使委托职权。具体到本案，被告人崔某河、李某庆从事的征地丈量以及造表工作是受B镇委托履行委托职责的公务。

综上，农村基层组织人员在协助人民政府从事相关行政管理工作时实施《中华人民共和国刑法》第九章规定的职务犯罪行为给国家和人民造成重大经济损失的，应当以渎职犯罪追究其刑事责任。

编写人：河北省邯郸市涉县人民法院　孙文霞

78

泄露货运驾驶员资格考试答案的行为定性分析

——郭某红等泄露国家秘密案

【案件基本信息】

1. 裁判书字号

北京市第二中级人民法院（2019）京02刑终137号刑事裁定书

2. 案由：泄露国家秘密罪

【基本案情】

2016年11月1日，经北京市房山区燕山交通管理中心（以下简称燕山交管中心）、北京市房山区燕山成人教育中心（以下简称燕山成教中心）协商，决定燕山成教中心即日起退出汽车驾驶员从业资格培训工作，燕山地区驾驶员从业资格培训工作由燕山驾校负责组织实施，燕山交管中心负责日常监管工作。燕山驾校取得道路货物运输驾驶员从业资格理论考试（以下简称理论考试）资格。

被告人郭某红系燕山驾校的实际经营人，负责驾校的全面工作；被告人郭某山在燕山驾校任考核员，职责包括监控考试进程，防止考试作弊等；被告人高某、崔某系燕山驾校的职员，主要负责理论考试的监考等工作。2016年年底，被告人许某找到郭某红商量理论考试事宜，双方约定由许某组织考生到燕山驾校考试，双方还就费用收取及分配等问题达成协议。燕山驾校分别于2017年1月12日、2月21日、3月11日、3月29日、4月13日、4月14日组织了理论考试。为谋取私利，在2017年1月至4月的理论考试过程中，郭某红、许某、高某、崔某（自2017年

3月开始参与）通过在考场内念答案、将涂有答案的答题卡更换给考生等方式向考生泄露试题答案，郭某山违背考核员监考职责放任前述人员实施上述行为，造成恶劣的社会影响。在此过程中，郭某红获利25.25万元，许某获利14万元。经北京市交通委员会认定，被告人郭某红等人泄露的考试答案与考试试题具有同一性，与考试试题的标准答案相同率为88.9%。经北京市国家保密局鉴定，道路货物运输驾驶员从业资格考试启用前的考试试卷、标准答案属于机密级国家秘密。

被告人郭某红、郭某山、高某、崔某于2017年4月15日被公安机关刑事传唤到案，被告人许某于2018年5月15日到公安机关投案。

【案件焦点】

泄露货运驾驶员资格考试答案的行为如何定性。

【法院裁判要旨】

北京市房山区人民法院经审理认为：被告人郭某红、许某、高某、崔某违反《中华人民共和国保守国家秘密法》的规定，为牟取私利，故意泄露国家秘密，情节严重，被告人郭某山作为道路货物运输驾驶员从业资格考试的考核员，违反其职责要求，为牟取私利，明知他人在考试中有泄露国家秘密的行为，却不履行监考职责，为他人故意泄露国家秘密提供帮助，情节严重，各被告人的行为均已构成故意泄露国家秘密罪，依法均应予惩处。北京市房山区人民检察院指控被告人郭某红、许某、郭某山、高某、崔某犯故意泄露国家秘密罪的罪名成立，法院予以支持。被告人郭某红、许某在共同犯罪中起主要作用，均系主犯，应当按照其所参与的或者组织、指挥的全部犯罪处罚。鉴于被告人郭某、许某当庭自愿认罪，法院对其酌予从轻处罚。鉴于被告人郭某山在共同犯罪中起次要作用，系从犯，可对其从轻处罚。鉴于被告人高某、崔某到案后如实供述其主要犯罪事实，系坦白，且在共同犯罪中起次要作用，系从犯，均可予以从轻处罚。

北京市房山区人民法院依照《中华人民共和国刑法》第三百九十八条、第三十七条之一、第二十五条第一款、第二十六条第一款、第二十七条、第六十七条第三款、第六十一条、第六十四条之规定，作出如下判决：

一、被告人郭某红犯故意泄露国家秘密罪，判处有期徒刑二年四个月；

二、被告人许某犯故意泄露国家秘密罪，判处有期徒刑二年；

三、被告人郭某山犯故意泄露国家秘密罪，判处有期徒刑一年六个月，禁止其自刑罚执行完毕之日或假释之日起三年内从事汽车驾驶员考试相关监考工作；

四、被告人高某犯故意泄露国家秘密罪，判处有期徒刑十个月；

五、被告人崔某犯故意泄露国家秘密罪，判处有期徒刑六个月；

六、继续追缴被告人郭某红犯罪所得25.25万元，追缴被告人许某犯罪所得14万元，均予以没收，上缴国库；

七、随案移送的手机一部、考核员证一个，予以没收存档。

宣判后，被告人郭某红、许某以其没有泄露国家秘密的故意，其行为不构成故意泄露国家秘密罪为由提出上诉，被告人郭某山以其未泄露过国家秘密为由提出上诉。

北京市第二中级人民法院经审理后认为：一审法院根据郭某红、许某、郭某山、高某、崔某犯罪的事实、性质、情节及对于社会的危害程度所作出的判决，定罪和适用法律正确，量刑适当，审判程序合法，应予维持。依照《中华人民共和国刑事诉讼法》第二百三十六条第一款第一项之规定，作出如下裁定：

驳回郭某红、许某、郭某山的上诉，维持原判。

【法官后语】

本案中，经北京市国家保密局鉴定，道路货物运输驾驶员从业资格考试启用前的考试试卷、标准答案属于机密级国家秘密。从在案证据看，因考试试卷从交通运输职业学院拿出来的时候就处于未密封状态，因此，要判断各被告人的行为是否构成犯罪，就要看各被告人在考试启用前是否获得了标准答案。而从在案证据看，各被告人泄露给考生的答案是郭某红等人自己制作的答案，这些答案经北京市交通委员会认定，与考试试题具有同一性，与考试试题的标准答案相同率为88.9%。在这种情况下，要认定郭某红等人泄露货运驾驶员资格考试答案的行为性质，或者说罪与非罪的问题，首先要明确郭某红等人自己制作的答案是否属于标准答案。

关于郭某红等人所制作的答案和标准答案之间的关系问题，有两种不同的观点：一种观点认为，标准答案应当属于有权组织考试的机构制作的官方答案，行为人自己根据试卷作出的答案不属于标准答案。另一种观点认为，标准答案并不限于有权机构制作或者公布的答案，只要是依据考试试卷作出，且与有权机构制作或者公布的答案相同的即可认定为标准答案。

笔者赞同第二种观点。郭某红等人所制作的答案系根据考试试题所制作，也就是说，这份试题和答案具有一一对应关系，而标准答案和试卷也是具有一一对应关系，只要是根据试卷所作出的和有权机构制作或者公布的答案相同的答案，均属于标准答案。换言之，不管是谁根据试卷作出的答案，只要和标准答案相同，就是标准答案。考试试卷对应的答案在启用之前属于国家秘密，只要答案源于试卷，在开考前甚至是答案启用前，都属于国家秘密。标准答案在用词上容易产生混淆，所谓的标准答案，实际上就是判断考生所做考题对错的答案。从这个意义上讲，标准答案等同于正确答案。所以，辩方所提“涉案考试的标准答案存放于北京市交通运输职业学院，各被告人没有得到，也无从知晓”的观点是不能成立的。这种观点实际上是在偷换概念，将标准答题等同于标准答案的载体。综上，只要是根据考试试卷所制作的正确答案都属于标准答案。在答案启用前，都属于国家秘密；在答案启用前泄露答案的，都属于泄露国家秘密。

本案中，各被告人作为心智正常的成年人，应当知道在考试前、考试中均不能泄露答案，但却为牟取私利，有组织、有预谋地进行了密切的分工合作，有的提前领取试卷，有的提前制作答案、填涂答题卡，有的进行望风，有的进行监考，有的在考试过程中给考生念答案，有的给考生更换填好答案的答题卡，其主观上均具有泄露答案的故意，客观上亦有泄露答案的行为。而其所泄露的答案是依据启用前的试卷内容作出的，且与上述试卷的标准答案的相同率为88.9%，其制作的与标准答案相同的答案均属于标准答案，其行为均构成故意泄露国家秘密罪，均应依法惩处。

编写人：北京市房山区人民法院　陈艳飞

79

司法解释未明确的“情节严重”的量刑档次选择

——金某锋徇私枉法案

【案件基本信息】

1. 裁判书字号

浙江省绍兴市越城区人民法院（2019）浙0602刑初261号刑事判决书

2. 案由：徇私枉法罪

【基本案情】

被告人金某锋在担任绍兴市看守所民警期间结识了在押人员安某国，后一直与安某国保持联系，并接受安某国的宴请和礼品。2010年9月，被告人金某锋调任至绍兴市公安局越城区分局东湖派出所担任民警。

2012年9月12日，安某国的弟弟安某与马某军因债务纠纷发生争执，后安某国、安某纠集杨某、韩某等多人，马某军纠集曹某飞、刘某，双方分别赶至约定地点后即发生了械斗事件，安某国、杨某等人在斗殴中受伤。斗殴结束后，双方均未报警。同年10月初，被告人金某锋得知上述持械聚众斗殴的事实后，出于私义，指使安某国一方人员作虚假陈述，并教唆安某国安排人员作伪证，将上述持械聚众斗殴事实编导为马某军等人的单方寻衅滋事行为。为使马某军等人的“寻衅滋事行为”得以立案调查，被告人金某锋在私人办公室独自一人给安某国、安某、杨某以及并不在案发现场的“证人”制作了询问笔录，笔录证实的事实均为马某军等人实施了寻衅滋事犯罪行为。后经过系列刑事诉讼程序，法院根据当时的在案证据，以犯寻衅滋事罪对马某军、曹某飞、刘某判处了刑罚，该案在追诉过程中因证据收集原因多次出现程序反复。安某国一方参与聚众斗殴的人员事发后均未受到追诉，直至安某国、安某、杨某于2018年11月30日被绍兴市越城区人民检察院批准逮捕，韩某于同年12月13日被绍兴市越城区人民检察院批准逮捕。

另查明，安某国等人在上述持械聚众斗殴行为被被告人金某锋包庇后，安某国、杨某、韩某等人结伙或单独实施了系列违法犯罪活动，部分犯罪事实已经判决确认，部分涉嫌犯罪的事实正在公诉机关审查起诉，且涉嫌恶势力犯罪。安某国、杨某、韩某等人在上述持械聚众斗殴行为被被告人金某锋包庇前均系有违法犯罪前科劣迹的人员。

2019年1月14日，被告人金某锋被绍兴市人民检察院传唤到案接受调查，在调查后期如实供述了自己的罪行。

【案件焦点】

1. 被告人金某锋的行为是否属于“情节严重”的量刑档次；2. 被告人金某锋的行为是否构成自首。

【法院裁判要旨】

浙江省绍兴市越城区人民法院经审理认为：被告人金某锋的行为已构成徇私枉法罪。基于以下理由应当认定被告人金某锋的行为属于徇私枉法“情节严重”：

第一，从行为后果看，一方面，被告人金某锋的行为导致了多名持械聚众斗殴的犯罪人员未及时受到追诉，且此后安某国等人又实施了系列违法犯罪活动，严重破坏社会秩序，影响恶劣；另一方面，被告人金某锋的行为还致使马某军等人持械聚众斗殴的严重犯罪行为被轻罪化处理，极大地损害了法律的威严，该案在追诉过程中的程序反复也严重扰乱了司法机关的正常司法秩序。第二，从客观行为看，被告人金某锋不仅包庇了多人已经实施完毕的严重暴力犯罪行为，而且还教唆安某国等人指使他人作伪证，直接滋生了新的犯罪。第三，从行为对象看，被告人金某锋明知包庇的对象为有前科劣迹的人员。第四，从主观恶意看，被告人金某锋系刑事案件侦查人员，对其行为的性质、法律后果在认知上更为明确，其行为的主观意图清晰、犯意坚决，并在此基础上直接策划、实施了包庇他人犯罪的行为，主观恶性较大。

同时，被告人金某锋的行为依法不能认定为自首。一方面，其系被传唤到案接受问话调查，归案的主动性存在瑕疵；另一方面，其在到案初期亦未如实供述侦查机关已经掌握的犯罪事实。被告人金某锋有高血压的情况属实，但该病属于慢性病，无科学证据证明该病对人的认知能力、控制能力等主观意志能够产生决定性影响。且从被告人金某锋到案当日在公安纪检部门及侦查机关的供述情况看，其对相关事实作出了否定性供述，其供述、辩解的事实逻辑清晰、内容连贯、自成体系，还对相关内容进行了校对、更正，上述事实足以认定其在到案之初作出相关供述内容时意识自主、清晰。被告人金某锋在案件调查后期能够如实供述自己的罪行，认罪、悔罪态度良好，依法对其从轻处罚。

浙江省绍兴市越城区人民法院依照《中华人民共和国刑法》第三百九十九条第一款、第六十七条第三款之规定，作出如下判决：

被告人金某锋犯徇私枉法罪，判处有期徒刑五年。

【法官后语】

本案的审查重点在于，在无司法解释对量刑档次选择作出明确指引的情况下，如何选择量刑档次适用以及高血压等慢性疾病对供述自主性影响的判断。

1. 关于量刑档次的选择问题。"以事实为依据，以法律为准绳"是我国刑事诉讼的重要原则之一。就刑事诉讼中的量刑档次选择而言，在《中华人民共和国刑法》已经作出原则性规定的情况下，法院有权根据审理查明的案件事实，在综合考量当前刑事政策、犯罪性质、行为后果、主观恶性等因素的情况下，对法定的量刑档次作出主观评判选择，通过精准的法律适用选择实现"罪责刑一致"的最佳司法效果和社会效果。虽然量刑档次确定的考量因素并非一成不变，但是也并非无迹可寻。就本案事实而言，下列因素应当纳入重要的参考范围：

（1）当前的刑事政策。"扫黑除恶"是我国当前的重大刑事政策之一，"打伞破网"又是"扫黑除恶"行动的重中之重，是提升我国社会治理法治化水平的重要抓手。本案中，金某锋包庇的对象为既有参与持械聚众斗殴的严重暴力犯罪行为人，更有有前科劣迹表现的社会治理重点管控人员，导致后续系列违法犯罪活动的出现，严重破坏经济、社会秩序，影响恶劣。

（2）刑罚保护客体的侵犯程度。对法益的侵犯是犯罪构成认定的必备要件，对法益的侵犯程度则是责任确定即量刑档次选择的重要指标。徇私枉法罪所保护的法益为刑事司法秩序。金某锋的行为既使多名持械聚众斗殴的犯罪人员未及时受到追诉，又使多人的持械聚众斗殴严重犯罪行为被轻罪化处理，更使相关案件在追诉过程中出现了不必要的程序反复，极大地损害了法律的威严，严重扰乱了司法机关的正常司法秩序。

（3）行为人的主观恶意程度。无心之失、任其自流与刻意而为在主观恶意之可被宽宥度上的分层是显而易见的，在科处刑罚责任即法定刑选择时也应当与之匹配，充分回应人民群众的内心关切。金某锋系刑事案件侦查人员，其对自身行为性质的认知状况充分反映了其实施案涉行为的犯意坚决度，指使他人作伪证的行为手段较大程度上增加了其行为的"负外部"效应，加深了人民群众内心对"恶"的感知度，足见行为人主观恶意之深。

刑事司法是一个主观能动过程，自由裁量贯穿始终。在刑事诉讼中，在犯罪构成要件认定上要坚守"法无明文规定不为罪"的底线，在量刑档次选择上则要谨防落入"法未明确不当罚"的窠臼，避免机械司法蚕食人民群众的公平感、正义感。

2. 关于自首的认定问题。自首情节的认定应当围绕到案的主动性以及供述的真实性、完整性两个基本点进行审查。行为人根据电话指示到案接受纪律调查，若到案后全面、如实交代了案件事实，并基于此进一步被采取了刑事调查措施，可以认定行为人到案的主动性。若在行为人根据电话指示到案接受纪律调查的过程中，未能如实交代案件事实，办案机关根据已经掌握的案件情况对行为人采取了刑事调查措施，则不能认定行为人到案的主动性。对于行为人到案后的交代态度是否受到意志以外的因素影响应当进行综合判断，不能仅根据意志以外因素的客观存在即认定行为人的交代情况属于非自愿、不自主，事实上，意志以外的因素对意识自主产生影响的科学研究结论、行为人陈述内容的内在逻辑以及在陈述过程中的客观行为表现等均是对行为人供述自主性审查的重要内容。

编写人：浙江省绍兴市越城区人民法院　张毅　胡潇

80

司法工作人员故意包庇可能判处无期徒刑以上刑罚之罪的犯罪分子，应定徇私枉法罪，系情节严重

——何某忠、张甲徇私枉法、受贿案

【案件基本信息】

1. 裁判书字号

重庆市璧山区人民法院（2019）渝0120刑初49号和50号刑事判决书

2. 案由：徇私枉法罪、受贿罪

【基本案情】

被告人何某忠系重庆市璧山区公安局民警，2013年4月担任璧山区公安局特警大队大队长兼刑事侦查大队副大队长，2015年2月任便衣支队支队长，工作职责包括及时制止、抓获吸毒贩毒现行违法犯罪。被告人张甲在璧山区公安局便衣侦查支队工作，担任第二协勤组组长。

2015年1月，被告人何某忠、张甲结识吸贩毒人员钟某万后，何某忠答应对钟某万和帮钟某万贩毒的人不予查处，钟某万此后多次向张甲行贿，并通过张甲向何

某忠转交行贿款或者直接向何某忠行贿。此外，何某忠明知江某是贩卖毒品的犯罪分子，仍多次收受江某的行贿款，对江某的行为不予查处。被告人何某忠非法收受钟某万、江某贿赂共计38万元，被告人张甲共计受贿14.5万元。

2018年11月6日，何某忠利用其作为重庆市璧山区公安局便衣侦查支队支队长抓获犯罪嫌疑人的职务便利，为涉嫌犯危险驾驶罪的犯罪嫌疑人张乙出具了检举抓获林某的虚假情况说明，并收取感谢费现金2万元。2018年11月22日，重庆市璧山区人民检察院以张乙具有立功情节，犯罪情节轻微，对张乙作出不起诉决定。

2018年6月29日，何某忠利用其作为重庆市璧山区公安局便衣侦查支队支队长抓获犯罪嫌疑人的职务便利，为涉嫌犯危险驾驶罪的犯罪嫌疑人林某晟出具了检举抓获李某鹏的虚假情况说明，并收取感谢费现金1万元。

【案件焦点】

1. 未对具体犯罪事实有具体包庇行为的犯罪，能否认定为徇私枉法罪；2. 司法人员故意包庇可能判处无期徒刑以上刑罚之罪的犯罪行为，是否能认定为情节严重。

【法院裁判要旨】

重庆市璧山区人民法院经审理认为：被告人何某忠、张甲负有查禁毒品犯罪职责，对明知是有罪的人而故意包庇不使其受到追诉，并收受钟某万、江某的贿赂，其中被告人何某忠收受贿赂38万元，数额巨大，被告人张甲收受贿赂14.5万元，数额较大，二被告人的行为均已构成徇私枉法罪和受贿罪。被告人何某忠和张甲徇私枉法的对象罪行严重、可能被判处无期徒刑以上刑罚，应当认定为情节严重。何某忠、张甲触犯徇私枉法罪，同时又构成受贿罪，应当依照处罚较重的徇私枉法罪定罪处罚。在共同犯罪中，何某忠系主犯，张甲系从犯。另外，被告人何某忠利用职务上的便利，帮助林某晟、张乙出具虚假立功材料，故意使罪重的人受较轻的追诉，并收受贿赂3万元，其行为还构成帮助犯罪分子逃避处罚罪和受贿罪。综上，被告人何某忠犯徇私枉法罪、帮助犯罪分子逃避处罚罪与受贿罪，应当数罪并罚。被告人张甲犯徇私枉法罪。被告人何某忠到案后如实供述徇私枉法和受贿的犯罪事实，依法可从轻处罚，主动供述监察机关尚未掌握的帮助犯罪分子逃避处罚罪的犯罪事实，依法可从轻或减轻处罚。被告人张甲到案后如实供述自己的罪行，依法可从轻处罚。

根据《中华人民共和国刑法》第三百九十九条第一款、第四款，第三百八十五条第一款，第三百八十六条，第三百八十三条，第四百一十七条，第六十七条第二款、第三款，《最高人民法院、最高人民检察院关于办理贪污贿赂刑事案件适用法律若干问题的解释》第一条、第二条、第十七条之规定，作出如下判决：

一、被告人何某忠犯徇私枉法罪，判处有期徒刑六年，犯帮助犯罪分子逃避处罚罪，判处有期徒刑六个月，犯受贿罪，判处有期徒刑六个月，并处罚金10万元，决定执行有期徒刑六年六个月，并处罚金10万元；

二、被告人张甲犯徇私枉法罪，判处有期徒刑二年六个月；

三、被告人何某忠已退交的违法所得3.64005万元，予以没收，上缴国库，继续追缴被告人何某忠的违法所得37.35995万元，上缴国库；被告人张甲已退交的违法所得1万元，予以没收，上缴国库，继续追缴被告人张甲的违法所得13.5万元，上缴国库。

【法官后语】

本案的分歧在于被告人何某忠和张甲因收受贩毒分子贿赂而不予抓捕、查处应认定为何种罪名。

一种意见认为二被告人收受贩毒分子的贿赂并予以包庇，应定受贿罪。徇私枉法罪是对明知有罪的人而故意包庇，一般要求对具体的犯罪事实有具体的包庇行为。虽然在已生效的刑事判决书中认定钟某万自2014年年底就雇用他人为其贩卖毒品，但没有认定具体哪次实施了贩毒行为。何某忠实施了何种包庇行为，无证据支撑，故认定为徇私枉法罪的证据不足，但认定为受贿罪的证据确实充分，故应认定为受贿罪。

我们认为何某忠、张甲故意包庇贩毒分子，并收受贿赂，其行为符合刑法理论中有关牵连犯的特征。对于牵连犯应如何定罪处罚，虽然理论上和实践中都存在争议。但对于司法工作人员徇私枉法又牵连受贿犯罪的，《中华人民共和国刑法》有明确规定。该法第三百九十九条第四款规定："司法工作人员收受贿赂，有前三款行为的，同时又构成本法第三百八十五条规定之罪的，依照处罚较重的规定定罪处罚。"因此，何某忠、张甲应认定为徇私枉法罪和受贿罪，徇私枉法罪系情节严重，应择一重罪论处。分析如下：

1. 被告人何某忠、张甲明知是贩毒分子有贩卖毒品的行为而不予抓捕、查处，具有包庇犯罪分子的主观故意和客观行为

重庆市璧山区公安局相关文件规定，便衣侦查支队的工作职责是及时制止、抓获现行违法犯罪；依法对可疑人员进行盘查、检查等。被告人张甲供述，钟某万准备贩毒让其关照，其将此事向何某忠做了汇报，何某忠默许不去抓钟某万及帮钟某万贩毒的人。时任璧山区公安局禁毒支队支队长伍某华证实，禁毒支队办理的一起团伙贩毒犯罪案件，将钟某万确定为团伙犯罪成员之一。伍某华明确指令何某忠对钟某万的案件予以跟进，一旦发现钟某万有贩毒行为，就将钟某万抓捕归案，但何某忠以钟某万向便衣侦查支队提供了很多线索，没必要抓捕为由，予以了否决。法院生效判决认定：钟某万自2014年年底，先后雇用他人帮其贩卖毒品牟利。众所周知，毒品犯罪具有隐秘性，要确认犯罪事实必须要人赃并获，鉴于何某忠、张甲对钟某万等人的贩毒行为有包庇的概括犯意且怠于行使抓捕职责，应对在此期间包庇钟某万、江某等人的所有贩卖毒品行为承担刑事责任。

2. 徇私枉法罪才能涵盖何某忠、张甲的犯罪行为侵害的客体

受贿罪侵害的是国家机关的正常工作秩序和国家的廉政建设制度，徇私枉法罪侵害的是国家司法机关的正常活动。司法工作人员代表国家行使司法权，必须忠于职守，忠实于事实和法律，维护国家法律的严肃性。就本案而言，司法工作人员何某忠、张甲在履行职务过程中，收受贿赂，屈从私利，包庇犯罪分子，破坏了国家司法机关的威信和正常活动，损害法律的严肃性。因此，只有徇私枉法罪才能涵盖何某忠、张甲犯罪行为侵害的客体。

3. 罪责刑应当相适应

何某忠、张甲受贿并包庇贩毒分子，仅对其认定为受贿罪，就没有评价其包庇贩毒分子的行为，其罪责刑明显不相适应。综上，何某忠、张甲的犯罪行为构成徇私枉法罪与受贿罪，择一重罪论处，因此，法院判决何某忠犯徇私枉法罪处有期徒刑六年，张甲犯徇私枉法罪处有期徒刑二年六个月是妥当的。而何某忠单独判处的受贿犯罪是由其分别收受张乙、李某鹏“感谢费”2万元、1万元的犯罪行为产生的。

另外，关于徇私枉法情节严重的认定。对于徇私枉法罪情节严重的情形，法律和司法解释没有作出明确规定。实践中认为，情节严重包括了纵容重大案犯逍遥法外，继续为非作歹的行为。本案中何某忠包庇的犯罪分子所实施的均系毒品犯罪，

其中钟某万被判处无期徒刑，江某被判处十五年有期徒刑，赵某被判处十五年有期徒刑，其包庇的犯罪分子系被判处十五年以上有期徒刑、无期徒刑的情形，可以认定为情节严重。

编写人：重庆市璧山区人民法院　王玲玲

81

非司法、行政执法人员构成帮助犯罪分子逃避处罚案共犯的认定

——张某申、林某华帮助犯罪分子逃避处罚案

【案件基本信息】

1. 裁判书字号

福建省宁德市寿宁县人民法院（2019）闽0924刑初18号刑事判决书

2. 案由：帮助犯罪分子逃避处罚罪

【基本案情】

2018年1月初，曹某明、林某枝、吴某斌、林某生、雷某发、占某安（均另案处理，其中占某安已死亡）等人共同投资，在寿宁县武曲镇余坑洋设置铁皮加工厂，非法处置被列入《国家危险废物名录》的废矿物油类危险废物。2018年5月3日，寿宁县公安局以涉嫌污染环境罪对该厂立案侦查，并查封厂房。曹某明、林某枝、吴某斌、林某生、雷某发、占某安等人为了逃避处罚，通过林某生联系到徐某忠（另案处理），商议由徐某忠为曹某明等人顶罪，曹某明等人支付徐某忠2万元作为报酬，并许诺如果被关押将再给予进一步补偿。2018年5月10日，徐某忠到寿宁县公安局投案并作虚假供述，声称寿宁县武曲镇余坑洋的铁皮加工厂系其一人出资经营。次日，寿宁县公安局以涉嫌环境污染罪对徐某忠采取刑事拘留强制措施，并将其羁押在寿宁县看守所。

2018年5月13日上午，曹某明在寿宁县武曲镇遇到被告人林某华，问其是否

认识寿宁县看守所的工作人员，意图通过寿宁县看守所工作人员向徐某忠传递铁皮加工厂生产经营情况，以应付公安机关侦查人员的讯问，进一步达到其逃避处罚的目的。随即，林某华打电话给在寿宁县看守所收押提讯会见岗工作的被告人张某申，请托张某申将曹某明要传递的消息转达给在押人员徐某忠，并将曹某明发送的短信内容“北高速口买，进2200左右，出2900左右，除工资电费杂质大约有100多元利”转发到张某申的手机上。当日未当班的张某申接到林某华的电话后立即赶到寿宁县看守所，利用职务便利，违规将徐某忠从监室内提出，带到监区旁的一处空坪上，并将林某华请托其传递的内容告知徐某忠，要求徐某忠在侦查人员讯问时就按此内容回答。之后徐某忠多次接受公安机关侦查人员讯问时，均继续声称寿宁县武曲镇余坑洋的铁皮加工厂系其一人出资经营，直至2018年5月18日才如实向公安机关交代了其为曹某明、林某枝、吴某斌、林某生、雷某发、占某安等人顶罪的事实。此后，雷某发、曹某明、林某生、林某枝、吴某斌、占某安等人陆续到案，如实供认了合伙经营铁皮加工厂的事实以及以贿买的方式指使徐某忠作伪证，意图逃避刑事处罚的事实。

2019年1月21日、23日，经寿宁县司法局分别审前调查评估，被告人张某申、林某华符合社区矫正条件。

【案件焦点】

帮助犯罪分子逃避处罚罪的犯罪主体为特殊主体，但非司法工作人员或行政执行人员与负有查禁犯罪活动职责的国家机关工作人员相互勾结，主观上具有帮助犯罪分子逃避处罚的直接故意，可否构成本罪的共犯。

【法院裁判要旨】

福建省宁德市寿宁县人民法院经审理认为：被告人张某申身为负有查禁犯罪活动职责的国家机关工作人员，明知向在押人员传递消息可能会帮助他人逃避刑事处罚，被告人林某华身为国家机关工作人员，明知他人意图通过向在押人员传递消息以逃避刑事处罚，仍然利用张某申从事寿宁县看守所收押提讯会见岗工作的职务便利，为他人向在押人员徐某忠传递消息，意图帮助他人逃避刑事处罚，其二人的行为均已构成帮助犯罪分子逃避处罚罪，公诉机关指控罪名成立。鉴于二被告人传递消息的行为，数日后即被发现，未对污染环境案件的最终结果产生影响，且到案后如实供述自己的犯罪事实，具有坦白情节，可予以从轻处罚并适用缓刑。辩护人关于对被告人从轻处罚的意见，予以采纳，但其认为不构成犯罪以及如构成犯罪应免予刑事处罚的意见，与案件事实及情节不符，不予支持。依据《中华人民共和国刑法》第四百一十七条，第二十五条第一款，第六十七条第三款，第七十二条第一款，第七十三条第一款、第三款之规定，作出如下判决：

一、被告人张某申犯帮助犯罪分子逃避处罚罪，判处拘役五个月，缓刑六个月；（缓刑考验期限，从判决确定之日起计算。）

二、被告人林某华犯帮助犯罪分子逃避处罚罪，判处拘役三个月，缓刑四个月；（缓刑考验期限，从判决确定之日起计算。）

【法官后语】

帮助犯罪分子逃避处罚罪，是指有查禁犯罪活动职责的国家机关工作人员，向犯罪分子通风报信、提供便利，帮助犯罪分子逃避处罚的行为。本案系看守所职工与外界人员串通，给在押犯罪嫌疑人传递信息，帮助其他犯罪分子逃避处罚的一个典型案件，具有以下几个方面的特点：

首先，特殊主体及共犯的认定。本罪的犯罪主体为特殊主体，即有查禁犯罪活动职责的国家机关工作人员，包括国家安全机关、公安机关、检察机关中负有查禁犯罪活动职责的司法工作人员，被告人张某申在寿宁县看守所收押提讯会见岗工作，负有“为发现犯罪人、查清犯罪事实而依法进行司法活动”的职责，属于查禁犯罪活动职责的国家机关工作人员范围，符合本罪的特殊主体。被告人林某华虽非司法工作人员，也不属于《最高人民检察院关于渎职侵权犯罪案件立案标准的规定》中的“行政执法工作人员也可以成为本罪的主体”，但其明知徐某忠为污染环境案的冒名顶替在押人员，仍通过在看守所工作的朋友张某申传递信息，二者相互勾结，主观上均具有帮助污染环境案犯罪分子逃避处罚的直接故意，林某华可构成本罪的共犯。

其次，传递便条的性质问题。本罪的客观方面表现为向犯罪分子通风报信、提供便利，帮助犯罪分子逃避处罚的行为。根据《最高人民检察院关于渎职侵权犯罪案件立案标准的规定》，本罪的客观方面还具体包括“帮助、示意犯罪分子隐匿、毁灭、伪造证据，或者串供、翻供”的行为。本案中，二被告人向冒名顶替的徐某忠传递“北高速口买，进2200左右，出2900左右，除工资电费杂质大约有100多元利”的信息，实质是为应付公安机关侦查人员的讯问，进一步达到曹某明等人逃避污染环境刑事处罚的目的，符合构成本罪的客观要件。

最后，帮助逃避处罚的“犯罪分子”如何界定。本罪中的“犯罪分子”不包括一般的违法分子，只能是正在实施犯罪或者有证据证明涉嫌犯罪的犯罪嫌疑人，二被告人传递的信息，虽然不是直接让在押人员徐某忠逃避处罚，但委托人曹某明、二被告人以及徐某忠均明知传递信息是为了让徐某忠进一步落实和吻合铁皮加工厂系其一人出资经营等“虚假供述”，以达到真正冒名顶替，让曹某明、林某枝、吴某斌、林某生、雷某发等实际经营者逃避处罚的目的，且之后曹某明等人被以污染环境罪判处刑罚。因此，该罪的犯罪分子并不局限于在押人员或接受信息的人员，而应当界定为与通风报信、提供便利等相关联的，能够从中“受益”而逃避或可能逃避的犯罪分子。

编写人：福建省宁德市寿宁县人民法院　叶帮岩

82

帮助犯罪分子逃避处罚罪情节严重的认定

——王某帮助犯罪分子逃避处罚案

【案件基本信息】

1. 裁判书字号

江苏省无锡市中级人民法院（2019）苏02刑终514号刑事裁定书

2. 案由：帮助犯罪分子逃避处罚罪

【基本案情】

被告人王某原系江阴市公安局巡特警大队长泾中队特勤队员，系公安机关警务辅助人员，在公安机关及人民警察的指挥和监督下，依法履行协助民警查禁犯罪活动的职责。

2018年12月，江阴市公安局对涉嫌黑社会性质组织犯罪的犯罪嫌疑人蒋某、吴某执行监视居住。2019年2月10日至15日，被告人王某在受指派看守犯罪嫌疑人蒋某的过程中，多次违反工作规定与蒋某交谈，提供通信工具让其与家人联系，私自和蒋某亲属见面帮其传递消息，并先后3次收受蒋某亲属所送的软中华香烟6条（价值3900元）、现金500元。

2019年2月23日至27日，被告人王某在受指派轮流看守犯罪嫌疑人蒋某和吴某的过程中，应蒋某的要求，通过私自与同事换班的方式帮助传递消息，致使吴某在接受调查过程中出现翻供的情况，并先后2次收受蒋某亲属所送的软中华香烟4条（价值2600元）。

案发后，江阴市监察委员会从被告人王某处扣押手机2部。被告人王某的家属自愿代为退缴违法所得7000元，暂扣于江阴市监察委员会。被告人王某归案后检举揭发他人犯罪行为，经查证属实。

【案件焦点】

帮助犯罪分子逃避处罚犯罪案中，如何认定情节严重。

【法院裁判要旨】

江苏省江阴市人民法院经审理认为：被告人王某身为有查禁犯罪活动职责的国家机关工作人员，向涉嫌黑社会性质组织犯罪首要分子通风报信、提供便利，帮助犯罪分子逃避处罚，情节严重，其行为已构成帮助犯罪分子逃避处罚罪。江苏省江阴市人民法院依照《中华人民共和国刑法》第四百一十七条、第六十八条、第六十七条第三款、第六十四条以及《最高人民法院关于处理自首和立功具体应用法律若干问题的解释》第五条之规定，作出如下判决：

一、被告人王某犯帮助犯罪分子逃避处罚罪，判处有期徒刑四年；

二、退缴在案的违法所得以及扣押在案的作案工具手机均予以没收，上缴国库。

王某以本案不属于帮助犯罪分子逃避处罚罪情节严重的情形、量刑过重为由提出上诉。

江苏省无锡市中级人民法院经审理认为：王某作为查禁犯罪活动的国家机关工作人员，帮助涉嫌黑恶势力犯罪嫌疑人传递消息、提供通信工具、与其他犯罪嫌疑人串供，以此帮助犯罪嫌疑人逃避法律责任，严重干扰侦查活动，应当认定为“情节严重”；原审法院综合考虑王某的犯罪事实、情节以及立功、退赃等因素，对其所作的刑罚适当。故王某的上诉理由没有事实和法律依据，不予采纳。

江苏省无锡市中级人民院依照《中华人民共和国刑事诉讼法》第二百三十六条第一款第一项的规定，作出如下裁定：

驳回上诉，维持原判。

【法官后语】

本案处理重点主要在于对情节严重的认定。《中华人民共和国刑法》第四百一十七条规定：“有查禁犯罪活动职责的国家机关工作人员，向犯罪分子通风报信、提供便利，帮助犯罪分子逃避处罚的，处三年以下有期徒刑或者拘役；情节严重的，处三年以上十年以下有期徒刑。”该条中的“情节严重”，在性质上属“加重处罚情节”，但何谓“情节严重”，法条并未加以明确，也尚无司法解释进行说明。

根据最高人民检察院发布的《人民检察院直接受理立案侦查的渎职侵权重特大案件标准（试行）》之规定，3 次或者使 3 名以上犯罪分子逃避处罚、帮助重大刑事犯罪分子逃避处罚的，为重大案件；5 次或者使 5 名以上犯罪分子逃避处罚、帮助 2 名以上重大刑事犯罪分子逃避处罚的，为特大案件。全国人大法工委主编的《中华人民共和国刑法释义》中指出帮助犯罪分子逃避处罚罪的“情节严重”应包括以下情形：（1）向性质严重的犯罪分子或者犯罪集团通风报信、提供便利的；（2）多次向犯罪分子通风报信的；（3）因向犯罪分子通风报信、提供便利，造成严重后果的等。

参考上述两项规定，结合以下情节：（1）被帮助的犯罪分子蒋某因涉嫌犯组织、领导黑社会性质组织罪、非法拘禁罪、开设赌场罪、寻衅滋事罪已移送审查起诉，目前已向江苏省江阴市人民法院提起公诉，认定其系黑社会性质组织首要分子，可能判处十五年以上有期徒刑，属于罪行严重；（2）王某于 2019 年 2 月看守蒋某期间，向蒋某提供通信工具用于联系家属、与蒋某家属会面传递信息、帮助蒋某与其他犯罪嫌疑人串供，应当认定为重大案件，具有较大的社会危害性和人身危险性。

综上，一、二审法院均采纳了公诉机关的指控意见，认定被告人王某犯帮助犯罪分子逃避处罚罪且情节严重，判处有期徒刑四年，实现了案件法律效果和社会效果的有机统一。

编写人：江苏省江阴市人民法院　方燕燕　刘啸云

图书在版编目（CIP）数据

中国法院2021年度案例．刑事案例．四，妨害社会管理秩序罪、贪污贿赂罪、渎职罪／国家法官学院，最高人民法院司法案例研究院编．—北京：中国法制出版社，2021．4

ISBN 978－7－5216－1710－8

Ⅰ．①中…　Ⅱ．①国…　②最…　Ⅲ．①刑事犯罪－案例－汇编－中国　Ⅳ．①D920．5

中国版本图书馆CIP数据核字（2021）第045683号

策划编辑：李小草（lixiaocao2008@ sina. cn）
责任编辑：韩璐玮　孙静　　封面设计：温培英　李　宁

中国法院2021年度案例．刑事案例四

ZHONGGUO FAYUAN 2021 NIANDU ANLI. XINGSHI ANLI SI

编者/国家法官学院，最高人民法院司法案例研究院
经销/新华书店
印刷/三河市紫恒印装有限公司
开本/730毫米×1030毫米　16开　　印张/18　字数/238千
版次/2021年4月第1版　　2021年4月第1次印刷

中国法制出版社出版
书号 ISBN 978－7－5216－1710－8　　定价：65.00元

北京西单横二条2号
邮政编码 100031　　传真：010－66031119
网址：http：//www. zgfzs. com　　**编辑部电话：010－66070046**
市场营销部电话：010－66033393　　**邮购部电话：010－66033288**

（如有印装质量问题，请与本社印务部联系调换。电话：010－66032926）